CHINA - AFRICA

主编—傅 朗　刘继森

中非合作·广东在行动

（全三册）

医疗援非篇

分册主编—曾驭然　杨晓燕　董俊武

社会科学文献出版社
SOCIAL SCIENCES ACADEMIC PRESS (CHINA)

前　言

　　太平世界，环球同此凉热。2020 年初，突如其来的新冠肺炎疫情让人们第一次深切体会到太平世界的意义，而这场近百年来人类遭遇的影响范围最广的全球性大流行病，也让地球村前所未有地经历了"环球同此凉热"。

　　健康和公共卫生安全左右社会经济的发展，也体现了一个国家的治理能力和治理水平。截至 2020 年 5 月 31 日，中国共向 27 个国家派出 29 支医疗专家组，已经或正在向 150 个国家和 4 个国际组织提供抗疫援助，指导长期派驻在 56 个国家的援外医疗队协助驻在国开展疫情防控工作，为全球抗疫贡献中国智慧、中国力量。事实上，早在 1963 年，中国已经向阿尔及利亚派出第一支医疗队，从此开启了中国对外医疗援助合作的历史，这也是在中国经济极度艰难的境况下对非洲国家的无偿帮助。进入 21 世纪，"中非合作论坛"正式成立，中国对非医疗卫生援助不断丰富和深入。2013 年以来，中非部长级卫生合作发展会议加快推动了中国与非洲国家在医疗卫生基础设施、医疗和公共卫生技术、人力资源开发、医药产业等领域的合作。

　　广东作为改革开放的排头兵、先行地、试验区，于 20 世纪 70 年代初开始承担国家的医疗援非任务。由于自身鲜明的外经贸特色，粤非之间经贸和人员往来频繁，这为广东与非洲在卫生健康方面的合作创造了机会，也提出了新的要求。广东正是在这样一个背景下，进一步发扬先行先试的创新精神，在"青蒿素抗疟"、"光明行"、"中加西非心脏中心合作项目"、"妇幼健康项目"、"中医药对非合作与传播"以及"世界卫生组织新发传染病研究合作培训中心"等方面摸索出了广东经验，实实在在地体现出"中非合作，广东在行动"。

1

为了给广东医疗援非一个全方位、立体的描绘，一方面，本书编委会通过文献整理了四个方面的内容，分别是：（1）介绍非洲的医疗状况；（2）总结广东医疗援非的经验与贡献；（3）探索广东医疗援非的可持续发展模式；（4）讨论中国参与非洲卫生治理的问题。另一方面，本书编委会广泛走访了包括广东省卫建委、广东省中医药管理局、广东省疾病预防控制中心、广东省妇幼保健院、中山大学中山医学院、南方医科大学、广州中医药大学、江门市五邑中医院、广东新南方青蒿药业股份有限公司在内的 10 余家单位、60 余位被访人员，与工作在医疗援非第一线的医生、专家和学者们进行充分的讨论与交流，收集了宝贵的一手资料。通过调研和走访，广东对非医疗援助不再只是简单的数据和文字，而是一张张鲜活的面孔、一个个动人的故事，援非医疗队员们无私奉献，为异国他乡的民众送去健康与温暖，其情可感，其心可佩，为未来的中国医疗援非事业打下了坚实的基础，开创了良好的局面。

本书共分为五篇。第一篇和第五篇由曾驭然、王慧娟、迪达尔、覃孝丽、罗小华等编写；第二篇和第三篇由董俊武、李秋婷负责统稿编撰，李少慧、林慧霞、杨佳佳、陈家琪等参与编写；第四篇由杨晓燕、夏萌萌、韩雪莹等编写。陈家琪参与了大部分的访谈并帮助整理访谈录音和文字。特别感谢广州中医药大学唐纯志教授、中山大学中山医学院吴忠道教授、广东外语外贸大学吴易明教授对本书的指导和帮助。当然，文责自负。承蒙陈琳、陈功、吴晓瑛、朱颖贤等人之襄助，访谈均能顺利进行，特此鸣谢。

我们生活在同一个世界，彼此命运相连，为了全世界人民的健康安全，世界各国必须加强全球交流合作。谨以此书，献给为人类健康和世界和平做出贡献的人们。在建设人类命运共同体的道路上，我们一直在努力。

曾驭然

广东外语外贸大学非洲研究院

2020 年 6 月 13 日

目　录

第一篇

背景介绍 ——————

第 1 章

非洲医疗状况简介

非洲，世界第二大洲，共拥有 54 个国家，近 12 亿人口（截至 2016年），面积约 3020 万平方公里，四周环绕着地中海、红海、印度洋和大西洋。

非洲共有 700 多个民族和部族，人口中 2/3 是非洲原住民。居民多信奉原始宗教和伊斯兰教，少数人信奉天主教和基督教。非洲地处热带，气候复杂，沙漠、草原与热带雨林气候兼见。大多数非洲国家医疗卫生事业落后，人们饱受传染病的折磨。现就非洲的传染病、医疗卫生、医护人员、医疗投资和医疗保险来浅谈非洲的医疗状况。

1.1 猖狂的传染病

从全球范围来看，70% 以上的艾滋病患者都在非洲。1999 年，非洲因艾滋病而死亡的人数占全球艾滋病死亡人数的 85%，整个非洲大陆每天举行葬礼 5500 多次，在全球艾滋病患者数量排行榜上，坦桑尼亚、肯尼亚、津巴布韦、乌干达、马拉维五国的艾滋病患者分别占全球的 5.15%、4.16%、3.73%、2.81%、2.65%，分列世界第三、第五、第六、第七、第九位。在 15~39 岁的青年中，部分非洲国家的艾滋病感染率如下：南非（占劳动人口的）20%，纳米比亚（占全国人口的）20%，博茨瓦纳（占全国人口的）25%，津巴布韦（占全国人口的）26%，尼日利亚（占全国人口的）15%。从地区分布来看，东非和南非是艾滋病重灾区；从国别来看，全非洲艾滋病感染率最高的国家是中非共和国，最低的是塞内加尔。更为严重的是，艾滋病流行的趋势是儿童感染情况严重，女性尤其是少女

3

感染率超过男性。据世界卫生组织的统计，1999年在非洲艾滋病患者中，女性感染者的比例高达55%，超过男性。更为严重的是，15～20岁的女性感染者的人数是男性的5～6倍。由于艾滋病可以通过妊娠、生育和哺乳传播，妇女染病后，也会导致儿童感染，1999年非洲有57万不满15岁的儿童感染了艾滋病，占世界儿童患者的90%。

艾滋病在非洲如此肆虐的原因是有4200万儿童不能上学，教育的落后导致一些国家不能有效地对青年进行移风易俗和婚姻家庭教育，对艾滋病的发病机理、传播途径和预防方法更是宣传得不够。普遍的一夫多妻制和早婚也是艾滋病迅速蔓延的原因。

联合国认定的48个世界最贫穷的国家中有33个在非洲。非洲国家由于外债沉重、政治动乱、经济发展缓慢等原因，大多财政紧张，在医疗、卫生、教育方面的投入严重不足，缺医少药。很多落后地区根本没有现代医疗，而是依靠传统医学甚至巫医治病，或者有病不医。此外，治疗艾滋病的药物多为西方国家生产，价格昂贵，非洲的政府和患者无力承担高昂的治疗费用。据中新社网站1999年12月1日报道，服用美国进口的抗艾滋病药品每月大约需要640美元，在非洲能够支付如此高昂费用的患者连1/10都不到。艾滋病肆虐给非洲造成严重的社会、经济问题。艾滋病患者、死亡人数不断增加，导致医疗卫生体系陷入困境。如前文所述，非洲的艾滋病患者和死亡人数增长速度至今没有得到有效控制，问题日趋严重。

1.2　非洲医疗卫生和医护人员状况

自20世纪60年代以来，非洲挣脱了殖民主义的枷锁，相继建立了民族独立国家，各国纷纷为振兴国民经济而努力奋斗，逐渐走上了民族复兴之路，卫生事业也取得了明显的成就。各国政府根据本国的国情，制定卫生工作方针、政策，从无到有，从小到大，建立了医院、诊所，培养医务人员，注重解决广大农村卫生人员严重缺乏的问题。各国不断增加卫生投入，使得卫生事业有了不同程度的发展。多个国家正在建立或已经建立了初级医疗卫生保健网络，人民的健康状况得到初步改善。但绝大多数非洲国家由于长期受殖民统治和压迫，经济、文化和卫生事业还处于相当落后的状态。

位于西北非的阿尔及利亚独立前经济落后，卫生条件和人口健康状况极差，医疗机构寥寥无几，在少数几个大城市中，除少量法国人开办的私人医院外，其他卫生保健几乎是一片空白。国家独立后，阿尔及利亚政府在 1985～1989 年的五年发展计划中明确宣布进一步发展卫生事业，以保障人民健康，不断满足人民对医疗卫生的需求。至 1986 年，全国有医生10165 人，综合医院 251 所，综合诊所 370 所，各级卫生中心 1156 所，全国已经初步形成了医疗保健卫生网络，国民健康水平有了一定的提高。20世纪 90 年代初，阿尔及利亚国民平均寿命男性为 61.8 岁，女性为 63.7岁。位于"非洲之角"的索马里，国家独立前居民多数住在用树枝建造的"蒙杜洛"或"阿利沙"里，没有公共卫生设施，肮脏、拥挤，卫生条件极差，各种传染病流行，人口死亡率相当高。独立后，在世界卫生组织的帮助下，索马里开展同疾病做斗争的运动。1986 年，全国有医院 86 所，平均每 6000 人有 1 张床位，每个医生负担 1.5 万人，比独立前大有改善。位于东非的埃塞俄比亚，至今仍是一个自然经济占统治地位的国家，是世界上最不发达的国家之一。尽管经济如此落后，国家独立后政府十分重视卫生事业的发展，1977 年开始对没有经济条件治病的穷人实行免费医疗。1984 年，全国有医生 621 名，平均每万人有 1 名医生，每 4000 人有 1 张病床。到 1987 年时，医生总数增加到 1204 名，护士 3105 名，人均寿命由独立前的不到 40 岁提高到 46 岁。但是由于历史遗留的问题和自然灾害严重，非洲各国的卫生事业与其他国家尤其是发达国家相比还相当落后。

非洲国家普遍缺乏卫生管理专业人才，因此卫生管理力量薄弱，管理混乱，问题很多。如卫生政策不协调、卫生设施布局不平衡、忽视卫生人力培训，医疗机构维修、建设效率低下以及医疗交通工具缺乏等，都在一定程度上影响了卫生事业的发展。由于缺乏足够的卫生技术力量，一些国家除少数城市拥有一定医疗条件外，广大农村及边远地区仍存在缺少医生甚至无人诊病的困难。缺乏必需的卫生人才，几乎是所有非洲国家卫生事业发展中普遍存在的问题。

当然，还有经费困难问题。因为社会经济发展迟缓，卫生经费短缺已成为阻碍非洲国家卫生事业发展的主要困难之一。由于缺少足够的卫生经费，一些国家被迫降低预防、医疗工作的标准；卫生教育、环境保护、计划生育、营养指导等工作也被迫减少或不予实施。部分国家（如马里、赞比亚等）在扩大免疫范围时就出现因经费短缺被迫少购或不购工作中必需的医疗设备及物资等现象，在一定程度上影响了扩大免疫计划的实施。在整个非洲大陆，成百上千万的人由于无法获得训练有素的医务人员提供的医疗卫生服务，遭受着不必要的痛苦。在撒哈拉以南的非洲地区，困难最为严重。即使仅为该地区提供最基本的医疗卫生服务，也需要新增至少82万名医生、护士和助产士。为了弥补这种短缺，该地区的大多数国家必须将其卫生工作者队伍的规模扩大至少140%。遗憾的是，这些地区无法获得按此规模雇用、培训和维持新增人员所需的资金，并且在可以预见的将来，可能也难以获得这些资金。此外，非洲许多地区实行的正规的西方医疗卫生培训模式既费钱又耗时：即使资金得到落实，还需要增加约600所医学与护理学校以及花费20年以上的时间。同时，在非洲，医疗卫生职业的吸引力较小，因为在那里医生和护士的工资很低，许多医生选择去别的国家寻求更好的工作条件、职业保障和更高的薪酬。

1.3　医疗投资

非洲承受着25%的世界疾病负担，但卫生支出不足世界卫生总支出的1%。世界卫生组织制定的最低基础卫生服务支出标准为人均34～40美元，仅有1/3的非洲国家能达到这个最低标准。投资医疗卫生不但意味着促进国民健康，更重要的是，一个稳健的社会保障体系能保障国家的长远利益。研究数据表明，政府公共财政对每个人增加10%的健康投入，就可降低25%的5岁以下儿童死亡率和21%的婴儿死亡率；在儿童疫苗领域每投入1美元，未来就能节省6美元的医疗服务支出。2000～2011年，民众健康的改善给非洲贡献了5.7%的GDP增长。

2001年，非洲联盟在尼日利亚首都阿布贾召集非洲各国签订《阿布贾承诺书》，要求各国政府在健康领域至少投入15%的政府预算。而承诺书签署15年后，世界卫生组织数据显示，仅有3个非洲国家——马拉维、斯威士兰和埃塞俄比亚达到这个预算标准。一半以上的非洲国家在健康领域投入不到政府预算的10%。非洲地区政府收入主要来源为税收。近年来尽管税收收入绝对值在上升，2009～2014年，非洲地区财政收入从3029亿美元增长到4612亿美元，但预计未来五年税收收入在GDP中的占比并不乐观，甚至可能由 2004～2014 年的 23% 降至 2015～2020 年的 17%，这意味着未来几年政府收入的增长不能满足日益增长的基本医疗卫生需求。除政府预算外，外来援助资金主要有两类：官方发展援助与非政府组织捐助。近年来，官方发展援助虽然总额增加明显，但波动频繁，同时附加条件也给非洲国家带来了不小的压力。比如，2014 年由于乌干达通过了《反同性恋法案》，美国单方面撤出了对乌援助资金。此外，不同国家接受的援助差异非常大：2007 年，纳米比亚接受的健康发展援助资金为平均每人 34 美元；刚果民主共和国为平均每人 4.4 美元；几内亚甚至低于平均每人 2.8 美元。非洲开发银行、世界银行、美国国际开发署、全球基金、英国国际合作部等机构在 2012 年对非洲地区的健康投资为 103 亿美元，其中世界银行与非洲开发银行两家机构在健康项目上的投资为 45 亿美元。非政府组织一方面在基层社区提供长期医疗卫生服务；另一方面则长期专注于重点疾病，独立于政府卫生体系之外，导致对其他疾病的忽视。因此，埃塞俄比亚在公共卫生领域的巨大成功，被学者归功于其卫生部与非政府组织协商合作，并将非政府组织资源纳入政府卫生体系中。

1.4　医疗保险

谈到非洲的医疗保险，非洲地区医疗卫生系统，尤其是承担非传染病的二级医疗卫生系统，未来将在很大程度上依赖医疗保险。设立医保的目的是降低医疗卫生服务的现金支付比例，进而改善因病返贫、因病致贫的情况。在撒哈拉以南的国家，医疗保险的扩展给 IT 基础设施供应、私人医疗保险和远程医疗服务提供了一些机会。非洲国家的医疗服务费用虽然由政府提供，但一般是不充分的，相当一部分资金支持来自国际捐赠机构。这类资金直接进入公共卫生机构并用于健康促进活动。私人医疗融资在一些国家的医疗费用中占比较大，如肯尼亚、加纳和利比亚，主要用于作为公共卫生机构补充的营利性医疗机构。个人医疗费用的很大部分是病人自己支付的。大多数非洲政府已经开始探索实施医疗保险计划，作为可持续医疗融资的另一种手段。在加纳、坦桑尼亚和尼日利亚等国家，建立起来的国家健康保险计划已经让人们认识到了它的好处。还有一些非洲国家兼有私营营利性医疗保险和公共医疗保险计划。

一些政府和非政府组织正在探索的保险形式是向中低收入者提供低价值的医疗保险,额外费用由政府和捐赠组织补贴。纳米比亚、尼日利亚和坦桑尼亚在医疗保险基金会(一家荷兰的试验性机构)的支持下正在做这方面的探索。肯尼亚也在做类似的计划,医疗服务的增加,使得普通药物和医用消耗品的需求也不断增加。

当然,还有一些非常活跃的私人投资。一方面,随着非洲地区经济社会的发展和人口结构的转变,医疗卫生需求增长迅速;另一方面,公共财政投入不足,卫生体系建设不健全,使私人投资医疗卫生服务空间巨大。

据不完全统计,公共支出占非洲地区医疗卫生总支出的 43% ~ 65%,来自非政府组织捐助的比例为 25% ~ 35%,另有 10% ~ 12% 则来自私人投资。私人投资中大约一半资金流向了医院基础设施建设,其余一半资金集中于药品零售、医疗保险风险池资金、医学教育。大型城市的私立医院发展最为迅速。非洲大型城市经济发展迅猛,预计到 2025 年,整个地区40% 的经济增长将来自 30 个人口超过 200 万人的城市。这些城市具有良好的基础设施和医疗卫生设施,城市居民有较高的可支配收入并愿意进行医疗卫生服务消费。世界银行数据表明,2012 ~ 2016 年,非洲医疗基础设施建设总额达 250 亿 ~ 300 亿美元,其中 200 亿美元是私立医院项目。此外,麦肯锡研究报告指出,占非洲总人口 20% 的低收入群体中,有 40% 的人口从私营医院、诊所获得医疗卫生服务。营商环境的改善也促进了私立医疗卫生服务的发展。过去 10 年,非洲各国政府出台了多项措施来规范医疗卫生营商环境,比如,通过价格控制与进口限制来促进国内药品制造,严格规范药品进出口与销售环节等。非洲地区医疗卫生行业内的并购重组、风险投资、私募基金也非常活跃。自 2014 年以来,60 亿美元的医疗卫生市场私人投资来自私募基金领域,集中于可支配收入较高的人口大国——尼日利亚、肯尼亚和南非等。著名的投资机构 Abraaj 集团设立了价值 100 亿美元的基金,瞄准南亚和东非地区发展中国家医疗卫生市场,共同出资的还有比尔及梅琳达·盖茨基金会与世界银行。投资公司 Aureos 设立了价值10.5 亿美元的非洲健康基金(Africa Health Fund),共同出资的还有世界银行、非洲开发银行与比尔及梅琳达·盖茨基金会。Alta Semper Capital 设立了价值 2 亿美元的基金,集中投资于埃塞俄比亚、加纳、乌干达等国的医疗卫生市场。其他瞄准非洲地区的私募基金也在不同程度地投资医疗卫生市场，如已募集超过 15 亿美元的南非私募基金 Ethos、募集超过 9 亿美元的毛里求斯风险投资公司 Helion、募集超过 5 亿美元的尼日利亚私募基金 ACA、募集约 4 亿美元的毛里求斯私募基金 Avigo 等。此外，国际发展融资机构也在出资支持私有资本投入非洲医疗卫生市场。

参考文献

［1］哈拿提·海拉提．撒哈拉以南非洲的医疗卫生［J］．中国投资，2017（8）．

［2］李国鸿．阿尔及利亚卫生状况评价［J］．国外医学·卫生经济分册，1992（1）．

［3］庞雅莉，林秀丽．非洲卫生事业发展状况浅析［J］．中国卫生经济，1997（6）．

［4］张承波．艾滋病，非洲第一杀手［J］．当代世界，2000（8）．

第二篇

医疗援非广东经验与贡献

第 2 章
广东医疗援非的定位和目标

医疗援非是中国援非的重要项目之一，而广东医疗援非又是中国医疗援非的重要组成部分。广东医疗援非的定位与最终目标是在中国医疗援非的大环境基础之上确定的，我们必须清楚中国对非医疗援助的背景以及原因或动机，由此确立广东医疗援非的大方向。因此，本章将介绍中国对非医疗援助的背景及原因，并探索此背景下广东医疗援非的定位与目标。

2.1 中国医疗援非的背景及原因

进入 21 世纪以来，随着全球化的快速推进和不断加深，全球性的公共卫生安全问题愈加凸显。国际社会由于其脆弱的外部性，当某地区暴发公共卫生安全问题时，很可能在全球各地快速蔓延和扩散，对全球公共安全造成威胁。非洲大陆是全球公共卫生条件最为恶劣的地区之一，由于自身的经济发展比较落后，不得不依靠外部的医疗援助以改善其医疗卫生状况。

从 20 世纪 50 年代开始，中国对非洲大陆国家的援助从未停止过，尤其是医疗援助这一分支，随着中国国家综合实力的提升，援非力度也不断加大。虽然中国的对非医疗援助只占对非援助项目的一小部分，但由于其发展稳定且援助力度不断加大，以及贴近当地民众生活的特性，因此获得了最为广泛的称赞。

自 1963 年中国政府向阿尔及利亚派遣第一批援非医疗队开始，中国的对非医疗援助工作已经持续了 50 多年。经过几代人的不懈努力，如今已形成包括双边卫生人员交流、派遣援外医疗队、人员培训、援建医院和疟疾防治中心、赠送药品和医疗器械等在内的多层次、宽领域的工作模式。中国的医疗援非工作切实提高了受援国的医疗卫生水准，减轻了非洲人民因疾病而遭受的痛苦，赢得了广大非洲人民的称赞。

另外，在全球化日益加深的当下，世界各地区在各个领域的相互依存度也不断提高，全球社会面临不断兴起的非传统安全威胁问题，公共卫生危机就是其中重要的威胁之一。对全球社会而言，非洲大陆恶劣的公共卫生危害性并不局限在特定区域，而是对国际社会公共卫生形成共同威胁，像"埃博拉"病毒、艾滋病等具有流行倾向疾病的出现已经严重威胁到了整个人类社会的共同安全。由于公共卫生问题的全球性、超意识形态性和挑战性，现今靠单一国家的力量已无法完全解决，全球公共卫生治理势在必行。

因此，加强对非医疗援助工作的相关研究不仅能加快中国对外援助体系的建设，也可以为中国更好地融入全球公共卫生治理体系提供扎实的基础和丰富的经验。同时，对非医疗援助的相关理论也包含我国医疗援非的清晰定位，为我们更好地理解这一项目提供了理论基础。目前关于中国医疗援非的研究主要涉及三个相关理论。

2.1.1　援助外交理论——基于国家利益

"援助外交"这一现代性概念始于二战结束之后，美国对欧洲的援助政策"马歇尔计划"被视为援助外交的起点，欧洲也因此计划从二战的废墟中获得重生。第二次世界大战给全球众多国家带来了灾难性的打击，国际贸易量急剧下跌，参战各国的经济处于崩溃边缘。作为同盟国成员的美国和苏联在战争结束后开始争夺和抢占势力范围，并通过向遭受战争打击的国家和地区提供大量援助，以期获得受援国家和地区的依赖与服从。一国的对外援助工作总是从属于这个国家整体的对外政策和战略，对外援助作为一种外交工具和手段，服从和服务于援助国的全球或地区战略。美国国际开发署前副署长兰开斯特认为，国际援助是指一国的公共资源被转移到另一国家或非政府组织和国际机构的过程，其目的是改善受援国人民的生活条件。中国人民大学副教授刘丽云则认为对外援助并不是简单的慈善活动，它是一个国家在与其他国家进行利益博弈时选择的投资回报率最高的一种投资方式，它包含援助国政府的对外政策导向、战略意图和价值观念，发达国家对发展中国家的援助最终都会以某种形式得到回报。

国际政治理论流派将对外援助划分为三种模式。一是现实主义对外援助。该模式以国家利益为根本目的，认为国家的对外援助不是单纯为了提高受援国人民的生活水平，而是从援助国本身的国家安全和国家战略出发，从根本上服从并服务于援助国的国家利益。对外援助只是一种对外政策工具，通过对外援助使受援国听从援助国的指令和安排。现实主义对外援助模式在"冷战"期间特别普遍，美、苏两个超级大国为了争取相关国家倒向己方阵营，往往以此种方式开展对外援助。比如美国对韩国的援助、苏联对古巴的援助等。二是理想主义对外援助。该模式以人类社会共同体的发展为出发点，以日益加深的国际政治经济联系为基础，主张建立一种相互合作、结构良好的国际援助机制，使各个地区人民共享人类的发展和资源，最大限度地实现整个人类的价值。其落脚点不只是关注某个地区或某个国家，而是关注欠发达地区的个人，认为个人生活质量的提高才是整个国际援助工作应当聚焦的重点。同时，在援助过程中，理想主义对外援助认为还要提前了解和掌握受援助地区的风俗习惯、宗教信仰、政治背景和医疗现状等情况，以免给受援国民众带去二次伤害。三是激进主义对外援助。其观点以批判现有的援助体制为主，认为当前的援助模式仍然带有剥削的内容和强烈的资本主义扩张色彩，以国家为主要行为体的对外援助不仅无法真正帮助受援国人民，反而会使受援国沦为资本扩张的附庸。该流派认为对外援助不应该以国家为主要行为体，必须借助国际性组织对当前的资源、资金和技术进行整合，这样才能避免上述缺陷的出现。激进主义对外援助模式是对当前对外援助模式的一种挑战和批判，但其可行性不强。

基于以上理论分析，中国对非洲的医疗援助应属于现实主义对外援助。在寻找外交突破口的大背景下，中国开始对非洲进行医疗援助，并将援助任务分配给各省市政府和单位，而广东省作为中华人民共和国成立以来发展最快的省份之一，承担着为非洲提供医疗援助的重要任务。正如援助外交理论所揭示的，广东省对非洲的医疗援助不仅是单纯地帮助非洲缓解窘迫的卫生医疗困境，更重要的是，通过医疗援非提升我国及广东省的软实力和硬实力。软实力包括我国平等合作的国际形象，这有助于扩大中国在国际重要决策上的影响力；而硬实力则指中非特别是广东省与非洲的经济贸易合作，医疗援非帮助广东省的优质制药企业走进非洲，同时有助于非洲的自然资源如矿石、石油、钻石等出口到广东省，以此促进中非的贸易合作，发掘非洲的潜在需求并加快广东省的经济发展。

2.1.2 人文外交理论——基于文化传播

首先需要辨析人文外交与公共外交的区别。人文外交是领域外交的一个分支，是指不以政治、经济手段为工具，在文化、教育、体育、旅游等社会领域通过政府支持、社会参与的方式，与国外社会进行交流和沟通，并向世界介绍中国的优秀文化和源远历史，激发外国群众对华的正面感情，直至产生文化向心力。人文外交与中国传统政治文化思想一脉相承，是新中国外交实践的一大特色，彰显了中国独具人文关怀的政治理念。公共外交是一个国家为了提高本国的国际形象和国家声望，由中央或地方政府负责组织、社会行为体负责落实，通过各种传播渠道与国外公众进行交流沟通的外交活动。目的是传播本国信息、扩散自身价值，从而服务于国家利益。该理论首先由美国塔夫茨大学（Tufts University）埃蒙德·格里恩（Edmund Gullion）于1965年提出并广泛应用于美国外交实践中。

一般来说，对外医疗援助这一政治行为更偏向人文外交，从本质上讲，医疗援助可以视作人文外交的一种手段，因为其目标和任务是一致的，都是服务和促进国家利益的实现。因此，广东省对非医疗援助也是人文外交的一种重要途径。在广东省对非医疗援助的过程中，会派出医疗队到非洲的不同国家，为其总统以及平民百姓提供卫生医疗等服务，且持续时间为1~2年。在这个过程中，广东省的医疗队队员有很好的机会可以与非洲人民进行深入沟通和交流，为传播博大精深的中国文化提供了重要的渠道。如此一来，可以增进非洲民众对中国的了解，例如，通过对非医疗援助可以向非洲人民普及中医知识，向他们展示中医的神奇疗效。在驻非援助期间稍微轻松的闲暇时光，广东医疗队队员甚至为非洲人民烹饪广东的特色美食，借此机会普及广东饮食文化。

2.1.3 全球公共治理理论——基于全球卫生维护

在人类社会的发展过程中，既经历了发展、进步和繁荣，也承受着贫穷、疾病和灾难。地理大发现之前，各地区的文明属于单独发展阶段，在各自文明内部，医疗卫生问题属于低层次问题，受到的关注程度比较低。但伴随着 17 世纪地理大发现，各地区之间的交往不断加深；伴随着人员的往来，传染病也开始蔓延；伴随着全球化进程的加速，公共卫生问题成为国际社会面临的共同威胁，各国政府对此必须给予高度重视。

面对全球化带来的这种负外部性，主权国家纷纷采取行动，以保证本国的公共卫生安全。根据主权国家应对措施的不同，大致可将公共卫生治理分为三个不同阶段：首先，西方国家率先在国内发起针对传染病和其他公共卫生安全问题的宣传、教育、预防以及救治等工作；其次，二战之后，大部分国家已无力单独解决本国医疗卫生问题，需要更多国家联合起来共同应对医疗卫生问题，在医疗问题上相互合作和支持，但由于战后重建耗费巨大以及国际政治环境的僵局，这种合作并没有取得实效；最后，进入 21 世纪之后，随着全球化的不断加深，卫生安全逐渐成为国际性问题，其脆弱性和外部性引起了国际社会的普遍关注，世界各国政府和人民开始逐渐加入全球公共卫生治理当中。

公共卫生安全问题的负外部性的特点是其成为全球性威胁的根本原因。全球化时代，局部地区的公共卫生安全问题很有可能以各种方式迅速传播到其他地区和国家，当一个地区或国家暴发某种传染病时，整个国际社会都被置于该疾病的威胁之下。而遏制或解决这种非传统安全类问题，单独依靠一国的力量远远不够，必须通过全球性的合作和支持，在统一的体系和规范内相互协调与支援，才能解决疾病传染迅速和一国卫生治理局限的矛盾。一个国家主动参与全球公共卫生治理，其最主要的动力出于两个方面：一是共同利益，是为了维护整个人类社会的健康发展以及全球社会稳定，全球各国联合起来共同应对公共卫生安全问题的威胁；二是国家利益，单独一个国家无法以自身实力有效应对公共卫生安全威胁，每个国家都可能因公共卫生安全问题的暴发而产生经济衰退、政治不稳定、国际形象受损等后果。

因此，主权国家作为全球公共卫生治理的主要参与者，为了保障国民生命健康安全和国内社会稳定，出于理性考虑都会在医疗卫生方面与其他国家进行相互支持与合作，全球公共卫生问题进而也能得到妥善解决。同样，中国作为发展中大国也必须履行维护全球公共卫生安全的责任，而作为中国经济发展最迅速的省份之一，广东省也应该积极地参与全球公共卫生治理的行动，为中国履行大国责任分担压力，协助国家帮助非洲缓解卫生医疗压力，同时也保护我国人民的卫生安全。

2.2　广东医疗援非的目标

基于上述医疗援非的三个相关理论的分析，可以总结出中国医疗援非的三个总目标，即维护国家利益、传播中国文化以及维护全球公共卫生安全。这三个总目标可以细分出许多小目标，例如，维护国家利益包括软实力和硬实力的提升，传播中国文化包括传播人道主义精神、中医文化、美食文化等。以下则详细描述三个理论定位指导下的广东医疗援非目标。

2.2.1　提升软实力，扩大中国影响力

软实力是衡量国家综合实力的一个重要标准。党的十七大报告将提高国家文化软实力提升至中国实力构建的战略层次。提升软实力的途径有许多，其中，对非洲医疗援助就是提升中国软实力的一条重要途径。"软实力"（soft power）概念首先是由哈佛大学教授约瑟夫·奈于 20 世纪 80 年代提出的，他认为，国家实力主要由硬实力和软实力两部分构成，硬实力主要指的是偏物质方面的经济、科技、军事等，而软实力主要是来源于意识形态、价值观、文化、外交政策等的吸引力。

中国古代思想中就有重视软实力的传统，比如，孔子就曾说过"为政以德，譬如北辰，居其所而众星拱之"，若中国也用道德教化来治理政事，定会像北极星那样，吸引着群星的围绕。"软实力"理念自传入中国后就受到了学者、官员和政府的重视。目前，中国已经将软实力建设纳入战略层次。这是因为，首先，软实力是综合国力不可或缺的重要组成部分。中华民族的伟大复兴是十几亿中国人的梦想，实现这个梦想归根结底还是要求中国具备强大的综合国力。其次，软实力的壮大有利于增强中华民族的凝聚力和自信心。在发展的过程中，容易产生人心浮躁、"一切向钱看"、经济增长成为唯一追求的现象，适时推动软实力建设，对于塑造新时代中华民族的文化观、价值观，增强中华民族的自豪感和凝聚力意义重大。最后，提升软实力是营造和平外部环境的需要。中国的经济、军事、科技等硬实力逐渐强大，国际地位也日渐提高，但各种版本的"中国威胁论"也

不断滋生，在硬实力建设取得较大成绩的基础上，中国必须同时提升自身的软实力，增强文化吸引力和影响力，营造一个友好的外部发展环境才能有效地排除长远发展的障碍。

软实力有多种来源，对外援助就是一个将抽象的外交政策目标、文化、意识形态、价值观等具体化，从而为软实力建设注入活力的过程。以对非援助与中国软实力的关系来看，首先，中国对非洲援助是以"平等、互利、尊重、合作、真诚"五项基本原则为基础的，不附带任何政治条件。而这正是"和合"思想、"重义轻利"的义利观、"己所不欲，勿施于人"等中国传统文化精要之体现。其次，中国对非洲的公益性援助项目、医疗卫生援助等方式也是中国文化魅力的展示过程，如中国以无偿援助的方式为非洲国家援建了大批能够广泛造福民众的公共工程和社会福利项目，一些工程完工后甚至成为该国乃至非洲的标志性建筑物，它们的存在将无声地展示中国的文化魅力与吸引力，医疗卫生援助则是中国文化的活动窗口。最后，各种流行性疾病肆虐给非洲民众带来了极大痛苦，中国援外医疗队以其高超的医疗技术和良好的职业道德赢得了非洲人民的广泛赞誉，而精深的中医文化也显示出其强大的生命力和吸引力。一个国家要真正成为世界强国，除了有硬实力作为后盾，还要具备相应的软实力，其文化传统应该能够对世界产生影响力和感召力。

由此可见，软实力的提升对于增强我国综合实力尤为重要，而作为重要的任务承派省，广东省医疗援非的主要目标就是提升中国的软实力，扩大中国在国际社会上的影响力，通过援非实现软实力提升主要体现在以下三个方面。

第一，援助非洲有利于增进非洲及世界对中国的了解。近年来，中国更加积极地与世界沟通，宣传走和平发展道路和共建和谐世界的理念。但某些西方国家仍是半信半疑。这些西方国家除了维护既得利益等因素外，其中一个重要原因就是对中国缺乏了解和信任。当然，这些西方国家只是旁观者，作为受援国的非洲国家才最有发言权。2009 年是中国完成《北京宣言》承诺对非援助的最后一年，埃塞俄比亚和尼日利亚驻华大使纷纷表示，非洲在中国的援助下经济发展迅速，非洲人民对中国援助的执行情况感到满意。纳米比亚开国总统、非洲民族解放运动第一代领导人努乔马在接受采访时说，中国政府是非洲各国政府的好朋友，中国人民派出的工程队伍是非洲基础设施的主力建设者，中国医疗队队员的精湛医术和职业精神为非洲人民的健康带来了福音，中国的农业专家为解决非洲的饥饿和贫困提供了造血机能，中国的教育家为改善纳米比亚的教育文化提供了极大帮助，我们向往中国、热爱中国、欢迎中国，对中国放心。

第二，援助非洲有利于塑造中国的国际形象。国际形象是衡量一个国家软实力的重要标准，从国际政治的角度看，它指一个国家在国际社会中的基本精神面貌和政治声誉。中国正在努力塑造和平合作和负责任的大国形象，对非援助就是中国为国际社会做贡献的表现之一。首先，中国将自身定位为非洲平等的合作伙伴，援助政策的制定、实施及方式的选择无不体现尊重与平等。中国对非洲的援款主要用于农业和粮食生产、医疗卫生基础设施建设、疾病防御和治疗、教育和人力资源开发等领域，重点在于帮助非洲国家实现经济和社会方面的发展从而改善民生，由此可看出，中国非常注重非洲国家的实际需求。其次，承接援助非洲工程项目的通常是优质且有信誉的中国企业，这些企业也成为中国形象的代表。投资非洲的中国企业也加入以援助回报当地的行列，如华为公司 2006 年捐赠的价值100 万美元的校园电子教育网是迄今整个东非地区最大、最先进的电子校园网络，而这只是该公司对非无偿援助的一小部分。中国对非投资企业主动回报非洲社会，壮大了中国对非洲非政府援助的队伍。最后，中国派出的援外人员工作尽职尽责、技术精湛、平等对待非洲人民，与当地人民建立了深厚的感情，也搭起了中非友谊的桥梁，更展示出中国负责任、爱和平的大国形象，为中国赢得了广泛的尊敬。

第三，援助非洲客观上有利于带动其他国家增加对非洲的援助。非洲一度被西方国家看作需要大量投入却得不到回报的"无底洞"，成为贫穷、落后、疾病、冲突的代名词，是全球化浪潮中被遗忘的角落。而中国在加快自身经济建设的同时仍坚持援助非洲，并深入发展中非关系。"中非合作论坛"规模之大、规格之高、取得成果之丰硕使得世界其他国家开始重新评价并重视非洲。如美国布什政府和奥巴马政府大幅增加对非援助，在2010 年为非洲援助拨款 67 亿美元；法国致力于将法非关系从之前的托管关系转变为"新型合作伙伴关系"，并将援助范围从传统的马格里布地区和撒哈拉以南（前法属的殖民地国家）扩展至整个非洲；有的国家为提升本国地位和国际影响力开始参与援助非洲，例如，印度在首届"印度－非洲论坛峰会"上表示将投入 5 亿美元援助非洲。还有日、俄等国都不约而同地将增加援助作为增进与非洲国家关系的重要手段。政治、经济利益固然是根本动因，但从某种程度上可以说，正是中国对非洲的援助及其对双方产生的良好效果，刺激并带动了世界其他国家对非洲的重视。

2.2.2　构筑国家与政府间交往的平台

国际上的外交关系对一个国家来说不可或缺，这就像在一个群体中，"四海之内皆兄弟"总是更有利于个体发展。国际关系的行为主体是主权国家，国家或代表国家行使权力的政府在对外交往活动中往往发挥着主导作用。国家、政府间的交往活动又是由政治、经济、科技、文化以及军事等领域的相关具体活动构成的，作为对外经济技术援助重要内容之一的对外医疗援助，也是构筑中非关系的重要基础之一。因此，通过医疗援助的方式来构筑国家与政府间交往的平台，能够使中非关系在医疗援助的过程中得到升温。广东援非医疗队作为中国医疗援非的主要参与者，在搭建国家、政府之间的交往平台方面发挥了重要作用。

第一，医疗援非有利于国家的外交建立。广东作为中国第一批医疗援非省份，派出的医疗队队员在非洲尽职尽责，对提升中国的国际形象和影响力做出了贡献。例如，广东在 1971 年首次向赤道几内亚派遣医疗队，在某种意义上，这也是为了回报赤道几内亚率先与中国建交，并支持中国恢复在联合国的合法席位。医生与病人之间总有一种奇妙的信任和亲近，广东医疗队的队员叶星在接受记者采访时谈道：非洲人民对中国医生很信任、很尊重，我们尽了力，就算治不好，他们也不怨我们。基于对中国医生的信任，增进了非洲人民对中国的了解，使中国与非洲的关系在医疗援助过程中得到了加深与巩固。

第二，广东医疗队援非期间同时服务受援国高层领导，有助于建立互信关系。随着我国援外思路的转变，援非医疗队开始注重向受援国高层领导提供优质的医疗服务，更好地发挥卫生外交的作用。广东援赤道几内亚医疗队经常前往总统府及高官府邸为政府官员进行临床诊断及治疗。比如赤道几内亚总统就经常邀请广东医疗队的医生到总统府做客，并为其家人进行医疗诊断。在广东医疗队队员完成援助任务返回中国之前，赤道几内亚的领导人还设家宴款待中国的医生们，并给他们颁发勋章。例如，来自江门市中心医院心血管内科的援非医疗志士高伟栋医生，他在医疗援非时担任赤道几内亚总统保健组的队长，为赤道几内亚总统、高级官员及其家属提供保健服务，在医疗援非的两年内每天都为总统做身体检查。高伟栋说：医疗队不仅要治病救人，更是中国外交的一张名片，我们要时刻注意自己的形象。而这也促成了总统对高伟栋的高度信任，有一次，安全部部长需要保健，总统就说：看病一定要叫我的医生。在高伟栋所属的医疗队回国前夕，总统亲自为他颁发了赤道几内亚国家的最高荣誉——国家独立勋章，以此感谢他以及中国援非医疗队的出色工作。通过长期提供医疗服务，援外医生与受援国高层形成了非常密切的关系，而这也强化了非洲国家领导及高层人员对中国的良好印象和友好态度。

2.2.3 有效配合国家文化"走出去"的战略

历史上，广东许多中医药老字号迁移到我国港澳地区、东南亚一带发展，对传播中医药文化起到了重要作用。但这远远不够，我们希望传统的中医药能得到全世界的关注和认可，而医疗援非则可大大促进中医药文化"走出去"，让非洲以及世界各国深入了解我国传统中医文化。在广东医疗援非的行动中，中医药发挥着不可或缺的作用。2014年，由广东省医疗卫生人员组成的第4批中国援助加纳医疗队前往受援国。其中，广东省中医医疗机构的医生运用中医方法，为该国能源部部长治疗腰椎间盘突出术后出现的腰背部疼痛不适、左下肢乏力、行走不便等症状并取得了良好的效果，患者行走有了明显改善。2016年6月，加纳共和国总统正式向我国大使馆提出为其本人进行中医保健服务的请求。这个例子说明，在非洲至少是在加纳，我国传统中医药得到了政府高层官员的认可，同时也意味着加纳人民会因此而更加了解中医文化。

为什么说中医药"走出去"是广东而不是其他省份医疗援非的重要目标呢？从现实来看，广东的中医药发展在全国处于排头兵的地位，具备推动中医药"走出去"的良好基础，广东不仅中医医疗服务在全国领先，中药产业规模也在全国领先，同时广东也是中药产品出口的大省。除此之外，广东人从小深受中医文化的熏陶，对疑难杂症多数会寻求隐藏于民间的中医高手来治疗，现今流行的养生文化也是依据中医文化兴起的，因此广东人包括广东援非医疗队队员更加了解中医药文化，这对传统中医"走向非洲"起到了推动作用。2015 年，屠呦呦获诺贝尔医学奖对中医药界是极大的鼓舞，深化了业界对中医药原创优势的认识，也增强了国人推动中医药走向世界的信心。广东援非医疗队也应该借助这个契机，以发展中医药贸易合作为基本点，进一步培养中医药人才，推动广东的中医服务、中药产品走向世界，在非洲支持和推广青蒿素复方清除疟疾的成功经验。具体而言，广东应该进一步巩固在科摩罗应用青蒿素复方清除疟疾的成果，尽快达到在该国长期清除疟疾的目标，争取在更多的非洲国家推广青蒿素复方清除疟疾的成果，并推动青蒿素及复方综合研究重点实验室和"亚非医药研究中心"的建设，引领广东省成功研发的青蒿素复方产品服务全球，从而带动中国的医药产品"走出去"。

除了中医药文化以外，广东医疗援非还应该带着汉语、儒家思想等文化"走进"非洲地区，在医疗援助非洲的同时，促进中非的文化交流。广东医疗队援助非洲多年，非洲人民对中国文化有了更多、更深入的了解，甚至兴起了"汉语热"，粤非之间的文化交流越来越频繁。2012～2014 年，广东省的南方医科大学受商务部的委托，对来自 30 多个非洲国家（如赞比亚、加纳、埃塞俄比亚等）的 621 名医疗卫生技术人员和官员进行了培训。另外，广东的暨南大学和中山大学分别与南非合作创办了南非罗斯德大学孔子学院和南非开普敦大学孔子学院，进行对外汉语教学，并借此平台交流中华文化。2016 年，汉语正式成为南非中小学的第二外语选修课。近年来，随着粤非之间的联系不断，在广东留学的非洲学生也越来越多，根据《广州日报》记者的统计，2013～2015 年，来广东留学的非洲学生增长迅速，粤非之间的各项交流不断加深（见表 2-1）。

表 2-1 在粤的非洲留学生人数

单位：人

指标	2013 年	2014 年	2015 年
在粤的非洲留学生人数	2584	3830	4508

资料来源：广东与非洲经济贸易情况盘点 [N]. 广州日报，2016 年 8 月 31 日。

2.2.4 拓宽地方与民间对外交往的渠道

医疗援外活动构筑了广东地方政府和社会各界与受援国各阶层人士直

接交往的渠道，这种有效的交往形式有利于加深中非人民之间的感情。肩负人道主义使命的医疗外交所蕴含的平等友好气氛，又使这种交往成为人类最理想的交往形式，尤其是医疗队队员与当地普通民众的交往，能起到正式的外交活动所不能发挥的作用。多年来，广东充分利用援外医疗队这一平台，扩大了与赤道几内亚、加纳、冈比亚和阿尔及利亚等国的合作与交流，并积极将广东省的中医药推向非洲。近年来，双方进行了多次友好互访，加强了广东与非洲受援国的友好关系。

以援外医疗队为纽带，广东与非洲国家的民间交往也大大加强。广东是一个经济发展较快的大省，通过医疗援非，非洲人民认识了广东。一位广东援非医疗队队员说，当时我们去加纳考察，当地人民只知道苏州，因为苏州有很多小商品，但广东医疗队去了加纳之后他们马上就知道了广东。随着广东其他项目组的进入，"广东"就在当地叫响了。所以医疗队既是一个国家的"桥头堡"，又是广东省的一个"窗口"。

这种民间交往并未因医疗队队员回国而中断，反而促进了广东与非洲国家的民间交往，普通民众的交往为中非友谊注入了新的生命力。自从广东派遣医疗队援助非洲以来，广东与非洲的民间交往越来越多。从政府之间的交流来看，埃塞俄比亚、马里、乌干达、尼日利亚、科特迪瓦、刚果（布）、安哥拉、赞比亚8个非洲国家先后在广州设总领事馆。同时，广东与埃及亚历山大省等缔结了10对友好省市关系。在民间层面，广州已成为中国最大的非洲人聚集地。2015年，在粤常住的非洲籍人口有4516人，占常住外国人总数的4.7%，同比增长15.6%。另外，至2015年底，非洲地区开放为中国公民旅游目的地的国家有12个。2015年，非洲入境广东的人数为35.34万人次，经广东口岸出境非洲的人数为65.86万人次。历届的中国（广东）国际旅游产业博览会，非洲国家都积极率团参展。民营企业是粤非贸易和投资的主力军，也是广东对非投资合作的优势和特色所在，其中东莞华坚集团率先于2011年在埃塞俄比亚成立华坚国际鞋城有限公司，将部分"中国制造"变成"非洲制造"，成为走进非洲的第一个中国制鞋企业。至2015年末，该公司共向欧美出口384万双鞋，创造外汇收入4449万美元，并为埃塞俄比亚提供了3600个就业机会。

广东与非洲国家的民间往来，不仅加深了中非的外交关系，也成为促进双方共同发展的重要途径。因此，广东医疗援非今后的目标仍然是为中非共同发展奠定坚实的民意基础，促进中非民间友好往来。同时，笔者建议今后在中国设立"中非新闻中心"，鼓励中非双方的新闻媒体人员交流互访，并支持双方的新闻机构互派记者；开展"中非民间友好行动"，支持和促进双方民间团体及个人开展交流合作；继续实施"中非联合研究交流计划"，鼓励并资助双方的学术机构和学者开展更多的学术研究、交流合作项目等。

2.2.5 促进中非投资和贸易合作

缺乏建设资金、经济基础薄弱一直都是非洲国家发展的主要问题，而中国政府也希望通过医疗援非鼓励金融机构和中国企业扩大在非洲的投资，努力提升中非经贸合作的水平和质量。

自 2009 年以来，其他国家和地区对非洲地区的直接投资连续下滑，但中国对非洲的直接投资非但没有减少反而快速增加。据统计，2009~2012年，中国对非洲的直接投资由 14.4 亿美元增至 25.2 亿美元，年均增长20.5%。其中，广东对非投资起到了重要作用。2015 年，粤非新增协议投资额为 5.1 亿美元，同比增长 317.1%；广东对非洲实际投资 7303 万美元，同比增长 137.2%。截至 2015 年底，广东对非洲的协议投资额为 14.6亿美元，累计在非洲的投资项目共 176 个。而在合作平台如产业园区方面，尼日利亚奥贡广东自由贸易区也成为首批获得中国政府批准的 8 个境外经贸区之一。除此之外，广东金融机构也积极支持粤非合作。2011~2015年，中国出口信用保险公司广东分公司为广东企业承保了 4 个海外投资项目，涉及总保险金额为 1.46 亿美元。

中国对非投资的快速增长，一方面体现了非洲的发展潜力和投资吸引力，另一方面也体现了中非合作的互补性。此外，随着多年的医疗援非、非洲各国经济实力的增强以及中非关系的日益密切，非洲企业也开始积极对华投资。截至 2012 年，非洲国家对华直接投资达 142.42 亿美元，较2009 年增长 44%。其中，2012 年来自塞舌尔、毛里求斯、南非、尼日利亚等国家的直接投资额达 13.88 亿美元，涉及加工制造、石油化工、批发零售等行业。中非之间的投资合作增强了非洲自主发展的能力，促进了非洲的经济发展，提升了非洲在全球经济格局中的竞争力，同时也推动了中国企业的跨国投资以及国际化发展。今后，希望广东医疗援非能够助力扩大中非投融资合作，重点支持中非在农业、基础设施建设、中小企业发展和制造业等领域开展合作。

促进中非经贸合作是中国援非的一个重要目标，广东医疗援非在其中发挥着重要作用。自广东接受派遣医疗队的任务以来，随着粤非关系日益紧密，广东在中非经贸往来中也发挥着越来越重要的作用。根据"中非合作论坛"统计，近年来粤非贸易总额迅速增长（见表2-2），粤非贸易约占中非经贸总量的1/4。2003～2015年，粤非进出口贸易总额从28.19亿美元上升至431.3亿美元，增长了14.3倍。其中，2009～2014年年均增速达到26.5%。而在产品方面，机电产品占广东出口非洲贸易总额的七成，2015年达到195亿美元；其次是农产品，为2.6亿美元。广东自非进口商品主要为钻石（21.4%）和石油（3.4%）等自然资源。2015年，广东在非洲的前十大贸易伙伴分别为尼日利亚、加纳、阿尔及利亚、埃及、安哥拉、南非、坦桑尼亚、肯尼亚、埃塞俄比亚和摩洛哥；广东与非洲贸易增长速度最快的十个国家分别为南苏丹共和国、中非、科摩罗、塞舌尔、马拉维、马约特、刚果（布）、津巴布韦、厄立特里亚和斯威士兰。这些国家多数为广东医疗队曾经援助过的非洲国家，由此可见，广东医疗队在中非贸易合作中起到了不可或缺的作用。同时也希望广东医疗援非能持续有效地进行下去，助力粤非不断扩大经贸合作，为中国和非洲的经济发展做出贡献。

表2-2 2009～2015年粤非贸易总额

单位：亿元

指标	2009 年	2012 年	2013 年	2014 年	2015 年
粤非贸易总额	935.3	>2000	>3000	3030.2	431.3*

* 亿美元。

资料来源：广东与非洲经济贸易情况盘点 [N]．广州日报，2016年8月31日。

2.2.6 维护全球公共卫生安全

对于中国而言，中非合作进程并不总是一帆风顺的，面对来自西方政界与学界对中非关系的批判和质疑，在全球化背景下，中国对非洲医疗援助外交不应局限于在政治性任务的名义下开展，应使之成为中国参与全球公共卫生治理的重要一环。参与国际医疗援助可树立中国在全球治理体系中的福利贡献者形象。此外，当代全球公共卫生问题的突发性和严峻性也迫切需要国际机制做出快速反应，公共卫生领域的国际多边合作成为必然的趋势。而且，单纯器物层面的对非医疗援助并不能达到医疗外交的战略高度，亟待建立新的多边卫生合作机制和项目。

根据国际协会联盟（Union of International Associations，UIA）的统计数据，中国在全球性的政府间组织（IGOs）中的参与度为 61.19%，参与次数为 41 次，在全球列第 12 位，这两项指标都远低于同是安理会常任理事国的英、法、美、俄四国，甚至低于一些发展中国家。在全球治理领域，国际组织是重要的行为体，中国应该重视国际组织全球治理的力量，SARS 病毒在中国传播促使中国政府意识到世界卫生组织的重要性，也提升了中国在全球卫生治理中的参与度，从某种程度上来说，中国战胜 SARS 病毒的经验也可运用到全球卫生治理当中。

扩大在国际组织中的影响力对于改善中国在全球治理体系中的地位具有重要意义。全球治理的主要宗旨就是避免"弱者更弱"的恶性循环，帮助非洲改善卫生状况，关系到整个人类的健康。因此，中国应在全球卫生治理体系中寻求合适的地位，提高应对全球公共卫生危机的能力。在全球卫生的新形势下，如何利用卫生外交在国际上展现中国作为一个负责任大国的形象，扩大中国在全球卫生方面的影响力，应该是我们关注的重点。

对非医疗援助是中国开展全球卫生治理的重要机遇和切入点，以提供公共卫生产品的方式介入治理体系，是一个良好的契机。中国一直致力于向非洲提供医疗卫生公共产品，但面对全球性公共卫生危机，中国仅凭一己之力也难以应对。因此，有必要在全球治理的框架内适度开展对非医疗援助的国际合作，汲取发达国家成熟的援外经验，建立多边卫生合作机制以应对非洲的公共卫生危机。此举有利于展现出中国负责任的大国形象与国际人道主义精神。

在全球卫生治理领域，中国应该积极有所作为，扬弃传统的对非医疗援助外交的理念和方式，将之提升到中国参与全球治理的战略高度，为中国在全球治理体系中发挥作用奠定基础、积累经验。卫生治理不是直接治病，全球卫生治理的重要对象是非洲的卫生环境，中国通过医疗援助方式对非洲的卫生环境进行治理，也是对全球公共卫生治理的贡献。援助国为受援国提供医疗服务和基础设施等方面的人道主义援助，一方面可以缓解受援国政府的公共产品供给压力，另一方面能够提升援助国在全球治理体系中的政治影响力，既弘扬了国际人道主义精神，也展示了负责任的大国形象。

目前的西非被埃博拉病毒所侵袭。作为世界上最为贫穷的地区之一，西非的医疗基础设施落后，医疗物资贫乏，仅仅依靠自身的力量很难渡过这个难关。落后的传染病防控理念，再加上缺乏必要的防护装备和安全防护措施，本次疫情已造成当地 523 名医务工作者感染埃博拉病毒，并有 269 人死亡，导致其原本就缺乏医护资源的卫生治理系统几近瘫痪。中国政府在第一时间向西非三国伸出了援助之手。中国在援助非洲的同时也在维护我国的公共卫生安全，为我国人民提供安全保障。

广东医疗援非的目标之一，就是通过积极参与国际社会的行动，加强与国际组织和其他国家的合作与了解；同时，使我国公共卫生工作者能够近距离地了解埃博拉疫情，熟悉埃博拉病毒的防控措施和手段，为国内的埃博拉病毒防控积累经验。通过开展传染病学信息与技术的沟通，与国际社会共享权益和资源，获得应对国际公共卫生和相关危险因素的全球化控制经验。从这个角度来看，广东医疗援非承担着保护国家公共卫生安全的重要责任。

参考文献

［1］符清烨. 湖南援非医疗研究（1973~2013）［D］. 湖南师范大学，2013.

［2］广东常驻非籍人口 4516 人 从非洲进口最多的是钻石［EB/OL］. 中非合作论坛官网，2016 年 9 月 1 日.

［3］广东与非洲经济贸易情况盘点［N］. 广州日报，2016 年 8 月 31 日.

［4］李天研. 粤对非投资研究报告出炉 广东从非洲进口最多的是钻石［N］. 广州日报，2016 年 8 月 31 日.

［5］马小龙. 新中国对非医疗援助外交研究［D］. 华东师范大学，2017.

［6］王畅. 新中国对非洲医疗援助外交研究［D］. 上海外国语大学，2014.

［7］王雅君. 中国对非洲的医疗援助外交［D］. 华中师范大学，2015.

［8］魏雪梅. 对提升中国软实力的思考——以对非洲援助为视角［J］. 福建行政

学院学报，2010（4）.

［9］衣梦霏. 中国援非对中非贸易的影响［D］. 东北财经大学，2012.

［10］余伟斌，刘雯. 中国援非政策的文化软实力因素［J］. 中国石油大学学报
　　　（社会科学版），2014（2）.

［11］粤非合作日趋紧密，中国日报网，2016 年 8 月 30 日.

［12］翟曹敏. 中国对非洲医疗卫生援助研究［D］. 上海师范大学，2017.

［13］张必科，高福. 掀开中国公共卫生安全的新篇章——我国首次援非抗击埃博
　　　拉［J］. 中国科学：生命科学，2015（1）.

［14］张春. 中国对非援助不值得吗？［J］. 社会观察，2012（8）.

［15］中国与非洲的经贸合作（2013）白皮书，中华人民共和国国务院新闻办公
　　　室，2013.

第 3 章
广东医疗援非情况概述

3.1 广东医疗援助对口国家介绍

广东目前对非洲的医疗援助主要有两个国家,一个是从 1971 年开始进行医疗援助的赤道几内亚;另一个是于 2009 年开始医疗援助的加纳。其间,1977 ~ 1995 年,广东省一直向冈比亚派遣医疗队。

3.1.1 赤道几内亚

赤道几内亚位于非洲中西部,西临大西洋,属赤道雨林气候,潮湿,多雨多云,主要流行疟疾、伤寒、结核等疾病,医疗条件较差。赤道几内亚国土跨越了南北半球,由陆地和岛屿构成,共 2.8 万平方公里的国土面积,80% 以上被森林所覆盖。赤道几内亚曾经是世界上最为贫穷的国家,1996 年在赤道几内亚的领海内发现了大量石油资源,依靠石油收入赤道几内亚的经济获得了迅速发展,一跃成为全球经济增长速度最快的国家,人均 GDP 已经超过 2 万美元。但是,绝大多数石油收入被政府要员及执政集团掌握,因此该国国民总体经济收入仍然处于贫困状态,人民的生活水平低下,全国有 68% 的人用不上自来水,而且,医疗卫生水平也非常低,截至 2014 年,赤道几内亚全国只有 18 所医院,其中地区级医院 2 所、省级医院 4 所、县级医院 12 所;22 个卫生中心和 291 个卫生点;医院共有床位 1091 张;全国共有医务人员 1005 名(于 1993 年统计),其中高级人员 58 名,技术人员 165 名,助理人员 544 名,服务人员 220 名。极为有限的医疗条件导致了全国有 63% 的人生病得不到及时治疗，人均预期寿命 63.85 岁，人口出生率 33.31‰，死亡率 8.19‰，婴儿死亡 69.17‰。[①] 疟疾、伤寒和艾滋病等恶性传染病，威胁着全国近百万人的性命。

中国与赤道几内亚共和国于 1970 年 10 月 15 日建交，此后，两国的关系发展顺利。1971 年 6 月，两国签订了关于中国政府同意派遣医疗队赴赤道几内亚工作的议定书，迄今中方已向赤道几内亚派遣了 29 批医疗队，分别在赤道几内亚首都马拉博和大陆地区巴塔工作。

3.1.2　加纳

加纳位于非洲西部、几内亚湾北岸，西邻科特迪瓦，北接布基纳法索，东毗多哥，南濒大西洋，海岸线长约 562 公里。加纳的经济发展以农业为主，主要农作物有玉米、薯类、高粱、大米、小米等，主要经济作物有油棕、橡胶、棉花、花生、甘蔗、烟草等。加纳工业基础薄弱，原材料依赖进口，主要产业有木材和可可加工、纺织、水泥、电力、冶金、食品、服装、木制品、皮制品、酿酒等。自 1983 年开始实行经济结构调整后，加纳经济保持持续增长势头，属于西非地区经济较为发达的国家。尽管如此，加纳全国仍有大约 1/3 的人口生活贫困，其中 80% 的贫困人口生活在农村。加纳全国共有国立医院 4 所，省级医院、卫生中心和诊所等近 3000 家，平均每 1 万人拥有 1 名医生。除首都及少数大城市外，大多数医院设备较陈旧，缺医少药。人口增长率约 2.7%，人口平均寿命为 58 岁。2000 年后，政府大力发展国家健康保险计划，该计划已覆盖全国 48% 的人口。2005 年成人艾滋病感染率为 2.9%，低于非洲平均水平。2006 年婴儿死亡率约为 11.1‰。加纳公共卫生环境较差，热带疾病较多，常见的疾病有霍乱、疟疾、黄热病、肺结核、脑炎、肝炎等，其中疟疾和霍乱最为普遍。

[①] 数据来源：中华人民共和国外交部官方网站：赤道几内亚国家概况（最新更新时间：2019 年 12 月）。

3.2　广东医疗援助机制简述

3.2.1　赤道几内亚

广东省对于非洲国家的医疗援助主要通过医疗队派遣的方式来实现。1971 年中国与赤道几内亚政府签订的议定书中说明，中国每两年向赤道几内亚派出一批医疗队。1971 年 10 月 26 日，广东派出了由 24 名队员组成的中国第一批援赤道几内亚医疗队，自此拉开了广东省援外医疗工作的序幕。援赤道几内亚医疗队主要分布在赤道几内亚的首都马拉博和大陆地区巴塔的两所医院。对派遣医疗人员的选拔一直采取由全省各地级市分别承担一期派出任务的方式，少数珠三角地区地级市共同派出一期。广东第一批援助赤道几内亚的医疗队由 24 名人员组成，分别来自广州市、海南行政区、佛山、汕头、梅县、肇庆等地，于 1971 年和 1972 年陆续被派往赤道几内亚。医疗队构成中既有主任医师、主治医师，也有医师、护士等，包括了外科、内科、妇产科、小儿科、五官科、眼科、针灸、麻醉、放射、检验等各个专科的医疗人员。截至 2017 年，广东省已向赤道几内亚派出了 28 批援外医疗队，共 510 人次队员，治愈了该地区的数百万患者，极大地促进了赤道几内亚医疗事业的发展。

3.2.2　冈比亚

广东省根据 1975 年 10 月卫生部下达的《申请承担援冈比亚医院的筹建任务与为冈派二十人的医疗队》的商请函，于当年 11 月决定由省卫生局承担援助冈比亚的医疗任务。1976 年 5 月，省卫生局选派了三位同志赴冈比亚考察关于派遣医疗队的问题。1977 年 10 月，由广州市承担选调的第一个援冈比亚医疗队，共 16 名人员，在冈比亚设立了 5 个医疗点。1977～1995 年，广东省共向冈比亚派出了 15 批医疗队，共 181 人次。

3.2.3　加纳

2007 年，中国政府和加纳政府签订了关于派遣中国医疗队赴加纳工作的议定书。根据国家卫生部的安排，从 2009 年开始，广东省就承担了向加纳派遣援外医疗队的任务。首批援加纳医疗队由广东省卫生厅承派，并由广州市卫生局负责组建。医疗队共有 11 人，医生全部来自广州市的三级甲等医院，均具有副高级及以上职称。医务人员由 2 名内科医生（心内科、神经内科各 1 人），3 名外科医生（普通外科、泌尿外科、骨科各 1 人），1 名儿科医生，1 名麻醉科医生，1 名针灸科医生，1 名放疗科医生构成。其中硕士生导师 1 人，博士 3 人，硕士 5 人。首批医疗队先遣小组于 2009 年 12 月 30 日到达加纳首都阿克拉，后续队员于 2010 年 3 月 9 日到达阿克拉。按照协议，医疗队工作地点是位于首都阿克拉的克里布教学医院（Korle - Bu Teaching Hospital）。

第二批医疗队由广东省卫生厅直接负责，抽调广东省三级甲等医院的国家级和省级临床重点学科各专科骨干力量，组建了以广东省人民医院心血管病研究所副所长林纯莹主任医师为队长的 11 人医疗队，包括 9 名医生，1 名翻译，1 名厨师，专科涉及范围与首批医疗队相同，其中博士 4 人，硕士 3 人，所有医疗人员均拥有 10 年以上的临床工作经验，分别来自广东省人民医院，南方医科大学附属南方医院，中山大学附属第一、第二、第三及肿瘤医院，广州医学院附属第二医院，广州中医药大学第二附属医院，广州市妇女儿童医院等，均拥有副高级及以上职称，其中主任医师（高级职称）2 人，随队翻译亦具备丰富的援非工作经验。此批医疗队队员整体素质高，外语水平高，堪称广东省医疗援外历史上实力最为雄厚的医疗队。

根据国家卫计委的安排，广东省还陆续承担了多种形式的援外创新合作项目，如 2014 年西非暴发埃博拉疫情后，广东省派出 4 名公共卫生专家赴加纳和塞拉利昂，以提高当地埃博拉病毒防控的技术水平和能力。2017 年 5 月，由广东省第二人民医院承建的中国国际应急医疗队成为全国第二支通过世界卫生组织认证评估的国际应急医疗队，标志着今后广东省将在维护全球公共卫生安全、参与国际卫生应急救援方面发挥更大作用。

截至 2017 年 11 月，广东省派出了 28 批援赤道几内亚医疗队，共 510 人次。第 29 批援赤道几内亚医疗队由珠海市卫计局承派，于 2018 年 1 月赴赤道几内亚执行援外医疗任务。截至 2018 年 1 月，广东省已派出 7 批援加纳医疗队，共 77 人次。第 7 批援加纳医疗队由南方医科大学整建制组派，于 2017 年 12 月派出，到外工作 1 年。

每批医疗人员替换前，需提前半年出国接替工作，医疗队派出人员涵盖了各个专科的医生，同时还包括管理人员、厨师和翻译。

3.3　培训机制

前往素有"热带大陆"和"高原大陆"之称的非洲大陆，对于援非医疗队队员来说是一个巨大的挑战，他们不仅需要克服非洲恶劣的天气状况、艰苦的生活条件，还需要掌握当地的语言，了解当地的社会风俗，医疗队队员在前往非洲帮助当地患者诊治病痛的同时，也在传播博大精深的中国文化。因此，每一批援非医疗人员在前往非洲交接之前，都需要在国内接受为期 6~8 个月的全脱产综合培训。

赤道几内亚的第一官方语言为西班牙语，法语为第二官方语言，因此支援赤道几内亚的医疗队队员在派遣前要学习西班牙语，为了能够更好地与当地的患者交流，医疗人员主要学公共卫生和医疗专业方面的用语，例如"是否发烧""拉不拉肚子"等一些诊断时常用的口语。为了让医疗队队员更为扎实地掌握西班牙语基础和医疗专业术语，西班牙语的培训工作主要由广东外语外贸大学负责。由于加纳的官方语言为英语，因此，前往加纳的医疗人员在培训期间重点是加强公共卫生和医学方面的英语听说读写能力的培训。同时，为了让医疗队队员更好地适应受援国的生活，出国前的综合培训内容还包括相关政策规范学习、传染病防治、了解文化差异及社会风俗、医学讲座、外事交流等，还通过户外拓展军训等活动培养医疗队的团队精神，增强凝聚力，使医疗队的队员在非洲恶劣的环境中能团结一致，更好地完成派遣任务。

3.4　医疗援助的具体内容

3.4.1　医疗队在赤道几内亚的工作

在赤道几内亚，医疗队队员始终坚持遵循"上层保健是重点，医院工作是基地"的原则，为赤道几内亚上层领导人做好保健服务，为当地患者解除病痛。

　　在赤道几内亚，疟疾、伤寒、结核、艾滋病等是常见的疾病，就如国内的感冒、发烧一样常见。因此，我们的援非医疗队队员在赤道几内亚医疗援助的重点之一就是帮助患者治疗这些疾病。2014 年，援赤道几内亚医疗队抵达受援国不久，就暴发了西非埃博拉疫情，由于受援国位于西非地区，当地对此疫情也产生了恐慌情绪。医疗队面对突发事件，主动积极参与和协助当地卫生部门进行疫情防控，面对险情毫不畏惧，坚守一线岗位，对稳定当地医院工作人员的情绪起到了积极作用，也充分彰显了中国医生的自信和担当。

　　刘建尧，广东省第 20 批援赤道几内亚医疗队巴塔队队长。在援非期间，有一天深夜他突然接到赤道几内亚总统府的紧急电话，刘建尧到达总统府后才知道总统生病了，当时所能使用的医疗设备只有血压计、体温计、微量血糖仪、心电图机等，仅能完成"三大"常规和疟原虫病等简单的辅助检查，刘建尧凭着扎实的基本功和丰富的临床经验迅速为总统做出初步诊断，向总统夫人和卫生部部长详细汇报病情以及可能出现的风险，征得总统夫人同意后，成立由内科医生刘建尧、儿科医生施玉祺、检验科医生邓文成和翻译官组成的抢救小组，立即对总统进行抢救。一开始总统夫人对中国医生不信任，实施抢救时的每一个步骤、每一种药物的使用均要得到远在美国的总统保健医生的肯定后才能进行。由于总统病情不宜转诊，必须就地抢救，在没有任何设施、监护设备和护士的情况下，刘建尧带领队员们克服紧张心理，有条不紊地为总统施救。经过三天三夜科学、有效的抢救，总统的病情终于稳定并逐渐好转，总统夫人对队员的态度明显好转，治疗方案和用药已无须汇报请示总统的保健医生。经过半个月的精心治疗，总统恢复了健康。

　　从此，赤道几内亚从总统、政府总理到普通百姓，都对中国医疗队给予了极高的评价，刘建尧也从此开始真正接手总统保健任务。两年来，刘建尧经常陪同总统出访和到各地视察。在临回国前一个月，刘建尧连续高热 7 天，刚退烧就接到陪同总统巡视基层的通知。队员心疼地劝他向总统请假，但刘建尧说，这是总统对中国医生的信任。

　　蔡梦红，广东省第 24 批援赤道几内亚医疗队队员，汕头大学医学院第二附属医院妇产科主任医师。去非洲前，她的丈夫担心她的安全，反复提醒她尽量不要接触艾滋病患者，但在赤道几内亚，艾滋病就像感冒一样常见，蔡梦红根本没办法避开与这类病人接触，同时她认为艾滋病患者也是人，谁也不能剥夺他们生存和治病的权利。

但是她没想到，到达赤道几内亚后与艾滋病患者的第一次接触来得那么快。有一天清晨，医院把蔡梦红紧急召回产房，因为一位产妇胎头持续不降，始终在大喊大叫，完全不配合医生检查治疗。蔡梦红见状后，吩咐助手马上进行剖宫产手术。但那位异国助手却站着不动，对蔡梦红使眼色、打手势，意思是让这个产妇自己生。

蔡梦红正准备重复指令，助手一把拉她到门口，掏出一张皱巴巴的化验单——HIV阳性，蔡梦红大吃一惊，原来这位产妇是艾滋病毒携带者，难怪当地的医疗人员不愿意给她做剖宫产手术。但是此刻的蔡梦江来不及多想，只是觉得确保患者母婴平安是她的职责，她不能退缩，必须上！所以她强硬地对助手说："马上进行剖宫产手术！"

刚打开病人的腹腔，一股难闻的气味扑鼻而来，腹腔里肠壁和子宫表面的血管异常扩张，她得知这个病人正处于艾滋病的发病期，手术的难度极大。偏偏这个时候电动吸引器出故障，没法吸出羊水。瞬间，伴随着胎儿大便以及掺和着母体艾滋病毒的羊水四处流淌。但医生的本能使蔡梦红顾不上害怕，为了安全取出婴儿，个子不高的她不得不踮起脚尖，右手托着胎头，左手帮着助手压产妇子宫底，整个人几乎趴在手术台上。尽管隔着防护围兜，但零距离的亲密接触还是让蔡梦红的裤腿及双脚被羊水浸透了。她忘记了时间、忘记了恐惧，心里只有一个念头，尽快把婴儿抢救出来。时间一分一秒地过去了，她不记得双腿在含有艾滋病毒的羊水里到底浸泡了多久，只清晰地记得，当新生儿发出第一声啼哭时，她欣慰地笑了。

从手术室出来后，蔡梦红直奔办公室，来不及脱下手术衣，就吐得昏天黑地！这时，会不会感染艾滋病毒的担心再次向她袭来，甚至让她有透不过气的感觉。那天中午，蔡梦红的丈夫照常向她发去问候，尽管很害怕自己会感染艾滋病，蔡梦红承受着内心巨大的恐惧，仍然回复丈夫"很好，没有手术，也没有接诊过艾滋病人"，而后，她忍不住流下了眼泪。

之后，又有一位HIV阳性的患者找蔡梦红看病，一年前这位患者怀孕5个月却因不明原因流产，从那次开始，刮宫时发现多发性子宫肌瘤。蔡梦红知道多接触一位艾滋病人，就多一次受感染的机会。做还是不做？正在她犹豫之时，这位妇女拉着她的袖子反反复复地说："医生，我想要一个孩子，只想要一个孩子呀！"说完号啕大哭起来。

同样身为母亲的她，面对这位渴望当母亲的艾滋病毒携带者，她再一次选择了挑战，没有拒绝为患者治疗。因为，她认为没有什么比母爱更加伟大，也没有什么比医生的使命更加神圣。

随后，蔡梦红细心而又利索地操起手术刀，为了给未来的小宝宝营造良好的生长环境，她一共挖出大大小小 8 个子宫肌瘤；为了患者今后能顺利怀孕，她给患者左侧输卵管伞端闭锁行造口术，还仔细地疏通了粘连的输卵管。这一切让她难免会与艾滋病人零距离接触，增大受感染的机会，但是母爱的伟大、医者的神圣使命让她责无旁贷！

后来，这位患者抱着一个初生女婴找到她，千恩万谢蔡梦红让她当上了母亲，恳求蔡梦红给这个婴儿起个中国名字。蔡梦红想这个婴儿是两国友谊的结晶，因此给孩子取名"晶晶"。

第 22 批援助赤道几内亚队员廖武是一名眼科医生，廖武在赤道几内亚马拉博医院工作的环境是一间只有约 10 平方米的小屋子，房间里没有空调，只有一台多年前从国内带来的已经生锈的电风扇。在那个狭小的诊室里除了眼科外还有耳鼻喉科，廖武要和当地的一名医生挤在一张不到 1 平方米的小桌上开处方。在那里没有统一的处方纸，只要是空白的纸都收集起来用于开药，也没有最基本的做手术用的孔巾和包布，廖武只能用队里一部老古董缝纫机自己裁布做，而且医院经常停电，为此廖武专门准备了一个手电筒，有一次手术做了一半突然停电了，实在没办法，他打着手电筒才做完了手术。

廖武目前是这里唯一的一名眼科医生，他的到来开创了赤道几内亚眼科显微手术的历史。在廖武没有来到赤道几内亚前，当地从未开展过眼科显微手术。为此，他专门向广东省卫生厅申请购买了一台便携式眼科手术显微镜和一套手术显微器械。

2004 年 8 月 27 日，廖武用第一台眼科手术显微镜做手术，包括前期准备在内，整台手术只用不到 45 分钟就做完了，在一旁围观的古巴医生和赤道几内亚医生以及护士们都很惊奇。他们第一次知道白内障手术可以这样做而且这么快。第一台手术效果非常理想，术后第一天，患者的裸眼视力便达到了 1.0。这让廖武的赤道几内亚同事们更是感到惊奇，见了他就说:"Fuerte!"(西班牙语:厉害!了不起!)眼科显微镜在手术上的引入,开创了赤道几内亚眼科显微手术的历史。

2000年7月,广东省第20批援助赤道几内亚医疗队到达赤道几内亚。郭莉同其他9名队员一起,被分到该国首都最大的一家医院——马拉博总医院。由于赤道几内亚的经济和医疗条件极为落后,这座"首都最大的医院"的条件简陋得还不如一间中国乡下的卫生所。马拉博总医院的医生来自世界各地,如西班牙、中国、古巴等,因为赤道几内亚国内没有医学院,因此当地的医生大多没有受过正规的医学培训,只能给外国医生当助手。

按照规定,中国医生在第一个月内不得参加医疗活动,先由翻译培训西班牙语(在赤道几内亚,人人会讲西班牙语)。一天晚上9点多,西班牙语翻译正在中国医疗队驻地给医生们上课,马拉博医院打来电话,说妇产科来了一位大出血的产妇,却怎么也找不到值班的黑人医生,他们请求中国医生增援。后来郭莉才知道,当时整个医院的妇产科只有一位黑人医生,但他工作时却漫不经心,经常"失踪"。

郭莉二话不说,站起身来,直奔医院。产妇已被抬进了妇产科手术室。所谓的手术室,只有一张床和一盏不甚明亮的手术灯。产妇十八九岁的样子,由于失血过多,面色苍白,已处于半昏迷状态。郭莉对那位呆立着的黑人护士命令道:"准备手术器械,马上动手术。"她换上衣服,洗完手,一转身,发现那位护士小姐仍然呆立在那里,郭莉立刻火了,说道:"我让你准备手术器械,你在干什么?"护士小姐这才开口,她说了一大串,旁边的翻译对郭莉说,护士小姐说了,医院没有任何手术用的东西。按照惯例,全部的手术用品都由负责手术的医生先开出清单,其中包括手术用的药品、刀具、针线、纱布,甚至包括医生手术时戴的手套,等等,再由病人家属去西班牙人开的药房买回来。天啊,世界上居然还有这样的事情!郭莉暗暗吃惊,只好说:"好吧,我马上开出清单来。"那位护士小姐又慢吞吞地开口了:"郭医生,您开出清单来也没有用,病人的家属不在。"

原来这个产妇怀孕刚刚七个月,前几天感觉状态不好,就由家属送进了医院。他们本以为病人没事,就没有派专人陪护她,可偏偏在这一天晚上病人开始大出血,如不马上手术,随时会有生命危险,然而,谁也不知道她的家属什么时候会来。还有更为严峻的问题——医院里没有血库。手术时如果需要输血，就要从病人的亲属身上抽血，再输给病人，这个病人的家属不在，就意味着医生将在没有血液补给的情况下进行手术。对于负责手术的医生来说，这将是极其危险的手术！郭莉从事妇产科医生这个职业二十多年了，从来没有碰到过这样的情况。她双手哆嗦着拨通了中国医疗队驻地的电话请求援助，很快队长熊华峰带着手术必需的药品赶来了。同他一起赶来的还有外科医生柯扬、儿科医生赵清华以及麻醉师。手术开始了，郭莉和柯扬医生一起用仅有的一把做静脉切开手术用的小刀片费力地切开了病人的腹部。手术用的剪刀也是又大又钝、很不合手。但他们通力合作，终于做完了有生以来最艰难的一台手术。午夜 12 点多，他们终于从母腹里取出来一个瘦弱的男婴，母子一同逃出了"鬼门关"！郭莉一直悬着的心终于放松下来。直到第二天早晨，病人的家属才来到医院。

临出国前，她就已经了解到，在赤道几内亚，由于一夫多妻和性乱交，致使艾滋病和各种性病流行。在赤道几内亚，妇产科医生是一个相当危险的职业。因此，在决定来这个国家前，她的内心很是犹豫，最放心不下的就是远在西安年近八十的父母。她给父母亲打电话，征求他们的意见，曾当过老红军的父亲态度非常明确：既然国家需要你，你就去吧。女儿，记住爸爸的话，注意身体，努力工作，平安回来！这句话饱含了老父亲的期望与深情。

援非两年后，能够平安地回到祖国，又何尝不是郭莉最大的心愿？但是面对危在旦夕的病人，她又不能不挺身向前。手术终于做完了，阿莫达的性命保住了。也许在不久的将来，她注定要死于艾滋病，但郭莉以高超的医术和高尚的职业操守，使她的生命在此刻得以延续。在这件事里，体现了中国医护人员对生命的尊重！艾滋病人的病房是一个令人恐惧的地方，护士小姐连给病人打针都不愿意，病人的家属进去护理病人时都要戴上手套，郭莉却要求自己在查房时不戴手套。因为黑人是敏感的，也是有自尊的。每个来看病的黑人，不论多么贫穷都要把自己洗得干干净净，换上最体面的衣服。他们希望自己得到尊重，如果医生戴着手套去触摸他们的身体，他们会觉得受到了伤害，甚至会站起来转身就走。因此郭莉要求自己除了做手术和做妇科检查之外都不戴手套。每天早晨起来，郭莉做的第一件事，就是检查自己的双手是否有伤，因为所有的传染病毒，都可以通过伤口进入人的体内。她从来没有像现在这样在乎和保护自己的双手，而如今保护双手，就是保护自己的生命啊！

郭莉的诊室没有空调，没有电扇，她每天就在赤道几内亚炎热的天气里挥汗如雨地为病人看病。有一天，郭莉看了几十个病人，做了六台手术。做完最后一台手术时，她发现自己的全身都溅满了产妇的血水和羊水。此时，郭莉多想给自己洗个清水澡，可是她知道，医院里没有自来水。于是，她只好穿着这样一身脏衣服，走出了诊室。郭莉还没走远，就被妇产科那位黑人医生叫住了。这天晚上，是黑人医生值班，他却拦住郭莉，脸上赔着笑，哀求她："郭医生，请您晚走一会儿，帮帮我的忙，那个孩子我拉不出来。"他的话说得莫名其妙。郭莉想了想，还是跟在他后面进了手术室。一个产妇正躺在床上，人都昏过去了。原来这个产妇难产，孩子的头出来一半时却卡住了。郭莉走近一看，立刻怒了，原来这孩子已经死了，很有可能是被这愚蠢的医生大力硬拉，却长时间没拉出来而生生憋死的！

郭莉转过身来，厉声问那黑人医生："孩子都死了，你还要我帮什么忙？"她心里一向不大喜欢这个黑人医生。郭莉来赤道几内亚后做的第一台手术，本来该由这位黑人医生做，他却从医院"失踪"了，因此耽误了时间，害得病人差点儿把命搭上。黑人医生毫不惭愧地说："我想请您帮忙，把这个孩子拉出来。""笑话！你一个大男人用力都拉不出来，难道我就能拉出来吗？"说完，郭莉再看看那已昏死过去的产妇，心想，如果再拖下去，这女人终要死在这庸医的手里，她的心又软了……郭莉费尽力气，才把那死去的新生儿从母体里拉出来。随后，她又对产妇进行抢救，直到产妇脱离了危险才离去。回到医疗队驻地后，郭莉感到筋疲力尽。第二天早晨，她发现自己的两个大拇指不能动了，她明白，这是由于疲劳过度，患了腱鞘炎，如果能休息一段时间，就会好的，可是等她接生的产妇太多了，每次接生都要用这双手啊，又怎么能安下心来休息呢？想了又想，她请来中国医疗队的外科医生柯扬为自己的双手打了封闭针，可以令双手得到最快速度的恢复。郭莉没有想到，打完封闭针后，自己的生活居然完全不能自理。她无法洗脸梳头，无法穿衣服，无法吃饭，打封闭针的几天里，她连澡都洗不了。当时，中国医疗队只有她一位女性，想找个人帮忙都做不到。所幸几天后，她的双手逐渐好了，又可以正常生活，为病人看病了。

赵清华作为广东省第 20 批援助赤道几内亚医疗队的队员之一，在非洲待了两年。两年间，他共诊治上千例儿童患者，有许许多多的黑人孩子被他从死亡线上拯救了回来，他和他的队友们因此获得了赤道几内亚人民真挚的友情和爱戴。回国前，奥比昂总统亲自为他们颁发了"国家独立勋章"，对他们两年来的出色工作表示衷心感谢。

2000 年 6 月，赵清华和队友一起来到赤道几内亚。他被安排到马拉博总医院儿科工作。赵清华永远也忘不了第一次进儿科病房时的情形：在长长的、简陋的病房内，放着一排病床，每张床上都躺着一个或两个在病痛中挣扎的孩子。当地人不会轻易上医院，凡是来到医院的病人，大多病情已经相当严重了。看到中国医生走进来，这些孩子和他们的母亲都睁大眼睛，无助地看着他。那一双双饱含希望的眼睛啊，一下子刺痛了赵清华的心！

一个 6 岁的男孩儿被送进诊室时，正发着高烧，人已经陷入了重度昏迷。经诊断，他被确诊为脑型疟疾，这是一种死亡率很高的急性病症。孩子的母亲要求一定请中国医生抢救自己的儿子。赵清华二话没说，马上投入急救中。时间慢慢地过去了，孩子终于脱离了危险，那位母亲激动得热泪顺着面颊流淌下来。

男孩儿痊愈出院时，母亲拉着儿子的手，走到赵清华的面前，她将自己的面颊贴近赵清华的面颊，贴了几下，口里不住地发出响亮的"咂咂"声——按赤道几内亚人的礼节，发出的"咂咂"声越是响亮，表示双方的关系越亲密。赵清华在赤道几内亚的两年间，无数次享受到这样的礼遇。

男孩儿出院了，但他的心却留在了中国医生身上。几天后的一个上午，赵清华正坐在诊室里给病人看病，那个男孩儿出现了，他并没有说什么，只是睁着一双明亮的大眼睛，灿烂地笑着，围着赵清华转了几圈，就走了。过了些日子，男孩儿又来了，这一次，他还带来了自己的小妹妹，他羞涩地笑着，对赵清华说，再过几天，他就要过生日了，爸爸妈妈准备给他开一个生日会，想请赵清华也去参加。

赵清华温和地对他说，非常感谢他们一家的盛情邀请，但按照中国医疗队的外事纪律，他不能接受这个邀请。男孩儿失望地走了。

结果，男孩儿生日那天又出现在赵清华的诊室。他的掌心里小心翼翼地托着一小块蛋糕。他就那样托着蛋糕，从家里一路走过来。赤道几内亚炎炎的烈日，把蛋糕烤晒得一塌糊涂，男孩儿的脸上、身上满是汗水。他满脸虔诚地将蛋糕送到赵清华的面前，赵清华的双眼湿润了。

这一天，又一位特殊的小病人被送到赵清华的面前。这个10岁的小病人入院10天了，腹痛，天天呕吐，负责治疗的刚果医生却一直确诊不了他患的到底是什么病。眼看孩子病情越来越严重，孩子的母亲急得团团转。这位母亲是赤道几内亚总统夫人的表妹，情急之下，她拨通了总统夫人的电话，正陪同总统到外地视察的总统夫人接到电话后，沉吟了一下，说："请中国医生吧，中国医生一定能治好他的病！"就这样，这个小病人被送到了赵清华的面前。

此时，病人的呼吸衰竭，伴有脓胸，情况非常危急。赵清华马上请来中国医疗队的外科医生柯扬，两个人共同会诊后确认，病人属阑尾炎发作，并发了腹膜炎，如不立即开刀手术，将有生命危险。于是，小病人马上被送上了手术台……经过中国医生的精心治疗，小病人终于痊愈了。总统夫人得知这个消息非常高兴，亲自打来电话向中国医生致谢。

赵清华尽全力工作着，他利用自己的医术努力从死神的手里抢救着一个个小生命。在赤道几内亚，因医疗条件太差，一旦患上严重一点的病，几乎就意味着死亡，孩子夭折率尤其高。有的孩子头一天晚上住进了医院，第二天早晨赵清华来接班时，发现那孩子住过的床位已经空出来了。不用问，这个孩子肯定是被"上帝"收走了。这时，赵清华的心里就抑制不住地涌上一股身为医者却无能为力的深深的伤感……

休息日里，赵清华会跟随中国医疗队一起，开车到赤道几内亚的山区，免费为村民们看病。每到一个村子，那里的村民听说中国医疗队来了，就会放下手里正在做的事情，蜂拥而至，一个个排起队来，等候中国医生为他们会诊看病。不用说，排在赵清华面前的，肯定是一队队黑人孩子。在阳光下椰林旁的工作是令人愉快的，赵清华一边为孩子们看病，一边用西班牙语同他们交流。

忙碌而又开心的一天很快就过去了，黄昏时分，中国医疗队要回去了，这时，他们的车里堆满了村民们送来的礼品。

赤道几内亚人民大多并不富有，在当地的居民中流行一句话，叫"吃饭靠上树"，很多人每天就靠树上的芭蕉、杧果、面包果、椰子、木瓜等水果充饥。经济条件稍好一点的人家，会有一点点硬面包。赵清华接触的病人中，有80%由于营养不良而导致贫血，但是，这并不妨碍他们具有开朗、慷慨的天性。病人送来的礼品，也大多是杧果、芭蕉一类的东西，当中国医疗队队员推辞时，他们就笑笑说："天上掉下来的东西，不值什么钱，请你们收下吧。"没办法，赵清华他们只好收下了，但没有人因为是从"天上掉下来的"而看轻这些东西。有时，东西太多了，医疗队队员们实在吃不完，就送一份给中国驻赤道几内亚大使馆，大家一起分享这份深厚情谊。

一次，赵清华和医疗队同事一起进山时，碰到了一个中年黑人。他一见中国医疗队的车，就咧着厚厚的嘴唇憨厚地笑了，紧接着，他竖起了大拇指，口里居然笨拙地蹦出了一句中国话："我们是朋友。"原来，10年前，这个黑人曾在中国医疗队的驻地当过门卫，并和前几批中国医疗队队员结下了深厚情谊。后来，驻地不再需要门卫了，他就离开了那里，一个人进了深山，靠养鸡、种植可可为生。但他一天也没有忘记过中国医生。现在，他再一次见到中国医生，真是高兴极了。晚上，当医疗队告别时，车子开出老远了，赵清华回过头去，看到那个黑人仍然站在告别的地方，依依不舍地向他们挥手。

几天后，那个黑人出现在中国医疗队的驻地，手上还提着两只大箱子。当赵清华看到他时，诧异极了：从他住的深山到这里，有二十多公里的山路啊，天知道他是怎么将这么重的两个大箱子提来的。问他是怎么到这里来的，那个黑人只是憨厚地笑笑，并不回答。当他打开箱子时，赵清华更是吓了一跳：里面装满了包菜、杧果、胡萝卜、青菜等。要知道，赤道几内亚的蔬菜主要靠进口，蔬菜在当地是异常珍贵的。即使是中国医疗队，也买不起蔬菜，他们吃的菜都是自己开荒种的。那个贫穷的黑人，居然给他们送来了这么一大箱水果蔬菜，赵清华的眼睛顿时湿润了。

赵清华还负责医疗队的采买工作。每次当他走进市场时，都有一些认识或不认识的当地人将一把青菜、几个水果偷偷地放进他的车子里。这些人有的曾经是赵清华的病人，有的根本就不认识他，但他们知道他是中国医生，中国医生在当地人的心中享有崇高的声望。

两年很快就过去了，第20批中国医疗队就要回国了。很多病人听到这个消息后，都流下了不舍的热泪。2002 年 6 月 24 日，赤道几内亚总统奥比昂把医疗队的全体成员请到了总统府，亲自为赵清华和他的队友们颁发了国家独立勋章。那天晚上，中国医疗队队员刚刚参加完总统的宴会，总理及夫人又将他们请到家里，设家宴款待他们，为他们送行。总理的家宴刚刚开始不久，就赶上整座城市停电（在这里，停上半个月至一个月的电是家常便饭），总理下令，在总理府的里里外外都点上蜡烛，晚宴继续进行！

在摇曳的烛光中，赵清华仿佛看到了妻儿的脸，他在心里悄悄地对他们说："等着我，我就要平安回家了！"这时，两行泪顺着他的脸颊静静地滑落下来。

3.4.2　医疗队在加纳

在加纳，医疗队的主要任务是与当地医务人员密切合作，共同开展医疗工作，通过医疗实践交流经验，用中国医务人员精湛的医疗技术为加纳人民服务，增进中加人民的友谊，传播博大精深的中医国粹，使博大精深的中医文化在非洲落地生根，同时，也为在加纳生活的华人提供医疗救治和保健，为中资企业医务人员提供咨询服务及技术指导，共同为在加纳的同胞做好医疗服务保障。

林纯莹是广东第 2 批援助加纳医疗队的成员，2011～2013 年，她瞒着老母亲，在丈夫的支持下毅然报名参加了为期两年的援非工作，并担任医疗队队长。这也是她第一次踏上西非的中心国家——加纳。

在加纳，林纯莹语言不通，没有亲人陪伴，且中非生活习惯迥异，同时还面临着各类恶性传染病的威胁，但这些都不是林纯莹心中的困难，她满脑子都在想如何做好医疗援助工作，如何真正解决当地医院的问题。她所援助的克里布教学医院是西非最好的医院，面积约 3000 英亩，是一家超大型的医院，集教学、医疗、培训为一体，但是医生的医疗技术水平却与广东省内的县级医院差不多。而且西非的医疗人才非常稀缺，当时整个加纳国家心血管专业的医生加起来不到 20 个。虽然本地医生技术水平有限，但由于经常接触来自各国的高水平专家，逐渐也滋生出一些不太容易接受别人意见的骄傲来。此外，加纳培养的当地医生往往深受西方医学的影响，对中国医学并不真正了解。在到达非洲后，林纯莹做了许多调研，她发现克里布教学医院心内科死亡率高达 11%，因此如何提高医院的医疗水平，成为林纯莹思考的问题。

在加纳，作为队长又是心血管内科专家的林纯莹在管理好医疗队的同时，积极认真参加临床一线工作，她每周参加一次内科大查房，一次全科讨论，两次专家门诊，以及每月最后一周的死亡病例讨论。她根据克里布教学医院的条件和配套设施，将中国捐赠的心脏 B 超、动态心电图充分运用到临床，并提供技术指导，开展心律失常讲座，指导起搏器植入技术，指导资历尚浅的医生掌握心血管疾病诊断和治疗方法。不仅如此，她还组建了心血管团队，以开展科研、教学和专科查房，起到心血管专家的指导作用。在短短两年的时间里，她诊治了大量门诊患者和住院患者，还教导了无数的实习生和年轻的培训医生，建立起心内科病房管理模式，增加心内科专科查房和业务学习，提高了专科医生及轮科医生的医学水平。在她离开之前，病区死亡率降至 5%，她的辛勤努力大幅提升了克里布教学医院心内科的医疗水平。

在加纳的岁月里，林纯莹弘扬白求恩国际人道主义精神，她担任过加纳政府领导人的保健医生，为加纳高级官员看过病；与队友一起参与过加纳突发医疗事故和重大公共事件的救援工作；还为在加纳的华人及中资机构提供医疗服务，取得了良好的社会效益。

林纯莹更多的时间是带着医疗队下社区义诊，到学校为儿童捐赠药品，她与队友的足迹踏遍了阿克拉四周的偏远山区和社区，走访社区医院、红十字会医院……就这样，中国医生的美名传遍了当地的大街小巷。

在医疗援助加纳的两年中，医疗队虽然救助了很多当地患者，给当地医务人员传授了很多前沿知识，但是，林纯莹依然感到这样的援助还远远不够。在加纳的援助工作中，她发现以往一些西方国家的医疗援非，要么只是医生到非洲国家做手术，却不向当地医生传授关键技术；要么只是送了设备，却不教当地医生如何使用，仓库里有很多医疗设备，当地医生有些甚至都不会用。我们能不能改变这种状态呢？因为非洲人民最缺的其实是治疗心血管病的技术，如何能让这种帮扶长久持续下去，成为林纯莹回国后一直思考的问题。

完成两年的援非任务归国后，心系非洲的林纯莹依旧为加纳医疗水平的提升不断做着贡献。在她的努力下，2014 年，"中加西非心脏合作项目"

立项成功，并获得国家卫计委援外专项经费支持，旨在对西非地区心血管病进行技术援助，提高诊疗水平。该项目由广东省人民医院心血管研究所承接，通过帮、扶、带等形式在对口援助国家医院开展示范性合作，扶持学科建设，为期3年（2014~2017年）。

在"中加西非心脏合作项目"中，加纳选送优秀人才参加高科技介入治疗培训是此项目的一大重点。Francs Aygekum是该项目首名进修生，无论在导管室、B超室，还是在病房，都可以看到中国医生手把手地认真教，非洲学生认真地学。林纯莹教授只要一有机会，就会亲自上阵教导这名非洲弟子，出门诊也带着他。一年后Francs Aygekum学成归国，成为加纳第一个且是唯一一个会做冠脉PCI手术的医生。而加纳同期送往德国的医生，因为手术观摩以及亲自操作的机会少之又少，回到加纳后只是熟悉该手术的技术流程而已。

林纯莹还开展了加纳史上首次流行病学研究。2016年起，她带领加纳医生一起完成了首个非洲国家非患者人群的心血管疾病危险因素流行病学调查，对1100例样本的身高体重、血尿生化指标，以及心电图、超声心动图和眼底图像等信息进行了采集，其研究成果将在国际刊物上发表。这是加纳历史上首次社区心血管疾病危险因素流行病学调查，对于提升加纳医学研究水平、保障人民健康具有深远意义。

2014~2017年，林纯莹还曾多次赴加纳，带领团队完成30台手术，从死神手里抢救回来不少重症患者，其中一些手术在加纳甚至西非都属首例。

王泽，广东第2批援助加纳医疗队队员。在国内的时候，每次等候王泽看病的患者非常多，然而初到加纳，由于当地的病人不了解中国的传统医术，一直都没有人找王泽看病。王泽明白，援外医疗队的使命不仅是治病救人，更重要的是传播中国文化。王泽为了让当地群众了解博大精深的中医文化，想了一个又笨又最实用的办法：把中风、神经损伤、腰痛、颈椎病等当地常见病的针灸方法一项项列出来，附上图文并茂的英文图表，分发给当地群众。

又是焦灼的等待，一天，两天，三天过去了，第四天上午9点，王泽的诊室终于走进一位拄着拐杖的黑人老太太。这位老太太手上拿着王泽散发的宣传资料，带着疑虑说："中国医生，我的病你能治好吗？"王泽详细询问了病情，原来她面部麻木，四肢无力，医治半个月都没有见效。

王泽很有底气地回答："您放心，我帮您治疗试试。"他让病人躺在治疗台上，从包里拿出几根长短不一的银针，先是消毒，然后找准穴位，就要往脸上扎。老太太看到医生居然要把那一寸长、闪闪发光的银针往自己的脸上扎，怎么也不肯，甚至从治疗台上爬了下来。

王泽耐心地向老太太解释针灸治病的道理，看她还是半信半疑，干脆以身试针，对着自己虎口的合谷穴，迅速地扎了进去，笑着对老太太说："你看，不痛。"看着扎在王泽手上的银针，老太太终于同意试试。几针扎下去后，老太太感觉脸上的肌肉轻松多了，惊喜地说："真的不痛呢，太神奇了！"经过一个月的治疗，这位患者的症状逐渐消除，原本僵硬的面部表情慢慢丰富起来，四肢肌力也逐渐恢复，能够行走自如了。从此，这位老太太自觉当起了王泽的义务宣传员，手里拿着宣传单，逢人就说："中国的针灸神奇着呢，有病就去找中国医生看看吧！"

一传十，十传百，从此，找王泽看病的患者络绎不绝。但王泽深知自己要做的事还有很多，加纳是一个非常贫困的国家，尤其是一些边远地区，有些人一辈子都没看过病，一旦生病只能默默忍受，等待死亡的降临。

王泽又在思考第二个问题：如何帮助更多的贫困病人解除痛苦？他走出诊室，跟随医疗队到贫困小村庄义诊。中国医疗队的到来，无疑是一件空前的盛事，闻讯而来等待治疗的村民已经排起了长队。

诊室是临时腾出来的，歪歪扭扭的桌子、椅子，几块木板拼凑成的治疗床，条件异常简陋。

"医生，请您救救我！"这时王泽身后传来一个焦急的声音，一位30岁左右的黑人妇女满脸倦容，痛苦不堪地请求他帮助。原来患者生了小孩后，一直头痛、头晕、头胀，严重影响了睡眠，记忆力也大大减退了。王泽用望、闻、问、切等中医传统方法，诊断患者为肝阳上亢型头痛。

王泽先是耐心向病人解释针灸的作用，然后又在自己手上的合谷穴做示范，患者终于同意针灸治疗。用那根长长的细针治病，这对偏僻山村的人们来说，简直是匪夷所思！王泽的身边瞬间围满了群众，叽叽喳喳说个不停。王泽沉稳地拿起银针，准确地扎入患者脑部的穴位。一根、两根、三根，周围的人们顿时鸦雀无声，一个小孩子还害怕地捂住了自己的眼睛。只见王泽轻轻地转动银针，过一会儿又一根根拔了出来。患者的头不痛了，她高兴地竖起大拇指称赞说："中国针灸真了不起！"

群众看到银针的神奇疗效，便马上要求王泽为他们治疗。有瘦骨嶙峋的青年、车祸骨折的伤患、一瘸一拐的老人……在缺医少药的非洲，王泽的小小银针派上了大用场，他挥汗如雨，针灸、推拿、刮痧，用尽了中医传统法宝，仅仅一上午就治疗了40位患者。

送走一个个满意离去的非洲兄弟姐妹，王泽欣慰地笑了。王泽凭着自己满腔的热情、精湛的医术，在异国他乡的加纳开辟了宣传中医药传统文化的新天地！

面对越来越多患者的求助，王泽深知一个人的能力是有限的，于是，他又在思考怎么样把中医传统文化传播给当地的同行。

一天，当地的医生米斯巴找到王泽，说："我想去中国学习中医，用银针为同胞治病！"王泽听了非常高兴，如果他们到中国学习针灸，那么非洲人民就会拥有"永远也不会离开"的针灸专家，小小银针也搭建了中加友谊的桥梁呀！

于是，王泽决心帮助米斯巴到中国学习，但是汉语可是个难关。为了攻克这个难关，王泽白天是医生，晚上当汉语老师，一字一句地教米斯巴发音。凭着一股钻研劲儿，米斯巴这个非洲汉子硬是掌握了汉语，为他进入奇妙的中医殿堂奠定了基础。

王泽用小小的银针展示了中华民族博大精深的文化，解除了无数患者的痛苦，传递了诚挚的国际友谊！

根据广东省卫计委和援外医疗中心的指导，前往加纳的医疗队的工作重点之一是在当地组织筹建中医中心，让中医在加纳落地生根。然而，由中国援建的中加友好医院的 Herbal Clinic（传统草药治疗门诊）虽然设立了针灸门诊，但由于没有常驻医生，仅保留一张病床，门诊门可罗雀，医院上下对中医更是知之甚少，这让第5批援助加纳的医疗队队员袁智先甚是发愁。尽管中医门诊的条件如此简陋，但是袁智先很快就用自己精湛的医术赢得了当地人民的认可。

袁智先在针灸门诊的第一天就接诊了6个患者，包括颈椎病、中风偏瘫、膝关节骨性关节病等疾病，其中还有该院的一位医生。经过悉心治疗，这些患者的症状有了明显改善，让科室其他医生护士赞不绝口。

有了良好的口碑，病人日益增多。短短一个月内，针灸门诊量增长了 10 倍，门诊治疗床也从 1 张增加到 4 张。还有患者为袁智先送来午餐以示感谢。

中加友好医院的医生和员工也慕名前来就诊。在见证针灸的神奇疗效后，一位门诊护士说她以后也想做一名针灸医生，想请袁医生当她的老师。随后又有三位医生也加入了学习针灸的行列，医院的几位科室主任也成了中医针灸的第一批"粉丝"，医疗队的专家在工作之余也会为这些"粉丝"普及中医的基础知识。

一开始，面对中加友好医院的医疗条件，医疗队的骨科专家李慧也感觉很有压力。中加友好医院此前并没有骨科，也没有专门的骨科医生，因而他成了该院历史上第一位骨科医生。没有任何骨科相关的手术器械，没有钢板螺钉等内固定器材，甚至连克氏针这种骨折最常用的固定材料也没有，这让李慧的诊疗工作开展受到了不少限制。在诊治一名股骨折患者时，由于医院没有下肢牵引设备，李慧为患者完成手法牵引复位后，只好自己做了一个"T"字鞋固定患肢防止旋转，以此减少患者的疼痛感，避免骨移位。令当地医生和患者信服的是，中国古老的正骨医术竟有如此显著的疗效。而后李慧在治疗骨折或关节病患者时，尽可能地用牵引复位及中医正骨整复手法治疗，并指导患者进行相关的功能锻炼。

后来在院方的支持下，逐步增添了骨科治疗所需的手术器械和内固定器材。李慧表示，他希望这些前期筹备工作，能为中加友好医院开办骨科打下基础。

3.5 广东医疗援非在科摩罗的贡献

西印度洋上的 4 颗明珠——大科摩罗岛、昂儒昂岛、莫埃利岛和马约特岛串起了被誉为"月亮之国""香料之国"的科摩罗。刚踏入这块远离祖国的异土，来自广州中医药大学的宋健平教授和他的队友来不及欣赏美景，便投入当地抗击疟疾的战斗当中。

2007 年，为帮助科摩罗人民抗击疟疾，广州中医药大学派出了第一支疟疾防治项目组。早在 2006 年，广州中医药大学就已经派专家深入当地调查疟疾的分布情况。宋健平就是其中一员，他曾在东南亚的柬埔寨、越南、缅甸和非洲的尼日利亚、坦桑尼亚等二十余国进行青蒿素复方防治疟疾研究和粤产新药的推广工作，在治疗疟疾方面具有十分丰富的经验。

8 年来，广州中医药大学先后派出了近 160 人次的医疗队伍，累计在科摩罗工作了 6600 个工作日。2007 年、2012 年和 2013 年，宋建平等人先后在科摩罗所属的三大岛——人口 3.7 万的莫埃利岛、人口 35 万的昂儒昂岛、人口 42 万的大科摩罗岛地区通过群防群治、全民服药等措施防控疟疾。经过他们的不懈努力，取得了很大成效。

虽然条件艰苦，但是这支以"80 后""90 后"为主的医疗队按捺住对家人、祖国的思念，勇于开拓，成为科摩罗治疟的中坚力量。

在疟疾防治项目组的努力下，2007 ~ 2013 年，科摩罗全国分阶段实施了全民服用青蒿素哌喹片以快速控制疟疾的项目，共有超过 220 万人次服药，3 万多外来流动人口参加了预防服药，医疗机构疟疾确诊病例数的下降幅度为 90% 以上，实现了全国疟疾零死亡。与此同时，他们还为当地累计培训了 236 名专业疟疾防控人员，村级抗疟工作者近 4000 名，为当地抗击疟疾事业注入了新活力。

这些成果都是"跑"出来的。8 年时间，专家们几乎跑遍了科摩罗的整个卫生系统，包括科摩罗卫生部、莫埃利岛卫生局、昂儒昂岛卫生局、大科摩罗岛卫生局、各所医院以及科摩罗所属的 339 个村落，通过联合这些部门和媒体的力量，增强当地民众对治疗疟疾的认识。

参考文献

[1] 胡辉 . 20 世纪六七十年代广东省对非洲国家的援助［J］. 当代中国史研究，2013（2）.

第 4 章
广东医疗援非的特色和贡献

中国政府积极鼓励中国企业、院校、社团和个人共同参与、支持非洲的卫生发展，大力支持世界卫生组织、联合国艾滋病规划署等国际组织，以及有关国家、基金会和企业的全球卫生倡议，并发挥自身优势，加强合作与协同，共同支持非洲卫生事业发展，实现卫生领域的全球可持续发展。广东医疗队作为中国医疗队伍的一部分，秉承我国和平共处的五项基本原则，深入非洲大陆，利用自身独特的优势，为医疗援非做出了突出的贡献。它有效地维护了非洲国家和人民对于中国的积极认知和忠诚情感，有利于中国同非洲的国际关系建设，为中国更好地参与全球公共卫生治理机制增加了筹码，也切实地为非洲乃至世界人民的生命健康做出了巨大贡献。广东医疗援非是中非友好关系最有力的历史见证，在各方共同努力下，卫生合作必将成为粤非合作的新引擎、新动力、新亮点。

4.1 广东医疗援非的特色

医疗援助是中国对非援助的重要组成部分，广东省在其中扮演着重要角色。广东作为中国的众多省份之一，其医疗援非过程是中国医疗援非的缩影。广东医疗援非具有以下特点。

第一，广东医疗援非为中国援非项目之一，历史久远，具有连续性。

向非洲国家派遣医疗队，是中非开展时间最长、涉及国家最多、成效最为显著的合作项目。在新中国对非洲国家的援助中，广东省扮演了重要的角色，是全国第一批承接国家援非任务的省份。

1971 年，国家有关部门联合印发了《关于同赤道几内亚代表团会谈的请示》的文件，正是这份文件开启了广东医疗援非的历史。这份文件明确提到了中国要向赤道几内亚派遣医疗队，随后作为一项政府行为，国家有关部门将这项光荣而艰巨的任务交给了广东。

事实上，广东在当时接受中央政府医疗援非的任务是因为它具有其他省市无可比拟的优势条件。这主要基于以下几点考虑。首先，广东省是中国近代工业化发展最早的省份之一，具有援助非洲国家较好的工业基础。其次，为了促进与世界各国的交往，中国于1957年在广州创办了中国进出口商品交易会（以下简称"广交会"）。当时，许多非洲商人来广州商谈贸易，一些非洲政治家借参观广交会的机会来到中国，谋求与中国政治和经济关系上的深入发展，因此广交会为非洲国家与广东省相互了解提供了有效的平台。最后，广东省具有联系非洲的天然地理优势，当时的广东省是中国航运到达非洲距离最近的地方，其中广州的黄埔港是中国当时基础设施较完善的海关港口；同时广东省毗邻港澳，地理位置优越。

作为第一批医疗援非的省份，广东援外医疗队发扬了中华民族的优良传统，以饱满的爱国热情、无私的奉献精神和精湛的医疗技术，克服困难开展工作，为促进受援国卫生事业的发展、提高受援国人民的健康水平做出了杰出贡献，加深了中国同广大发展中国家的友谊。广东援外医疗队得到受援国政府和人民的热烈欢迎与广泛赞扬，被誉为"南南合作的典范"，而医疗队队员们也被称为白衣天使、友好使者和"穿着白大褂的外交官"。

广东对非洲医疗援助的连续性主要表现在对非洲政策的连续性和实际执行的连续性上。从2000年中非合作论坛第一届部长级会议开始，每一届部长级会议都会对中非医疗合作的内容和形式进行深化。为了适应新形势下非洲对广东医疗卫生援助的更高期望和要求，广东省也在积极改进和创新对非卫生的合作内容。

从整理的有关中非合作的官方文件可以看出，2000年中非合作论坛第一届部长级会议就中方对非洲的医疗器械和人员培训达成协议；到2003年第二届部长级会议时，中非双方又拓展了新的领域，特别是在特定疾病的防治项目上，加强人才技术交流；而在2006年第三届部长级会议上，除了上述领域继续合作外，又更加量化地确定了对非洲的援助力度，如为非洲国家援助建立30所医院，并提供3亿元人民币无偿援助和设立30个抗疟中心等，根据非洲国家的情况，积极探索新的卫生援助模式；2009年第四届部长级会议又增加有关中非在公共卫生应急机制方面的合作；2012 年第五届中非部长级会议决定"加强卫生领域高层交流，适时举行中非高级别卫生发展研讨会"；2013 年 8 月和 2015 年 10 月分别在北京和开普敦举办中非部长级卫生合作发展会议。这两次卫生高层会议的召开，从确定特定疾病预防项目到援建公共卫生设施和鼓励中非医院对接合作，为解决影响非洲大陆的重点卫生难题制定了路线；2015 年在中非合作论坛第六届部长级会议上，则更加明确地规定中方将通过医疗设施的建设、修复和装备，改善非洲的卫生基础设施，并将中非部长级卫生合作发展会议正式作为中非合作论坛框架内的分论坛。

中国对非洲的援助政策的变化反映了时代的特征，体现出中国政府对非洲国家的重视，也充分表现出中国政府对非洲政策的连续性。通过提供真诚的援助，双方相互增进了了解，从而推动了双边关系的发展。

第二，广东医疗援非涉及众多非洲国家，涉及面广，援助范围大。

1963 年至 1964 年初，周恩来总理在访问非洲国家时，宣布了中国政府对外提供援助的八项原则，有力地推动了中国同亚非拉友好国家的经济技术合作。从 20 世纪 70 年代初，广东即响应国家号召，选派医疗技术人员远赴非洲，展开援外医疗工作。目前广东省共承担着援赤道几内亚医疗队、援加纳医疗队，以及援多米尼克国医疗队的派遣任务。

广东省于 1971 年 10 月向赤道几内亚派遣了第 1 批援外医疗队，自此揭开了广东省援外医疗工作的序幕。截至 2017 年，广东已医疗援非 46 年，向赤道几内亚派出援外医疗队 28 批共 510 人次队员。2000 年以来，广东省连续 8 批援赤道几内亚医疗队全体队员，均荣获了赤道几内亚政府颁发的最高荣誉奖"国家独立勋章"。近半个世纪以来，广东省的援外医疗队队员克服工作和生活上的重重困难，赢得了受援国政府和民众的无数赞誉。

第三，广东医疗援非队员众多，援非队伍庞大，总体素质高。

关于广东省第 1 批援助赤道几内亚医疗队队员的选择，广东省卫生部门对此可谓慎之又慎。队员的政治思想觉悟是考虑的首要条件。此外，对年龄也有严格要求，第 1 批队员出国时的年龄从 32 岁到 50 岁不等，平均年龄不超过 40 岁。之所以以这一年龄段的人为主，主要是考虑到需要每名队员都有一定的工作经验和能力来胜任这个工作，而且这个年龄段的人思想比较成熟，能够静得下心，不骄不躁。此外，所有被挑选上的医疗人员均拥有十年以上的临床工作经验。

广东省援助赤道几内亚的第 2 批医疗队队员，也是经过了重重筛选之后才确定下来的。广东省按照援助赤道几内亚的第 1 批医疗队人数和要求进行挑选，第 2 批医疗队定于 1973 年 7 月出国接替工作，并在出国前为他们举办了 6 个月的学习培训班。广东援助赤道几内亚的第 1 批医疗队正式派出时间为 1971 年 10 月，1985 年在赤道几内亚的医疗队队员为 20 人，设有两个医疗点。[①] 派出的医疗队中既有主任医师、主治医师，也有医师、护士等，包括外科、内科、妇产科、小儿科、五官科、眼科、针灸科、麻醉科、放射科、检验科等各个专科。

全体医疗人员不仅深入贯彻中央精神，同时服务外交大局，落实庄严承诺，以精湛的医术和高尚的医德护佑生命，彰显了人道主义精神，推动了受援国卫生事业的发展和民众健康水平的提升，增进了中非的友谊，深受当地人民赞誉。中国医疗队全体队员用医者仁心撒播大爱火种，圆满地完成了一次次援外任务，为中非友谊添砖加瓦。

第四，广东医疗援非响应国家号召，坚持平等互利原则。

中国政府认为，援助是相互的，绝不要求任何特权；并且在提供技术援助时要保证受援国医护人员充分掌握这种技术；中国援助专家与受援国专家享受同等待遇，不允许有任何特殊要求。随着中国综合国力的不断增强和中国企业"走出去"战略的实施，中国在非洲的影响力也不断扩大。然而，一些西方国家却大肆渲染"中国威胁论"，将中国在非洲的投资行为妖魔化为"新殖民主义"和赤裸裸的"功利主义"，这是对中国无条件援助非洲政策的质疑。但是中国对非洲的医疗援助以实际行动向非洲与世界人民证明了中国的诚意与努力。

广东医疗援非响应国家号召，保证援助不被视为单方面的"赐予"，做到援助时绝不附带任何条件。广东援非医疗队所处环境艰苦、条件简陋，但队员们不求回报，不畏艰险，在异域他乡为非洲人民治疗疾病，有

---

① 参见李安山《中国援外医疗队的历史、规模及其影响》，《外交评论》2009 年第 1 期；《当代中国的对外经济合作》，第 248 页；《关于选派第二批援助赤道几内亚医疗队的通知（1973 年 1 月 3 日）》，广东省档案馆：229 - 6 - 362。

的甚至长眠在了非洲大地上，援非医疗队队员表现出的白求恩精神令人动容。以非洲受援国本身的需求为出发点，广东医疗队对非洲进行医疗援助，为非洲带来了实实在在的福利，也激起了不可估量的人文效应。这可以从两方面理解：一是，医疗队切实关注非洲地区的民生问题，在向非洲提供医疗公共产品的过程中，改善了非洲人民基本的医疗卫生状况；二是，向非洲国家推广了中国传统医学的价值，传播了中国的和合理念、平等思想以及人道主义精神。广东落实我国外交的理念，医疗援助外交重"义"而不重"利"，在对非医疗援助中义薄云天的行为与自由主义中人道主义援助的理念不谋而合。

第五，在"归口管理""分市负责"体制下运行。

20 世纪 60 年代以前，中国对外援助以技术援助、物质援助和少量现汇援助为主。由于这些援外任务较为简单，在中央层面就可以得到较好的解决，因此，广东省参与国家对外援助的任务并不是很广泛，广东省各部门只是作为国务院各部的执行机构参与其中。进入 20 世纪 60 年代以后，为了发挥中央和地方两个方面的积极性，国务院开始将中国对外援助的一些项目委托给地方，由地方负责完成，同时根据援助项目的性质由相应的中央部门进行统一管理。这是"归口管理""分市负责"体制的雏形。以广东省援助马里糖厂为例，国务院根据第一轻工业部的报告，将援助马里两座糖厂的全部筹建任务委托给广东省负责，而对外仍由第一轻工业部来作为总交货人，负责统一规划和督促检查。

20 世纪 70 年代初，中国对外援助的数量和规模都有所增加。与此同时，国家扩大了地方的经济管理权限，将中央的一些直属企业、事业单位下放给地方管理。为了保证本地区援外任务顺利完成，各省、自治区、直辖市设立了相应的援外职能管理机构。至此，"归口管理""分市负责"的援外模式正式体制化。但值得注意的是，地方承建的援外项目对外依然是以国家的名义进行。具体而言，广东省承担了援非的任务后，根据项目的性质，将任务下达给相应的厅（局）或市级单位。在"归口管理""分市负责"的体制下，广东省各厅（局）在承接援非任务时的地位及性质发生了变化，即由以往的作为国务院各部的执行机构转变为广东省行政机构的组成部门。最后，广东省将援助非洲国家的任务进一步委托给地方市级行政单位，形成了"归口管理""分市负责"的体制。广东医疗援非任务正是在这样的体制下顺利运行的。

第六，广东医疗援非形式越发多样。

自2013年8月首届中非部长级卫生合作发展会议在北京成功举办以来，中方积极创新对非卫生合作内容，不断提升合作水平，以适应新形势下受援国对中国医疗卫生援助的更高期望和要求。首先，中国先后在6个非洲国家开展"光明行"项目，共为约2000名患者实施了白内障复明手术，与4个非洲国家建立了"眼科合作中心"，与6个非洲国家建立了对口医院合作关系，并且在10个非洲国家医疗队建立了中医标准化诊室，举办了113期与卫生相关的专题培训班，为非洲国家培训了2100多名卫生管理和医护人员。其次，中国还通过开展技术合作、提供学历教育、派遣志愿者等方式加强卫生技术转移，帮助非洲国家提升卫生事业自主发展的能力；同时，在科摩罗联合开展青蒿素快速消除疟疾项目，期望在8年内将疟疾死亡人数降到零。最后，与世界卫生组织合作在桑给巴尔开展血吸虫病防控试点项目，取得了积极成效。

中国对非洲国家卫生设施、设备及能力的建设给予了积极的行动支持。2013年至今，中国政府先后为非洲国家建设了38个医疗设施项目，提供了近50批医疗设备和药品物资；同时，中国企业和民间组织积极通过援建和运营医院、投资办药厂、实现药品生产本地化等方式，帮助非洲国家解决民众看病就医难等问题。

2014年，西非地区暴发埃博拉疫情。对此，中国同国际社会一道，齐心协力为疫区国家提供帮助，与西非人民共渡难关。截至目前，中国累计向疫区及周边共13个国家提供了四轮总价值超过1.2亿美元的援助，派遣了1200多名医护人员；同时注重帮助疫区加强公共卫生能力建设，为塞拉利昂运送移动生物安全实验室，并援建固定生物安全实验室，提高病毒检测能力；向几内亚、塞拉利昂、利比里亚等11个国家派遣了30多批公共卫生、临床医疗和实验室检测专家组，深入边远地区培训医护及公共卫生人员约1.3万人次。

近年来，随着中国医疗援非各项工作的有序进行，广东省也陆续承担了多种形式的援外创新合作项目，如2014年西非暴发埃博拉疫情后，广东省派出了4名公共卫生专家赴加纳和塞拉利昂，以提高当地埃博拉疫情防控的技术水平和能力。2017年5月，由广东省第二人民医院承建的中国国际应急医疗队成为全国第二支通过世界卫生组织认证评估的国际应急医疗队，标志着今后广东省在维护全球公共卫生安全、参与国际卫生应急救援等方面将发挥更大的作用。

几十年来，广东援非队伍坚持不懈地向需要援助的国家派出医疗队，为当地人民无偿提供医疗服务，这一义举在当代国际关系史中绝无二例。援非医疗队也是中非合作中时间最长、涉及国家最多、成效最显著、影响最广泛的项目。如果仅用对祖国的爱或为中国外交做贡献来解释广东援非医疗队的所作所为，恐怕不全面。中国医生从事的是国际主义事业，传播的是人道主义精神，他们不仅为受援国和中国人民做出了贡献，也对人类福祉和世界和平做出了贡献。

第七，不附带任何政治条件，医疗对外援助的执行主体是政府。

由于医疗卫生领域具有较强的专业性，因此医疗援助的实施主体在中国主要是政府部门，相对的民间医疗参与不多。中国政府与非洲国家之间的医疗援助是一种直接的一对一模式的援助，由非洲国家发出医疗援助的需求信息，中国政府根据已有的经验和国家发展状况向其提供力所能及的帮助，主要是通过地方的医疗团队去实施具体的对接活动。中国对非洲的医疗援助所提供的资金、人员、技术，所援建的医疗基础设施以及相关的医疗合作项目，大部分是直接通过官方层面完成的，中国并没有像其他发达国家一样，借助国际组织的平台去实施对外援助，非政府组织以及其他民间组织在其中发挥的作用也有限。这种援助模式一方面有利于中国对非洲进行持续、完整、大规模的医疗援助，借助官方平台所提供的资金、技术和人员服务都是民间力量所不能比拟的；但另一方面，不利于中国融入国际援助体系，国际援助的话语权依然牢牢地掌握在西方发达国家手中，中国与国际组织的交流有限，其在医疗援助领域所发挥的作用不易受到国际社会的认可和接受。

对非洲的医疗援助是广东援非的一大亮点，广东对非洲的医疗卫生援助始终坚持《中国政府对外经济技术援助的八项原则》，特别是其中"绝不附带任何条件"的原则。《中国对非洲政策文件》指出："中国政府将根据自身财力和经济发展状况，继续向非洲国家提供并逐步增加力所能及和不附带政治条件的援助。"中国与非洲国家之间互相尊重、平等相待，援助从来不是单向的，而是双向的。这些理念、原则和精神都需要通过实际行动来体现。

在实际的援非工作中，我国向非洲国家提供资金、技术和医疗设备，推动建立中非医疗卫生联合研究实验室，支持非洲国家的卫生项目，开展在血吸虫、疟疾、艾滋病等领域的合作，且不附带任何政治和意识形态的制约。中国的这些做法赢得了非洲国家的尊重和支持，非洲国家的卫生部部长们也欢迎中国继续向非洲提供医疗支持，并承诺为中国医疗队队员提供良好的生活环境。

广东对非洲的医疗卫生援助是国家对外援助整体的一部分，是以国家为主导的。中华人民共和国国务院新闻办公室2014年7月发布的《中国的对外援助》白皮书表明，医疗卫生援助的主体和执行部门分别是外交部、卫生部、商务部。

商务部是对外援助工作的主导部门，统筹财务部、外交部、地方性商务机构和驻外使馆。商务部的主要职责包括三方面：首先，负责援外工作的政策制定，这些政策包括援助工作的整体布局、援助项目选择，援助计划的执行、监督和评估；其次，统一管理援外资金的使用；最后，与其他政府间或者非政府间国际组织展开交流与合作。各省级商务主管部门协助商务部处理对外援助事务。

外交部则主要为中国援外医疗队队员和援外工作者在境外提供安全支持，保障人身安全和其他合法权益。具体到医疗卫生援助领域，外交部是主要的执行部门。外交部根据商务部制定的援助计划和援助项目方案，协调各个省、自治区、直辖市的医疗机构挑选出合适的人才组成援非医疗队，并且对医疗队队员进行合理的分配和管理，即外交部主要负责援非的人力资源工作。驻外使领馆经济商务机构则协助商务部处理与对外援助有关的政府间事务，监督和管理境外援助项目。

总的来说，目前中国没有一个专门的、统一的对外援助管理机构，而是依靠商务部、外交部、卫生部和各地方性的商务主管部门以及驻外使领馆相互配合来开展和执行中国的医疗卫生对外援助工作的。在实施对外援助的操作程序上，一般是先由受援国提出要求，然后结合中国国情国力做出意向性决定，再通过政府间协商，形成并签订援助协议作为法律依据，之后进入实施阶段。中国的援助渠道主要是政府部门所构成的不同机制和统筹体系，民间团体除红十字会等组织外，其他很少涉及对外援助。

4.2　广东医疗援非的贡献

4.2.1　弘扬了中国传统医学

广东援非医疗队认为中国传统医学与西医同等重要，中医和西医构成了其医疗援非医学系统的两个互补成分。例如，有一位七十多岁的老人因患白内障失明了十多年，还伴有高血压和帕金森病，一上手术台血压就升高，并有阵发性摇头震颤，西医对此无能为力，但是，广东医疗队中的医生用中国古代称为"金针拨障"的医术对其进行治疗，疗效显著。随着广东医疗队的影响日益扩大，非洲人民对中国传统医学的认识也逐步提高，越来越多的国家表示愿意与中国在传统医学和药用植物的研究、开发和生产上进行合作。在一定程度上，广东援非医疗队伍在非洲大陆上传播了我国传统医学，加深了世界人民的认识。

4.2.2　弘扬了人道主义精神，增强文化感召力

一篇关于中国援助阿尔及利亚医疗队的报道用《世界很小，是个家庭》作为小标题，这表明从更高的层面上看，广东援外医疗队是国际主义的实践者，体现了人道主义精神，为世界和平做出了贡献。这种贡献表现在三个方面：一是对平等思想的传播；二是对人道主义精神的弘扬；三是对中国传统医学的推广。

广东医疗援非作为我国医疗援非的重要分支，对医疗合作起到了非常重要的作用。作为第一批医疗援非队伍，广东省成功地起到了先锋模范的作用，不仅医疗技术先进，在派遣人员数量、派遣次数与重视程度上也居前列。广东援非医疗队不仅向世界人民展示了中国负责任、勇挑重担的大国形象，更是将我国医疗援非工作推向了一个又一个新征程。

文化作为一国外交软实力的重要表现，其在国家之间的关系建构中发挥着越来越大的作用，在国家声誉中的贡献比重也不断提升，尤其是在如今非常重视软实力的 21 世纪。而一国对外的文化影响力和感召力莫过于该国人民在其他国家身体力行的表现，作为医疗援助外交最终落实者的中国医生可以说在这方面树立了楷模。早期的中国援非医生在危险的非洲大陆

上克服了恶劣的生活环境，在陌生的文化氛围里顶着工作与地理环境的双重压力，与非洲的广大人民进行最密切的接触。他们热情真诚，走进边远地区为患者医治，引进中国传统的符合非洲人民需求的医疗技术和药物，突破了非洲一个又一个医疗障碍，切切实实地为非洲人民解决了问题。正是中国医生这种吃苦耐劳、无私奉献的博爱精神感动了非洲人民，让他们对中国人、对中国文化以及对中国整体的国家形象产生了好感，这种民间意识逐步扩展到官方层面并被接受，从而在后期持续的中非交流中不断显现出其价值。

广东对非洲的医疗援助所展现的中国文化主要表现为中国的"和合"思想，即追求一种人类和平、世界和谐、人与自然协调发展以及众生平等的理念，尽最大的努力去挽救每一个个体的生命；践行了中国的义利观念，中国自古以来就是重义而轻利的国家，对非洲的医疗援助更是基于中国对广大发展中国家的义务和责任，希望能够为其提供力所能及的帮助，较少考虑到中国自身的利益；同时传播了中国的医学理念和无私奉献的精神，强调治疗的标本兼治，强调顺应自然的变化调节人的身体，强调通过医生的无私奉献精神切切实实地缓解患者的病痛。这些文化种子在非洲人民的心里生根发芽，增强了非洲对中国的文化向心力，进一步提升了非洲对中国的信任和支持力度，为双方在其他领域的合作奠定了坚实的文化基础。就像一位西方学者所说，医疗队使中国医生与几百万普通非洲人建立起一种情感依赖，进而得到那些渴望为其公民提供公共卫生产品的非洲国家领导人的感谢。作为中国医疗援非的重要部分，广东省在增强我国文化感召力方面发挥了不可磨灭的作用。

4.2.3 推进了全球卫生治理的实现

人类进入 21 世纪，医疗卫生问题被提上了全球发展议程，成为新千年发展目标的核心，跨越国界的疾病威胁着全球人民的健康，因而成为重要的非传统安全问题。中国作为最大的和人口基数最多的发展中国家，也作为曾经的受援国，其自身经济的发展和医疗卫生事业的进步与完善就是对整个人类医疗卫生事业的重大贡献，而其对非洲大陆的医疗援助，则在一种更高的道义层面上为世界医疗卫生事业做出了贡献。中国对非洲的医疗援助属于南南合作的范畴，促进了发展中国家之间的相互交流与合作，也使中国发展的模式得到推广与传播，为发展中国家树立了榜样，提供了信心。中国援非医疗队在几十年如一日的工作中，始终坚持"不畏艰苦，甘于奉献，救死扶伤，大爱无疆"的精神，坚持平等地为每一位患者服务的精神，使长期受殖民主义统治的非洲人民得到了心灵上的抚慰，为世界和平发展种下了善因。同时，中国医疗队的成功经验以及中国传统医术的复兴对世界医疗卫生事业的发展也是一种助力，中国医疗援助模式所体现出的优点与其他国家医疗援外模式的特点相互借鉴、相互融合，取长补短，造福人民。

由于全球化进程的加快，世界各国逐渐成为一个紧密联系的整体，传统的安全问题的紧迫性和危害性相对趋于缓和，而非传统安全问题则逐渐凸显出来。在现代国际社会，单纯依靠某个或者几个威权主体已经无法在全球性的公共问题上获得良治。相反，如果多个治理主体共同参与，反而会大大推动问题的解决，也就是说一个完整的治理体系相对于单个国家主体来说，在解决全球性的问题上更有优势。这个体系不仅包含主权国家、政府间国际组织，还包括非政府组织、社会运动和行动网络等社会力量，这些不同的威权主体共同参与，大大缓解了因主权国家的威权局限性所带来的治理困境，从而推动了这些问题向良好的治理方向发展。

非洲严峻的卫生状况对全球的公共卫生构成了威胁，如肺结核、疟疾和艾滋病等全球性传染病的蔓延，不仅是非洲国家自己的事情，更有可能危及全世界，也包括中国，仅靠非洲国家自身的力量或者单边援助都不足以改善当前非洲所面临的医疗卫生困境。在解决这些问题的实践中，全球治理理论可以提供思想指导和方法论。

传染病在全球范围内传播，构成了人类安全的新危机。这种威胁是全球范围的，没有任何一个国家和地区能置身事外。面对全球医疗卫生的新挑战，需要各个主权国家、国际组织、社会组织共同加入全球卫生治理，通过各种方法拟定全球或跨国范围的规则、政策，实现共同发展的目标，促进国际合作机制形成。就中国而言，需要适应新形势，转换传统的对非洲医疗援助的理念，在全球治理视角下展开援助工作。国家层面的正确理念和主导方针也有助于广东省积极参与构建全球卫生治理体系并更好地发挥作用。

4.2.4　推进受援国卫生事业发展

治病救人是医疗队最主要的工作，上自国家领导人，下至普通百姓，无数非洲人民得到了中国医生的帮助，缓解了身体疾病，获得了健康。中国医疗队在受援国根据其具体的医疗卫生状况，不仅有效地治愈了大量的常见病、多发病，如痢疾、霍乱、结核病、小儿麻痹症等，而且运用高超的技术和丰富的经验创造性地完成了许多高难度的手术，如断肢再植手术、腹腔巨大畸胎瘤摘除术、心脏手术等，这些都成为非洲医疗史上的奇迹。同时，中国医疗队因为长期驻扎在非洲国家的主要医院，对其医疗卫生体系建设也做出了重大贡献。通过将中国医生充实到非洲医院当中，一些新的专业或科室在非洲医院逐渐建立、发展和成熟起来；通过中国医生在临床实践中"传、帮、带"形式的培训以及中国医疗队和专家组在当地经常举行的短期或长期医疗培训，非洲医生的医疗技术得到了提高，医疗人员队伍逐渐壮大起来，真正实现了"授之以渔"的医疗援助；通过中国医生在医疗实践中的应用，中国传统的医疗技术，如针灸、推拿等传入非洲，实现了受援国在医学体制上的创新，提高了当地的医疗技术水平。

广东医疗队的医生还到非洲偏远山区的县上为非洲人民进行义诊治疗，由于非洲国家医疗基础设施还很不完善，全国的医院很少而且主要分布在首都等大城市，住在偏远地区的非洲人民如果生病了，必须走上几天的山路才能到达诊所，甚至有许多非洲人直到死亡都没有见过医生。因此，广东医疗队到非洲偏远地区的义诊治疗，有效改善了非洲人民生病得不到治疗的状况。

4.2.5　促进中国对非外交战略实现，增强中国外交政治影响力

中国对非援助既有实现国家安全利益的一面，也有在国际道义上支援非洲的一面，二者是相互补充的。近代的中国和非洲国家都深受西方列强的殖民剥削，有着共同的历史境遇，这就意味着反对殖民主义、反对霸权主义是中国和非洲人民共同的立场。中国对非洲援助增强了非洲国家的实力，这在无形之中加强了其反对霸权主义的力量，进而也减轻了中国在国际上所面临的压力。

中国外交的这一丰硕成果有援外医疗队的一份功劳，而在援外医疗队

中，广东队伍又起到了建设性的作用。广东省的对非援助作为中非友好合作关系的一部分，在中国对非洲外交战略中所起的作用虽然不是主要的，却是不可忽视的。在 1971 年 10 月 25 日第 26 届联合国大会上，提出恢复中国在联合国组织合法权利议案的 23 个国家中，赤道几内亚、几内亚、刚果（布）、马里都是广东省援助的非洲国家。

同时，当代外交再也不是仅着眼于高层政治的传统外交，而是一种立体式、平民化的大众外交，在这一过程中，普通公民在其他国家的友好表现会间接为国家的外交做出贡献。在中国对国际世界的友好活动中，比较成功的就是医疗队，他们被誉为"穿着白大褂的外交官"，为促进中国与受援国的双边友好关系发挥了桥梁作用。医疗队在非洲基层的长期服务，奠定了中国人在非洲人民心目中善良、友好、奉献和博爱的形象，使他们与广大非洲人民建立了深厚的友谊，使中国医疗队成为中国形象的代表，为中国强大的软实力建设打下了良好的基础。医疗队为非洲国家领导人和政府高官提供医疗服务，使中国以一种简单而直接的方式与非洲高层领导人建立起互信互敬的友好关系。非洲国家的高层官员很多都受惠于中国医生的精湛医术，如阿尔及利亚的国防部副部长萨布、坦桑尼亚总统化莫、喀麦隆总统保罗·比亚等，他们都以各种各样的方式表达了对中国医疗队的感激之情，也与中国的医生建立起亲密的朋友关系，成为值得信任的伙伴，在某种程度上，这种私人关系发挥的作用甚至超过外交官员的影响。

中国外交的总体布局是"大国是关键，周边是首要，发展中国家是基础，多边是重要舞台"，中国一直致力于加强南南合作，强调与发展中国家一起在国际舞台上发挥作用，而非洲作为发展中国家最多的地区，自其开展独立解放运动以来就一直受到中国的关注，是中国最理想与最忠实的合作伙伴。在北京举行的 2006 年中央外事工作会议中，提出了非洲在中国全球外交中的地位，即非洲是中国外交工作的重要战略依据，是中国能源资源和大宗商品贸易的重要合作伙伴。中国对非洲的援助是中非关系良性发展的重要一环，虽然随着中国经济形势的不断发展和中非利益关系的不断增多，西方国家对中国援助非洲的意图有所怀疑，甚至用"新殖民主义"的说法来否认中国援助非洲的价值，然而，在医疗援助外交领域，中国始终恪守传统，在非洲树立起了强大而正面的国家形象。

中国对非洲的医疗援助从 1963 年持续到现在，从中国困难贫穷、难以自食其力的窘境开始，到中国日渐崛起成为全球第二大经济体的今天，中国始终坚持向非洲派遣医疗队，为非洲提供医疗技术和设备，传授医疗经验，援建非洲的医院等，真正发挥了国际主义精神，赢得了世界各国的认可。与此同时，中国也获得了相应的政治效益。皮尤研究中心也于 2007 年做了一次民意调查，对 9 个接受中国医疗队援助的非洲国家对中美在该国的政治影响力进行比较，结果发现，认为中国发挥"好的政治影响力"的比例比美国平均高出 21 个百分点。20 世纪六七十年代，非洲各国在积极谋求政治独立、争取国家解放的过程中，不断加强与中国政府的联系，相继与中国政府建立外交关系，开展相互合作，并且在联合国为中国积极争取利益，最终推动中国能够重回联合国并恢复常任理事国席位，为中国在国际舞台上赢得了一席之地。

在国际医疗援助领域，中国凭借着其在非洲长期稳定的医疗援助模式也赢得了一定的政治话语优势，在全球卫生治理机制的建构过程中，中国对非洲的医疗援助可以说是做出了一定的贡献，中国想要更好地融入其中并发挥作用，势必要借助非洲这个平台。而广东援非医疗队队员作为一线的工作人员，在增强中国政治影响力方面，以实际行动赢得了非洲人民对中国以及中国人民的好感和信任。

4.2.6　推动了粤非经贸合作

中非的经贸合作在 21 世纪呈现突飞猛进的发展趋势，双边的进出口贸易额不断增加，经济合作的领域不断扩展，层次不断提升，合作平台和机制不断建构与完善。中国对非洲自然资源的需求与日俱增，而非洲对中国物美价廉的日用品等需求旺盛，双方在各自资源禀赋的基础上开展贸易合作，实现了优势互补。进入 21 世纪，中国从非洲进口的产品主要包括原油、棉花、木材、钻石、铁矿石等，一些工业制成品也陆续进入中国市场，而非洲则侧重于引进中国的电子产品、汽车、机械设备以及食品等，双边的贸易规模呈现不断扩大的趋势，贸易结构也不断优化。而中国从对非洲的医疗援助外交中所获得的经济利益，则重点体现为中国与非洲在卫生医疗领域开展的合作和项目，中国的医药出口到非洲的种类和数量日益增加，贸易额逐年攀升；中国在非洲援建的医院、诊所等医疗基础设施也为中国的钢铁、建材、医疗设备等的出口做出了贡献，对中国劳动力的海外就业提供了动力；而通过医疗援助所实现的间接经济利益则更是无法测算，毕竟医疗援助所呈现的效果在相当长的时期内都有助于受援国保持对援助国的信任，从而在经济领域与其开展更为广泛的合作。

同时，中国对非洲的投资为非洲工业化进程做出了突出贡献。据人民网 2011 年 8 月报道，截至 2009 年底，中国对非投资中金融业占 13.9%，制造业占 22.0%，建筑占 15.8%，采矿业占 29.2%，其他领域占 19.1%。中国企业对非洲制造业的投资不仅远远高于对全球投资 6% 的比例，而且远远高于发达国家对非洲制造业投资的比例。在中非发展合作论坛的推动之下，近年来，中国在非洲基础设施方面的援建工作投入力度也越来越大，西方国家因成本、施工条件和利润等问题而不愿意在此领域投入其资源，中国则迎难而上，立足于非洲人民的基本需求，在 50 多年的发展过程中，为非洲国家援建了 525 个基础设施项目，包括 379 个社会公共设施，146 个经济基础设施；另外还有 2233 千米铁路，3391 千米公路，10 座桥梁和 52 个体育场馆。特别是 2009 年以来，中国顶住国际金融危机的压力，持续对非洲进行项目援建，涉及石化、房屋建筑、交通等众多领域，使非洲国家普遍受益。

在中非经贸合作中，广东省的贡献是最大的，根据《广州日报》调查的数据，广东与非洲的贸易额占中非总贸易额的 1/4，由此看出，广东援非医疗队在其中发挥了非常重要的作用。

参考文献

［1］关于选派第二批援助赤道几内亚医疗队的通知（1973 年 1 月 3 日）［A］. 广东省档案馆：229 - 6 - 362.

［2］胡辉 . 20 世纪六七十年代广东省对非洲国家的援助［J］. 当代中国史研究，2013（2）：95 - 103.

［3］李安山 . 中国援外医疗队的历史、规模及其影响［J］. 外交评论，2009（1）：25 - 34.

［4］王雅君 . 中国对非洲的医疗援助外交［D］. 武汉：硕士学位论文，华中师范大学，2015.

第三篇

广东医疗援非可持续发展模式探索

第5章
广东医疗援非的难点

5.1 广东省援外医疗队人员选派困境

随着我国经济社会的深入发展，人民生活水平的不断提高，尤其是近十年中国经济发展势头迅猛，非洲国家与我国经济水平差距越来越大，医疗援外工作也面临新的困难和挑战，其中援外医疗队队员"派遣难"的问题日益突出，已成为困扰各级卫生行政部门的一大难题，严重影响到援外医疗的可持续性，制约了援外工作的开展。

作为援外医疗队派遣政策的涉及群体，卫生行政部门、派员单位和医务人员三方都受到"派遣难"的影响，援外医疗队派遣陷入三重困境：调动派员单位和医务人员积极性难；选派优秀医生难；医务人员主动报名难。这些因素使援外医疗队队员选拔遭遇"冷场"，派遣政策执行力打了折扣。

5.1.1 保障政策不健全，医疗人员积极性不高

原卫生部《援外医疗队队员选拔和出国前培训暂行规定》（下文简称《规定》）、《援外出国人员生活待遇管理办法》（下文简称《办法》）和《援外医疗队队员实施细则》（下文简称《细则》）是国家层面关于选拔援外医疗队队员和队员工作期间待遇及相关问题的指导性文件。当下，《规定》和《细则》中有些条款已不合时宜，对援外医疗队派遣的推动作用有限。

首先，政策灵活性不够，津贴标准调整未跟上经济发展速度。《细则》

规定：援外医疗队队员的国外生活待遇实行津贴补贴制度，其国内工资仍由原单位发放（不得低于其原岗位收入水平）；援外医疗队队员国内应享受的各项待遇（包括社会保障等）由原单位负责。援外医疗队队员执行任务期间的国外津贴由技术职务津贴、艰苦地区补助和医疗岗位津贴三部分组成。根据《办法》计算，主治医师和副主任医师每人每月领到的国外津贴分别为1200美元和1400美元。因为派出的医生绝大多数来自区域内最好的医院，国外津贴标准对这些医生吸引力不大。

其次，援外医疗队队员的健康保险制度尚未合理建立。根据财政部、监察部《关于党政机关及事业单位用公款为个人购买商业保险若干问题的规定》，从2006年10月起，卫生部已停止为援外医疗队队员公费购买人身意外保险。虽然有些队员自费购买了高额保险，但因受援国大部分属于免责地区，保险公司都拒绝承保。没有国家援外医疗专项基金的庇护，缺少商业保险的保障，患病队员回国后的医疗诊治费用只能由派员单位和个人共同承担，这既增加了派员单位的成本，又增添了队员的经济负担和心理负担。

再次，国家层面针对援外医生的职称晋升政策缺失。职称对医生的职业生涯非常重要，而目前国家援外医疗政策中尚无关于援外队员职称晋升的条款，各省在操作层面需要国家政策从方向和原则上给予指引和支持。广东省卫生厅与人事厅分别在1994年和2004年出台了两份文件，对援外医疗队队员的职称晋升给予适当政策倾斜，基本解决了相关人员高级职称的晋升问题，但申请初中级职称时仍需参加全国统考，部分医疗队队员因援外离国，无法参加职称考试，其整个职业生涯中的职称晋升都可能因此而推迟。

复次，援外队员回国后在进修方面没有给予相应的政策支持。虽然援外医疗政策中提及"回国后，安排到原工作岗位或与其职称相应的岗位工作；要优先安排医疗队队员到上级医院进修学习"；但事实上，这个政策表述十分含糊，各医疗机构在实际操作中并没有补偿援外医疗队队员进修的机会。广东援外医疗队所工作的非洲国家某医院仅相当于广东省乡镇卫生院的技术水平，相对国内医疗技术的快速进步，队员们回国后感觉技术生疏许多，如果不给予队员参加进修的机会，将导致队员难以快速适应国内工作，甚至会影响其职业声誉和生涯。因此，给予回国援外队员适当的进修政策支持显然十分必要。

最后，回国探亲政策缺乏财政配套经费保障。2001 年，卫生部批准队员援外期间工作满 11 个月后享有 36 天回国探亲假，但因缺乏针对队员探亲的差旅费保障政策，使大多数队员没有机会享受到探亲假。截至 2012 年底，全国 50 支医疗队中只有 5 支队伍切实享受到了受援方提供的探亲机票，仅占医疗队总数的 10%，享受受援国公费探亲政策的队员只占 6.8%。以广东省援外医疗队为例，个别受援国家提供探亲费用，但大多数受援国家无力承受。同时，援外队员回国探亲并非带薪休假，多数队员都不愿意享受本该属于自己的探亲假期。

由于上述制度的缺失，在执行援外医疗队队员选拔政策时，广东省卫生行政部门屡屡收到"派遣难"的问题反馈。

一方面，面试人员比例很难达到政策要求。在选拔援外医疗队队员的文件中，广东省卫生厅规定承派市卫生局要以 1∶3 的比例推荐候选队员进行面试。但是近几年在实际操作中，由于种种原因，绝大部分科室，尤其是手术科室达不到 1∶3 的推荐比例。

另一方面，在援外医疗队队员选拔过程中，医疗队辅助科室和手术科室的医务人员参加援外的积极性差别很大。辅助科室指的是医疗队里不直接面对病患的科室，如药剂科、检验科，这些科室主要为医疗队提供后勤技术支持，感染疾病的风险较小。手术科室需要直接与病患交流接触、存在由于施行开放性手术而感染疾病的风险，如妇科、骨科、麻醉科、泌尿外科等科室，这对手术科室队员是一个极大的安全隐患。在访谈中，大部分医务人员都表达出对一些传染病的担忧。

5.1.2 财政补偿力度不足致援外医疗任务执行单位负担过重

派员单位是援外医疗政策执行主体之一。政策执行机构会从自己的利益出发来执行政策，因此容易出现歪曲政策或执行政策时挑选某些对自己有利益的部分来执行的现象。在目前政策支持力度不足的前提下，执行援外医疗政策对于派员单位来说负担过重。

第一，派员单位执行政策需要付出较大的经济成本。援外医疗队派遣政策规定，援外医疗队队员国内工资仍由原单位发放（不得低于其原岗位收入水平），援外医疗队队员国内应享受的各项待遇（包括社会保障等）

由原单位负责。

整个援外期间，派员单位按照政策不仅继续发放援外医生的基本工资和奖金，还需额外增加队员援外工作补贴，同时还要安排人员顶替不在岗医生的工作。以广东省某地级市三甲医院 H 为例，上一级卫生行政部门分配给 H 医院的援外任务是 8 人。由于第一阶段自愿报名人数很少，医院就通过提高补贴的方式鼓励医生参加援外工作。8 名医生全部上调一级医院奖金标准，再增加 600~800 元临床风险补贴，同时还向队员承诺回国后，医院会一次性发放每人每天 150 元生活补贴（时间计算从参加出国前培训起至回国报到止）。援外医疗队队员参加培训起至回国共两年半时间内，派员单位实际承担的人力成本总共达 500 万元。根据援外医疗政策规定，国家给予医疗队队员派员单位的技术服务补贴费标准是每人每月 3000 元人民币，H 医院因派出 8 名援外队员所获得的政府财政补偿是 72 万元，仅占实际成本的 14.4%，可见医院因医疗援外承担了巨大的经济负担。

第二，派员单位除援非以外的其他政治任务负担重。很多医院负责人提到除了援外医疗队，他们还承担不少政治任务，例如因援藏援疆派遣医务人员、突发事件或灾害事件派出医疗队、向对口帮扶医院长期派出医生进行业务指导，等等。

以广东省某高校附属医院为例，医院既有国家援外任务，又有对口支援（援藏援疆等）任务，光是国家援外任务医院一年就要派出 49 名高年资主治医师以上骨干，分 7 支队赴 6 省（自治区）开展巡回医疗工作。

5.1.3　援外医疗选拔执行机制不健全

政策的执行需要依靠执行机构来推动和开展，因此执行机构是政策有效执行的保障。执行机构的结构设置是否合理，权责是否分明，是影响政策执行效果的重要因素，决定了政策命令能否形成统一并顺利下达。只有当执行部门的组织结构设置合理，权责分明，事权不冲突，才能保证政策的有效执行。

国家卫健委国际合作司亚非处负责医疗队新派复派、中非两国政府议定书签订等政策性内容的协调，援外医疗队的日常管理工作下放到国家卫健委下属的国际交流与合作中心（事业单位）援外医疗队事务部负责。体现政府行为的工作交由事业单位协调，存在政策执行主体错位的问题。相应地，四川省、山西省等多个省份也成立了交流中心承担援外医疗管理工作。广东省援外医疗队派遣、培训、管理等也都交由广东省卫生厅下属省卫生医疗对外合作服务中心负责，难以独立开展工作。由于组织机构的不合理设置导致权责混乱，容易出现责任的"真空地带"和政策目标群体不受指挥的现象。

5.2　受援国社会环境限制

5.2.1　政治环境不稳定

大部分非洲国家政局不稳定，政变和战争频繁发生，援外队员人身安全常常受到威胁。

2009 年 2 月 17 日，赤道几内亚遭遇外国武装颠覆势力入侵，匪徒自海上袭击首都马拉博总统府，与国家安全部队发生激烈交火。医疗队临危受命，冒着生命危险在枪林弹雨中救治伤者。2011 年，突尼斯、利比亚、埃及等非洲国家相继发生政局突变和内战动乱，医疗队队员人身安全受到严重威胁。2012 年 12 月，中非局势动荡，为保障人身安全，卫生部决定撤回正在中非执行援外医疗任务的 16 人医疗队。由此可见，如何保证援外队员的人身安全，是医疗援非行动必须解决的难题。

5.2.2　经济落后，物资匮乏

非洲国家经济落后，工业欠发达。非洲国家经济主要依靠农业，工业发展滞后。截至 2011 年，全世界经联合国批准的最不发达国家共 49 个，其中 34 个位于非洲大陆，赤道几内亚便是其中之一。贫穷落后的受援国几乎有着相同的特征：绝大部分生活和生产物资依靠进口，而出口物品相对非常少，国内物价非常高；无计划生育，人口压力大，家庭负担重；农业、工业基础设施低下，已建成的设施也因无人维护和管理遭废弃。例如赤道几内亚和加纳，生活物品几乎全部依靠进口，物价高昂，当地蔬菜匮乏。最困扰医疗队的是水和电供应不足。据联合国教科文组织统计，非洲 1/3 的人口缺乏饮用水。这点在赤道几内亚表现尤其突出。供水困难给赤道几内亚医疗队的生活带来极大不便，巴塔点驻地附近的井水因常年浑浊没法喝，队员只能每周驾驶皮卡车到三十多千米外的地下井打水备用。非洲断水断电是家常便饭，由于电力网基础设施落后，医疗队经常受断电影响，这也给医疗队生活带来极大不便。

5.2.3 社会治安混乱，安全问题频发

经济落后引发的社会治安案件严重威胁队员的人身安全。2011年，援博茨瓦纳医疗队3名队员遭遇4个当地人持枪入室抢劫，其中1名医生被暴打，致身体多处受伤。同年10月，援坦桑尼亚医疗队队部受到4名盗贼袭击，1名保安手腕被砍伤并被反锁屋内，驻地2辆申请报废的汽车玻璃被砸开，所幸队部队员未发生伤亡。由此可见，我国的援外医疗队队员的人身安全难以得到有效保障。

5.2.4 受援国本国人员积极性低，不具备持续运营能力

在"交钥匙"的援助方式下，中方将建成的医疗卫生机构交付受援国政府，即完成了援助项目。但在一些经济社会不发达的国家，受援国的基础设施建设、设备配套条件以及卫生管理和专业技术人员不具备接管使用能力的情况下，采用"交钥匙"工程的援助方式，难免会出现机构闲置或运转不佳，甚至被其他国家和组织接管或承包的现象。这对于中国和受援国而言，意味着资源浪费或使用低效，中国的国际形象也会大打折扣。

在工作方面，受援国基础医疗设备陈旧，人员配备严重不足，导致援非人员工作难以开展。最致命的是受援国的人民习惯于"被救助"，培训工作难以开展。例如加纳，经济条件较好，医疗设备和器械多为发达国家医护人员援助时留下的，但是由于培训跟不上，援助人员离开后，当地医务人员直接把设备锁起来，极大地限制了援非行动的可持续性。

以上的种种限制，很大程度上增加了医疗援非的难度。

5.3 受援国公共卫生发展困局

非洲多数国家和地区的公共卫生状况令人担忧。首先，非洲承担公共卫生服务的卫生工作者极度缺乏。据统计，非洲承受着全世界1/4的疾病负担，但拥有的卫生工作者数量仅占全球卫生工作者总数的3%，再加上

薄弱的基础设施和匮乏的医药供应，医护人员在疾病面前力不从心。医护人员的工资很低，却要承受诸多的职业风险，如被疾病传染等。许多医护人员为了寻求更好的工作条件、职业安全性和更高的薪酬选择离职移民到发达国家，这又进一步加剧了非洲地区的医疗资源缺口（见表 5 - 1）。2006 年，世界卫生组织报告称，安哥拉、喀麦隆等 10 个撒哈拉以南的非洲国家医护人员移民到亚太经合组织成员地区的平均比例高达 23%，其中比例最高的南非达 37%。如此高比例的人才外流，给许多非洲国家原本就脆弱的医疗体系所带来的后果是致命的。其次，非洲国家人民平均受教育水平较低，缺乏医疗健康知识，甚至保留了某些极不卫生的生活习惯，如生食动物、接触尸体等。这不仅容易导致疾病的迅速扩散，还会滋生很多新的疾病。最后，非洲地区存在很多陷入动荡、混乱和战争的国家，这些失败国家的政府已经陷入瘫痪状态，即使国际社会提供给这些国家必要的公共卫生产品，该国也无力将公共卫生产品用于改善人民健康水平。

表 5 - 1　全球每万人卫生人力密度（2006 ~ 2013 年）

单位：个

区域	内科医生	护士及助产士	牙医	药剂师	心理医生
非洲	2.6	12.0	0.5	0.9	<0.05
美洲	20.8	45.8	6.9	6.7	0.50
东南亚	5.9	15.3	1.0	3.8	<0.05
欧洲	33.1	80.5	5.0	5.1	1.10
东地中海	11.4	16.1	1.9	6.1	0.10
西太平洋	15.3	25.1	—	4.5	0.20

资料来源：World Health Organization：World Health Statistics 2014，p. 138，http：//apps. who. int/iris/bitstream/10665/112738/1/9789240692671_eng. pdf? ua = 1，2015 - 3 - 25.

5.3.1　居民健康水平低，服务公平普及性不高

1990 ~ 2008 年，非洲人口预期寿命仅从 51 岁提高到 53 岁，5 岁以下儿童死亡率和孕产妇死亡率与 1990 年相比，只下降了 28.5 个百分点和 27.1 个百分点。非洲大陆要实现到 2015 年 5 岁以下儿童死亡率和孕产妇死亡率分别降低 2/3 和 3/4 的目标非常困难。与非洲国家居民整体健康水

平不高相伴随的另一大突出问题是医疗卫生服务的普及性和公平性较差，富裕家庭的儿童比贫困家庭的儿童更有机会获得基本卫生服务和药物。世界卫生组织的研究发现，最富有的家庭5岁以下发烧儿童获得抗疟疾药物的可能性比最贫困家庭的儿童要高出近一倍。研究还发现，非洲国家大多数儿童和孕产妇的死亡是可以通过预防和治疗避免的，比如超过1/3的产妇死亡原因为大出血，这完全可以由技术熟练的医护人员在医疗设备和用品准备充分的条件下，采取一系列干预措施得到预防和控制。同时，卫生部门针对艾滋病、疟疾、麻疹等的干预和治疗行动，往往因为卫生系统功能不完善、缺乏资金、管理不善等而难以有所作为。

5.3.2　长期依赖外部援助对非洲国家卫生系统发展的负面影响

非洲国家由于缺乏国内财政资金支持，长期以来依靠国际发展援助资金支持本国卫生系统发展。1995年几乎所有非洲国家的卫生总支出中，外援资金都远远超过本国政府卫生支出，两者的比重一般为60%和40%。到21世纪初，这种情况有所改善，大多数非洲国家政府卫生支出占比大幅增加。但这种转变并非意味着非洲国家财政对卫生投入有实质性增加，而是由于许多援助机构的援助策略发生改变，将卫生援助资金通过受援国政府预算予以提供，因此在政府卫生支出中很难区分来自外部援助和本国税收收入的资金各自所占的比重。自2002年蒙特雷会议决定提高对发展中国家官方发展援助后，亚太经合组织国家对非洲国家卫生援助的力度也随之加大。一些非洲国家的卫生发展仍主要依靠外部卫生援助资金，如莫桑比克的外援资金占本国卫生总支出的69%。

对外援资金的依赖带来了以下几个负面的非预期结果：一是外部援助资金对受援国政府卫生支出的"挤出效应"。哈佛大学和华盛顿大学的研究表明，撒哈拉以南的非洲国家每接受1美元的卫生援助，将会挤出0.43~1.17美元的本国政府卫生预算到其他领域；二是受国际援助机构对卫生投入领域偏好的影响，再加上本国卫生财政资金匮乏，非洲国家财政用于卫生系统建设的资金比重不足30%，当地卫生事业发展缺乏系统规划和资金保障；三是在金融危机和全球经济衰退，各大援助机构纷纷削减对非援助资金的背景下，非洲国家过度依赖外援资金的卫生发展模式，将使本地区的贫困和健康状况恶化。

　　进而，任何一个国家和地区，都不可能将自身的发展，完全寄希望于外部援助。2009 年，Dambisa MOYO 在《华尔街日报》的那篇名为 *Why Foreign Aid is Hurting Africa*（《为什么对外援助正在伤害着非洲》）的文章中，痛陈利害：在过去 60 年中，富国以对外援助名义给了非洲超过 1 万亿美元的援助，但其人均收入水平却低于 20 世纪 70 年代。在非洲每天的生活费低于 1 美元的人口达到 3.5 亿人，超过该大陆总人口的一半，20 年来该数字翻了一番。

　　这是一个令人震撼的现实，它告诉人们，如果不能完善一个国家和地区的治理水平，仅靠外部援助"扶贫"，不仅不能起到作用，恰恰相反，在一些区域，这些白得的、缺乏监管的钱（free money），还会给该国或地区，加上一个"腐败"的车轮，让其彻底走向治理失灵的深渊。前文中为泰德罗斯当选鼓与呼的非盟，在 2002 年时也曾指出，腐败让非洲大陆每年损失 1500 亿美元，而国际捐助方却往往视而不见。

　　不仅如此，这些白得的钱，还滋长了受援地区政府官员、某些国际政府组织等试图靠外援项目获益的冲动。以抗击艾滋病、结核和疟疾的全球基金为例，由于非洲各国早先普遍缺少合格的政府管理或本土非政府组织，因此 UNDP（联合国发展规划署）在许多非洲国家扮演了全球基金资助资金的 PR（一级资金接收方）角色，但研究却表明，UNDP 在诸多 PR 中效率最为低下。

　　在全球卫生领域，围绕着国际援助资金，还产生了一个国际—国内非政府组织"掮客"的巨大利益链。由于监管的普遍缺失，目前无法评估这一利益链的资金耗损和投入—产出效益。但有趣的是，不止一个国家不仅不去立法让这些机构的管理更加透明化，反倒采取"一刀切"的措施，试图将非政府组织，尤其是国际非政府组织"非法化"。这就产生了一个悖论：一方面，非政府组织因治理环境得不到提升而鱼龙混杂；另一方面，以外交优先主义的名义排斥（国际和国内）非政府组织，在增强了政府（以及和政府较为接近的国际组织和其他机构）资源把控力的同时，却削弱了民间社会对官僚机构滥用权力的天然制衡作用。所以，一手纵容，一手打压，不过是一个硬币的正反两面罢了。随着全球范围内对治理和透明度的呼声渐涨，对外援助模式出现变更的迹象，过去接受援助的政府和国际组织首先感受到了寒意，但讽刺的是，由于非政府组织一直以来是对外援助的一条重要通道，在这一通道因"非法化"问题受阻后，这些政府和国际组织发现，它们陷入了"作茧自缚"的境地。

作为前全球基金和遏制疟疾的伙伴关系主席，泰德罗斯博士有着良好的筹资能力，他曾经使两个组织筹集到了创纪录的资金，并制定了《全球疟疾行动计划》，这使遏制疟疾的伙伴关系扩大到了非洲以外的亚洲和拉丁美洲。但是，筹资是一回事，治理的理念，尤其是面对全新的全球公卫挑战而急需的创造性和回应性并举的理念，则是另一回事。在一个经济紧缩和全球化遇阻的时代，对国际组织提升资金使用透明度的要求，响彻全球。这与其说是因为"廉洁"已经成为一种时尚，毋宁说是因为可供挥霍的资源变得更加稀缺使资金争夺战愈演愈烈，而各利害相关方的利益亟须平衡。全球不确定性的前景，以及区域冲突、贫困、治理失灵、灾难和饥荒及环境变迁，使得人类面临空前的公共卫生问题（疾病流行、病毒变异加速、食品安全、环境污染及次生灾害的挑战）。因此，如何提升全球公共卫生治理的透明度和责任制（transparency and accountability），已经成为下一步变革的题中应有之义。全球公卫治理不应当是政府或国际政府组织的"独角戏"，而应该是一个由政府、非政府组织、私营部门、学术界和受疾病困扰人群及其他各利害相关方共同努力构建的网络和平台，只有提升全球公共卫生参与度和透明度，才能让全球受疾病影响人群的声音为人所知，才能最大限度地让资源合理地流向最需要得到帮助、支持的群体，也才能够为争取全球公共卫生资源的合理份额，进行强有力的辩护。从这个意义上讲，世界卫生组织在未来筹资的结果，固然涉及其生死存亡，但于全球公共卫生治理体系而言，更重要的，却是迎接变革与新生，并以全新的面貌，应对全球公共卫生的不确定性挑战。

5.3.3 非洲国家卫生系统十分脆弱

一是卫生筹资体系资金不足，缺乏为居民提供疾病经济风险保障的制度安排。撒哈拉以南的非洲国家在分配政府预算时，通常将卫生预算安排在相对靠后的位置。尽管近年来，非洲国家政府卫生支出有所增长，政府卫生支出占财政总支出的比重为9.8%，但仍没有兑现十年前《阿布贾宣言》将政府预算的15%用于卫生支出的承诺，甚至还有19个国家现在的政府卫生投入低于2001年。同时，非洲国家卫生筹资的另一大主要来源是居民个人现金支出，包括肯尼亚在内的多个国家的居民卫生方面的个人现金支出占卫生总支出的比重超过 50%，然而却没有任何疾病经济风险的保障机制。高昂的个人自付费用使得患者本人无法获得医疗救治服务。支付一年的自付费用就足以将肯尼亚和塞内加尔的 10 万户家庭推到贫困线以下；即使在相对富裕的南非，也有 29 万户家庭面临着因病致贫和走向更加贫困的风险。

二是卫生服务供给偏向特权阶层和城市居民。非洲国家的卫生服务系统延续了殖民时代的特征，主要面向一些特权精英和城市中心的居民提供服务。而贫困家庭更多地向宗教、传统医疗和非正规医疗服务提供者寻求服务，相比之下，这些非正规服务更容易获得，更便宜，更易于被接受。

三是普遍面临卫生人力危机。非洲国家饱受艾滋病和战乱侵害，能完整接受医学教育和培训而不辍学的人数十分有限，总劳动力供给本身就不充足，再加上缺少雇用医务人员的公共资金和激励机制、腐败、卫生人才大量流失等问题，非洲国家的医生和护士等人才都严重短缺。非洲千人口拥有的医师（2.5 人）、护士和助产士（9.1 人）、牙医（0.4 人）等标准都处于全球各大洲的末位，尤其是公共卫生、卫生政策和卫生管理等关键技术人员严重不足。同时，卫生人力资源集中于少数几个大城市和私人医疗机构，为不足 1/5 的城市人口提供医疗卫生服务。除了数量不足外，卫生人力的质量也是一个突出问题。

四是缺乏有效的评价与问责机制，导致非洲国家与援助机构改进健康的努力付诸东流。非洲国家政府对卫生领域的公共资金支出问责能力很弱。联邦和州政府之间、政府不同部门之间、卫生援助机构之间、卫生援助机构与受援国内不同利益集团之间，在卫生投入中的利益也是割裂的，缺乏有预见性和系统性的规划、评价方案以及管理和问责机制，这导致脊髓灰质炎等一些传染病在尼日利亚等国家死灰复燃。这些相对富裕的非洲产油国缺少的不是援助资金，而是更好的评价、问责机制，援助者可以不用耗费太多资金而通过支持该国卫生系统开展能力建设来改善这种情况。

五是缺乏支持性的，尤其是能反映卫生系统绩效的信息系统。非洲国家尚未建立以国别为基础，以服务结果和健康产出为导向的卫生信息系统，这已成为决策者、研究人员和国际援助机构及时、准确掌握非洲国家卫生供求关系、卫生系统运行效能和改进卫生服务系统的信息障碍。

南非国家的政局日趋稳定，政治更加成熟；经济复苏稳健，整体形势向好。与此同时，个别国家局势依然十分脆弱，可能冲击当地的卫生系统，影响医疗卫生服务的供需状况。另外，卫生系统改进的某些措施，可能会涉及一国的政治、经济、社会文化制度，造成政策风险和改革难度较大，见效周期较长。因此，卫生系统改进需要的不仅是一两届政府的承诺，更需要一个国家稳定和可持续的政治、经济环境和开放包容的社会文化制度。中国开展对非卫生合作虽然积累了 50 多年的经验，但与要在全球卫生合作中更多地承担对亚非中低收入国家提供援助的国际责任，创新合作模式的要求而言，还面临着战略布局、组织协调、知识和人才储备方面的挑战，表现在中国至今还缺乏一个全面统领对非、对外卫生合作的战略和管理机构，这削弱了中国政府和民间组织开展对非卫生合作的系统性、前瞻性和协调性。同时，中国决策者和全球卫生研究、工作人员也缺乏关于非洲卫生系统的知识以及开展卫生合作的技能和技巧。从西方发达援助国的角度而言，一方面希望新兴经济体更多地承担对非援助的责任，另一方面对日益增强的中非合作伙伴关系，以及不断扩大和深入的合作领域，不时会有一些带有偏见的评论和报道，这无疑考验中国政府和有关机构对中非卫生合作的整体驾驭能力和在国际上维护中国利益与形象的外交与公关能力。

5.4 外派医疗队伍管理难

医疗队层面的管理层一两年更换一次，往往因为医疗队队员的更替，与其特长相关的治疗随之中断，在当地的良好人脉也会终止，下一批队员又要白手起家，不能可持续性发展。队员来自不同的单位，这增加了管控的难度，并影响工作效率。援非医疗队一般设立队长职位，医疗队队长的水平和素质一定程度上决定了医疗队的水平和素质。队长应该具有医学专家的技术、政治家的远见和外交家的风采。医疗技术是工作的根本；政治家的远见使得医疗队讲政治，顾大局；外交家的风采可以巩固和发展中非友谊。而医疗队队长在国内往往是确定了自己地位的人，来到陌生环境，面对很多困难，肩负带队重任常常会比较谨慎。

但是，许多外派援助非洲的医护人员也许技术实力超强，但在管理上缺乏一定的实践经验，加之在非洲工作时往往会出现许多突如其来的挑战和困难，使得外派的医疗队队长在任务分配以及维持工作秩序上存在一定的难度。

5.5　中国传统医药传播困局

尽管非洲医药市场远不如我国完善与成熟，但受西方发达国家的影响，在药品准入与注册方面大多参照西方标准，建立了较为严格的市场准入条件与注册标准。但是，西方标准是欧美等发达国家凭借其技术优势，按照植物药和西药的研发思路所设置的，并不适合中药，也不能全面反映中药的整体特性。因而，中西两种标准之间的差异无疑成为阻碍中成药进入非洲市场的一道无形障碍，使其面临出口遭禁、难获"药品"注册、无法在医院及药店等正规渠道销售的诸多困境。

5.5.1　制药企业规模限制

中国药企自身资金规模、技术实力逊于欧美发达国家，对非洲医药市场控制能力较弱。在当前世界医药行业格局中，美国实力最强，遥遥领先于其他国家；日本、德国、瑞士、爱尔兰、丹麦、法国和英国为第二梯队；加拿大、澳大利亚、意大利、比利时、以色列、西班牙、印度、南非为第三梯队。大型跨国集团推动医药产业全球化，凭借雄厚的资本和技术实力，在全球范围内兼并收购，增加市场份额，市场控制力不断增强。从大型医药企业的分布来看，全球规模最大的 50 家医药巨头中，有 48 家聚集在美、日等发达国家。按照 2014 年大型医药企业年报公布的营业额排名，全球 50 家最大的医药企业分布于制药、生物技术、医疗诊断、医疗器械等子行业中，其中美国 16 家、日本 9 家、德国 5 家、瑞士和爱尔兰分别有 3 家，英国、法国和丹麦各 2 家，而中国药企无一名列其中。在此情况下，与其他先行进入非洲医药市场的欧美发达国家或印度等新兴经济体相比，中国药企在自身资金、技术实力方面具有先天不足，从而大大影响了中国企业在非洲医药投资市场上的竞争力。

5.5.2　国际采购标准对中国企业不利

参与国际机构招标采购不失为对非医疗援助的一种较为有效的间接方式，可达到提升中国医药产品标准、获取经济效益和扩大国际影响等效果。自 20 世纪 90 年代以来，全球范围内与医疗卫生相关的对外援助额不断增长，联合国相关机构、美国国际开发署（USAID）、英国国际发展部（DFID），以及全球基金、盖茨基金、全球疫苗免疫联盟（GAVI）、帕斯适宜卫生科技组织（PATH）等非政府机构围绕抗艾滋病、疟疾和结核病三大疾病及与生殖健康相关的援助增长迅速。仅就全球基金而言，该机构十年来向 150 个国家和地区的一千多个项目提供了 226 亿美元资助，其资助额占全球抗结核病和疟疾防治项目总金额的 2/3，抗艾滋病项目的 1/5，每年的捐助额高达 30 亿美元。按照国际通行做法，参与国际招标采购的企业必须首先通过世界卫生组织严格的资质预审。以药品为例，中国现在仅有桂林南药和华海药业等少数企业榜上有名，其通过资格预审的产品也为数不多，现阶段正在准备通过预审的企业也屈指可数。与众多获得预审资质的欧美和印度企业相比，中国企业在这个领域的确存在很大差距。这既与企业意识落后、不熟悉程序与要求、软硬件不达标有关，也与行业指导与促进缺失有关。此外，由于国际招投标的游戏规则由西方国家主导制定并把持，加之近年来国际上有关"中国制造"假药、劣药在非泛滥的指责甚嚣尘上，致使中国医药产品被贴上"另类""次等"的标签，即使企业获得预审资质，也很难拿到国际订单。

在中药质量标准方面，我国与发达国家的药政管理规定存在很大差异。发达国家的药物评价标准注重量化，控制严格，强调明确有效成分。而我国的中成药标准强调的是某一味药物而不是药物的有效成分，且客观标准少，量化程度低，多数中药材缺少明确的有效成分含量指标，很难严格控制，存在鱼目混珠等问题。非洲作为国际医药市场的一部分，充斥着日本、韩国和欧美的"洋中药"，如果我国中药产品不能有效解决标准对接和质量提高的问题，就无法与之竞争，更无法有效拓展非洲医药市场。

5.5.3　中药标志、说明书与非洲药典、医药市场脱节

由于西非国家大都是英、法等国的前殖民地，医疗、医药销售制度基

本是从英、法等国继承而来，任何一种药品要想在医院被使用或在药店被销售，其名称和详细说明都必须进入药典。在药典上找不到名字的药品，医生不会开处方，药店也不会经销。我国出口的中药大多没有详细的英文或法文说明书，仅有的中文说明书上往往未标明生产日期、何时失效、有何副作用、有哪些禁忌等，更没有中药名称和说明书被收入当地药典。此外，我国中药说明书过于简单或不符合要求，从而导致患者盲目用药，有的甚至出现不良反应。我国中药制剂药品说明书存在的问题主要有条目不明、不良反应描述过于简单、欠缺药物使用的警告等。这些问题都会导致患者不能全面地了解药性及注意事项，从而可能产生用药安全问题。

5.5.4　出口非洲的中成药多为传统品种，技术含量低

就目前来看，除像青蒿素类抗疟疾药以外，传统品种占据了非洲进口中医药的主要份额。如非洲人民最喜欢清凉油，仅这一个品种就占据了出口非洲中成药总额的很大一部分，另外像人丹、风油精、红花油、花露水、六神丸等疗效好、价格低的中国传统中药产品，在非洲也很受欢迎。这些品种大部分是从 20 世纪 70 年代开始，作为中国对非洲的援助物资进入非洲市场的，已成为当地人民喜爱的日常用药。虽然传统产品对非洲人民的日常生活改善颇具意义，但如此的进口结构，对于中医药在非洲的进一步发展存在很大的局限性。

5.5.5　文化背景差异及医疗制度体系不同

在文化方面，中国和非洲都具有悠久的历史，不过由于非洲受到西方殖民者长期统治，文化深受其影响。非洲的医疗制度体系基本采用西医药学理论，多数医生接受的是西医理论教育，当地人对西药立竿见影的药效更认可。相比之下，中药强调预防，讲究改善体质，要让当地人逐渐接受中医药文化，还需一个漫长的培养过程。

非洲有些国家对我国中药缺乏足够的了解和认识，抱着一种怀疑态度。对中药的认识度目前还很有限，对中医理论不了解，因此给中药的推广增加了难度，制约了中医药在非洲的发展。

同时，中药一般不在当地商业医保范围内，无法报销，不少患者也认为中药偏贵。此外，中药尽管已积累了一定口碑，但要想做强做

大，还需经过专业权威机构的检验认证，才能真正敲开当地药品市场的大门。

5.5.6　中国医药监管体系"九龙治水"，对外医药投资促进"群龙无首"

医药行业因其自身的特殊性，监管体系的交叉重叠、各管一头问题尤其突出。本课题组前期调研表明，目前中国医药监管体系中，国家发改委控制医药产品定价权，国家卫健委对口管理国内公立医院市场药品招标，食品药品监督管理总局控制国内医药产品质量。各部委在各自行政权力边界之内行使监管权，且各部委的监管均针对国内市场。因此，实际上没有一个部门具备推动中国药企走向国际的职能和动力，中国医药企业走向海外缺乏政策支持。目前，医药企业对外投资和出口享受的引导和鼓励政策与其他制造业企业基本相同，而医药行业本身具备重要的特殊性，其在前期市场开拓、药品注册认证、医药标准认可等方面需要更多支持，然而现有政策的引导力却极为有限。为进一步推动中国医药走向世界，中方相关部门应研究制定有针对性的推动政策体系，以此强化政府的支持和服务。

5.6　中非关系的国际压力

相比于21世纪初中非合作论坛刚成立时，中国在非洲面临的宽松的国际环境，如今的中非关系发展所面临的国际压力越来越大。

第一，国际竞争越来越激烈。美国、日本和欧盟国家等传统强国更加重视非洲，同时印度、巴西等新兴国家也将非洲作为商业拓展和地位提升的重要市场，这对中国也构成很大的外部压力。第二，面临国际规范和标准的压力。国际对非合作尤其是西方国家在长期的对非合作中形成了一系列国际合作规范，这些规范很大程度上已经内化为非洲国际组织和非洲国家治理、发展和对外战略制定的重要依据。如非洲国家对"采掘业透明倡议"的强烈支持。第三，非洲国家本土意识和发展战略的形成进一步缩小了中国对非的政策空间。一方面，非洲国家的战略空间越来越明确。从联合国2015年后发展议程、"非盟2063议程"，以及非洲国家自身的发展战略等的交集中，基本可以明确非洲国家的中长期战略，这客观上已经给中国设定了未来合作的重点领域，这也意味着中国较之前相对自主和灵活的政策空间在缩小；另一方面，非洲国家对国际伙伴利用能力的提升增加了非洲国家的灵活性，却给中非关系的发展带来了不确定性。

参考文献

［1］胡笛．中医药在非洲的发展现状［N］．环球时报，2013－01－19．

［2］黄梅波．中国对外援助机制：现状和趋势［J］．国际经济合作，2007（6）：8－9．

［3］贾平．世卫换将：全球公共卫生治理变局［EB/OL］．http://epinion. caixin. com/2017－05－31/101096281. html，2017 年 5 月 31 日．

［4］李洁．中药出口如何跨越贸易壁垒［J］．经贸纵横，2005（7）：46－47．

［5］联合国．千年发展目标报告［R］．2010．

［6］王畅，文少彪．全球治理视角下的中国对非洲医疗援助［C］//中国梦：道路·精神·力量——上海市社会科学界第十一届学术年会文集（2013 年度）．

［7］王世春．2007 年中国对外援助情况［M］//商务年鉴：2008. 北京：中国商务出版社，2008：378．

［8］王云屏，梁文杰，杨洪伟等．中国卫生发展援助的理念与实践［J］．中国卫生政策研究，2015，8（5）：37－43．

［9］熊季霞．中药产业国际化面临的机遇、现实困难与对策探讨［J］．中国卫生事业管理，2007（10）：654－656．

［10］杨桂林，谢少波，王旭梅．援外医疗面临的困惑和思考［J］．医学与哲学（人文社会医学版），2008，（5）：77－77．

［11］Global Health Observatory Data Repository［EB/OL］.［2013－10－05］. http://apps. who. int /gho /data /view. main. 1880? lang ＝ en13Chinese Journal of Health Policy，November 2013，Vol. 6，No. 11.

［12］Global Health Observatory of the World Health Organization［EB/OL］.（2013－06－12）［2013－07－24］. http://apps. who. int/gho/athena/data/download. xsl? format ＝ xml&target ＝ GHO/WHS7_143，WHS7_149.

［13］International Labour Organization. Social Health Protection：An ILO Strategy towards Universal Access to Health Care［EB/OL］.（2010－07－06）［2013－07－24］. http://www. ilo. org /public /english /protection /secsoc /downloads /policy/policy 1e. pdf.

[14] Jeremy Youde. China'a Health Diplomacy in Africa ［J］. China： An International Journal, 2010.

[15] Lu C., Schneider M., Gubbins P., et al., Public Financing of Health in Developing Countries： A Cross – national Systematic Analysis ［J］. The Lancet, 2010, 375 (9723) : 1375 – 1387.

[16] Ministry of Health and Social Services, Namibia. Health and Social Services System Review ［R］. 2008.

[17] OECD. Development： Aid to Developing Countries Falls Because of Global Recession ［EB/OL］. (2012 – 04 – 04) ［2013 – 07 – 24］http://www. Oecd. org /newsroom/development aid to developing countries falls because of global recession. Htm.

[18] Sumner A., Glassman A.. Aid cuts to middle – income countries worsen global poverty and ill – health, ［EB/OL］. (2012 – 01 – 02) ［2013 – 07 – 25］. http://www. guardian. co. uk /global – development/peverty – matters/2012/jan/02/aid – cuts – middle – income – countries.

[19] Van Doorslaer E., O'Donnell O., Rannan – Eliya R. P., et al., Catastrophic payments for health care in Asia ［J］. Health Economics, 2007, 16 (11) : 1159 – 1184.

[20] WHO. Health Situation Analysis in the African Region, Atlas of Health Statistics 2011 ［EB/OL］. ［2013 – 07 – 23］. http://www. ministerial leadership in health. org /health – situation – analysis – in – the – african – region – atlas – of – health – statistics – 2011.

[21] WHO. The World Health Report 2010： Health Systems Financing： the Path to Universal Coverage ［R］. Geneva： World Health Organization, 2010.

[22] WHO. World Health Statistics ［R］. 2013.

第 6 章

广东医疗援非的可持续发展

6.1 "派遣难"现象背后的宏观因素分析

6.1.1 广东省经济条件改善和人口结构变化

根据广东统计信息网发布的《2017 年广东国民经济和社会发展统计公报》的统计数据，2017 年广东省实现地区生产总值 89879 亿元，人均地区生产总值 81089 元。其中，珠三角地区生产总值占全省比重为 79.7%，粤东西北地区占 20.3%。广东经济发展保持持续增长态势，从 2012 年的生产总值 57994 亿元至 2017 年的 89879 亿元，年均增长 9.16%（见图 6-1）。

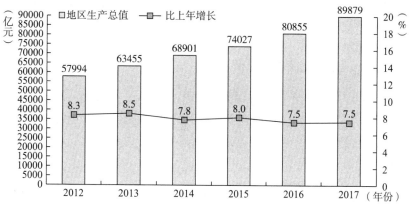

图 6-1　2012～2017 年广东地区生产总值及其增长速度

资料来源：《2017 年广东国民经济和社会发展统计公报》，广东统计信息网，发布时间：2018 年 3 月 2 日，http://www. gdstats. gov. cn/tjzl/tjgb/201803/t20180302_381919. html.

6.1.2　广东常住人口呈增长趋势

与此同时，广东的人口结构也发生了以下一些变化。

由于广东省原本人口基数大，每年人口自然增长量比较大，且广东经济发展快，对劳动力需求量大，因此吸引了大量外省人口流入。这些因素使广东省内常住人口呈不断增长趋势。2013 年，广东常住人口为 10644 万人，至 2017 年常住人口数已达到 11169 万人，每年以超过 50 万以上新增常住人口的速度增长（见表 6 - 1）。

表 6 - 1　2013 ~ 2017 年广东常住人口统计

年份	2013	2014	2015	2016	2017
常住人口（万人）	10644	10724	10849	10999	11169
增长人数（万人）	50	80	125	150	170
增长率（%）	0.47	0.75	1.17	1.38	1.55

资料来源：《2017 年广东国民经济和社会发展统计公报》，广东统计信息网，http://www. gd-stats. gov. cn/tjzl/tjgb/201803/t20180302_381919. html.

随着经济社会发展以及计划生育政策调整等因素的影响，未来几年，广东省人口规模将保持持续增长的态势，据《广东省人口发展规划（2017 ~ 2030 年)》预测，在 2020 年之前，因实施"全面两孩"政策后的补偿生育，生育水平将略有提高，预计省内常住人口年增长率在 2020 年之前保持在 10‰左右。广东省因人口增长带来的医疗需求压力日益增大。

6.1.3　城镇化率增高

截至 2017 年底，广东省城镇的常住人口为 7801. 55 万人，居住在乡村的人口为 3367. 45 万人，分别占常住人口总量的 69. 85% 和 30. 15%。常住人口城镇化率由 2010 年的 66. 2% 提高到 2017 年的 69. 85%，比全国平均水平（58. 52%）还高 11. 33 个百分点，为全国人口城镇化率较高的省区市之一。

随着经济社会的发展和城镇化的快速推进，人口流动活跃，常住人口不断向经济发达的珠三角地区城镇集聚，居住在城镇的家庭户比例上升，乡村家庭户平均人口规模逐步缩小。广东省人口变动情况抽样调查数据显示：2017 年，全省居住在城镇的家庭户占比为 92. 37%，比"十二五"期末增加了 1.46 个百分点；乡村家庭户均人数为 3.57 人，比"十二五"期末减少了 0.40 人。

6.1.4　人口年龄结构呈现橄榄型

2017 年末，人口年龄结构继续表现出"两头低、中间高"的橄榄型特征，少年儿童人口（0～14 岁）和老年人口（65 岁及以上）占比较低，而成年人口（15～64 岁）的比例则较高（见表 6－2）。

表 6－2　广东省人口主要年龄段人数及占比

主要年龄段	常住人口总量（万人）	占常住人口总量比例（%）
0～14 岁	1922.48	17.21
15～64 岁	8283.89	74.17
65 岁及以上	962.63	8.62
总计	11169	

资料来源：《2017 年广东国民经济和社会发展统计公报》，广东统计信息网，发布时间：2018 年 3 月 2 日，http://www.gdstats.gov.cn/tjzl/tjgb/201803/t20180302_381919.html.

随着"全面两孩"生育政策的实施及老年人口的增长，橄榄型的人口年龄结构会有所调整。2017 年，在"全面两孩"生育政策实施后，广东出生人口总量明显增加，全省出生人数 151.63 万人，出生率为 13.68‰。广东省人口变动情况抽样调查结果显示，在 2017 年出生的人口中，二孩的占比超过 50%。从 2012 年起，全省人口年龄结构进入"老年型"时期，人口红利逐步减少，常住人口中 65 岁及以上人口占比逐年上升，人口老龄化程度正逐步加大，预计未来几年广东省人口老龄化将明显加速。预计到 2030 年，65 岁及以上人口占总人口的比重将上升至 11% 左右（见表 6－3）。

表 6－3　2017 年广东人口结构类型及其变化

类别	国际通常使用的人口年龄结构类型判别标准			"十二五"期末	2016 年	2017 年
	年轻型	成年型	老年型			
少年儿童人口比例（%）	>40	30～40	<30	17.37	17.23	17.21
老年人口比例（%）	<4	4～7	>7	8.48	8.55	8.62

续表

类别	国际通常使用的人口年龄结构类型判别标准			"十二五"期末	2016 年	2017 年
	年轻型	成年型	老年型			
老少比	<15	15 ~ 30	>30	48.83	49.63	50.07

资料来源：根据广东省人口变动情况抽样调查结果推算。

6.1.5　广东省内的公共卫生服务需求上升

随着地区经济条件的改善，人们的保健意识越来越强，对身心健康的要求越来越高，体质衰老、发病率高的老年人及新生儿群体不断扩大，广东省内医疗卫生服务能力与需求增长之间的供需矛盾仍会出现较大缺口，看病难的问题难以得到缓解，究其原因，主要有以下几点。

其一，优质资源相对不足，医疗卫生服务压力较大。2017 年 1 ~ 11 月，全省医院诊疗人次达 73 亿，比 2016 年同期增长 3%。据邓峰等（2014）学者的研究，国际上发达国家中，美国每千人拥有医师 2.42 人，德国 3.69 人，法国 3.38 人，英国 2.77 人，意大利 3.8 人。2017 年，广东省内每千名常住人口仅拥有执业（助理）医师 2.32 人、注册护士 2.76 人，全国排名相对靠后。

其二，资源配置不均衡。全省 71.6% 的三甲医院集中在珠三角地区。粤东、西、北等地区人均医疗资源占有量低于全国平均水平，基层医疗卫生机构基础设施薄弱，卫生技术人员"低学历、低职称"问题突出。因粤东、西、北等地区的优质医疗资源较为匮乏，有些病人在当地得不到根本性的治疗，不得不转入珠三角地区的大医院就医，造成珠三角地区的大医院人满为患，医务人员不堪重负。

除了以上提及的优质医疗资源不足及配置不均衡导致医疗供需矛盾外，在广东境内还有不少边远落后地区的贫困人口，统计报告显示，2017 年按全省居民五级收入分组，低收入组人均可支配收入仅为 10534.3 元（见表 6 - 4），这部分低收入人群客观上非常需要省政府的援助。

表 6 - 4　2017 年广东省居民人均可支配收入

单位：元

广东省居民人均可支配收入	2017 年
全省居民人均可支配收入	33003.3
其中：城镇常住居民人均可支配收入	40975.1
农村常住居民人均可支配收入	15779.7
按全省居民五级收入分组	
其中：低收入组人均可支配收入	10534.3
中等偏下收入组人均可支配收入	20963.3
中等收入组人均可支配收入	32339.4
中等偏上收入组人均可支配收入	45235.8
高收入组人均可支配收入	75774.6

资料来源：《2017 年广东国民经济和社会发展统计公报》，广东统计信息网，http://www. gd-stats. gov. cn/tjzl/tjgb/201803/t20180302_381919. html.

6.2　受援国制约可持续发展因素详述

自 1971 年 10 月起，受中华人民共和国卫生部委托，广东省政府先后向赤道几内亚（1971 年 10 月）、冈比亚（1977 年 10 月）、加纳（2009 年）3 个非洲国家派出援外医疗队 43 批共 659 人次（截至 2014 年 12 月），诊治受援国患者超过 240 万人次。

1977 ~ 1995 年，广东省共向冈比亚派出医疗队 15 批 180 人次。目前广东省仍然承担着向赤道几内亚和加纳两个对口国家派遣援外医疗队及为科摩罗和圣多美两国进行疟疾防治的任务。根据国家卫健委国际合作司文件，医疗援助是"以医疗队的形式，向其他发展中国家提供医疗技术、服务、资金和物资等援助的合作模式"。

6.2.1　援赤道几内亚医疗队

赤道几内亚位于非洲中西部，西濒大西洋，面积 28051 平方千米，人口 122 万人（2016 年）。主要部族是分布在大陆上的芳族（75%）和分布在比奥科岛上的布比族（15%），以西班牙语为官方语言。居民信奉天主教

（82%）、伊斯兰教（15%）和基督教（3%）。据联合国贸易和发展会议公布的报告，赤道几内亚为世界上最不发达的50个国家之一。

2014年联合国评估的《人类发展指数》中，赤道几内亚在186个国家中排第134位。根据这份报告提供的数据，赤道几内亚有2所大区级医院，4所省级医院，12所区级医院，42个医疗中心和300个卫生站，共有病床1019张，巴塔有1所卫生学校。全国有医生58人，医疗技术人员165人，护士和服务人员800余人。平均每万人有病床19.2张。68%的人用不上自来水，63%的人有病得不到及时治疗。人均预期寿命为62.75岁。由于赤道几内亚贫穷落后，卫生状况较差，加上其位于非洲中西部，属于热带雨林气候，蚊子多，容易传播疟原虫、伤寒、霍乱等烈性传染病，是伤寒、肝炎、疟疾、黄热病、狂犬病等疾病的高发区。近年来艾滋病在赤道几内亚蔓延迅速，外交部数据显示，2009年赤道几内亚成人艾滋病感染率为5%，艾滋病毒携带者约2万人。

广东援赤道几内亚的医疗队于1971年第一次派出，截至2017年底，共派出28批援赤道几内亚医疗队，队员510人次，治愈该地数百万患者。2000年，医疗队成立了总统保健组，由心血管内科、内分泌科、护士和翻译4名队员组成，食宿于总统府，负责总统及其家人、总统府官员和有关工作人员的医疗保健服务工作，有时在总统出国访问及国内巡视期间也随同执行保健任务。援赤道几内亚医疗队是全国少数几个拥有上层保健任务的医疗队，肩负着为赤道几内亚总统、总理，以及高级政府官员及其家属提供贴身医疗服务的任务。根据2012年两国政府签订的议定书，援赤道几内亚医疗队由原来的23人增至27人，共分3个医疗点，分别是首都马拉博点、巴塔点和总统府点。医疗队由内科、外科、妇科、儿科、骨科、眼科科、麻醉科、检验科、药剂科以及翻译（3人）、厨师（2人）组成。

目前，广东省是按各地级市卫生局轮流承担一期派出任务的方式派遣援非医疗队。医疗队工作方针为"医院工作为基础，上层保健为重点"。

6.2.2 援加纳医疗队

加纳位于非洲西部，南濒几内亚湾，国土面积为238537平方千米，人口2482万人。阿肯（52.4%）、莫西-达戈姆巴（15.8%）、埃维（11.9%）和加-阿丹格贝（7.8%）是四大部族。各部族都有本族语言，官方语言为英语。居民信奉基督教新教、天主教、拜物教和伊斯兰教。公元 3~4 世纪建立古加纳王国，15 世纪后半叶，葡萄牙殖民者入侵沿海，掠夺黄金，被称作"黄金海岸"。1897 年沦为英国殖民地，1957 年宣告独立，成为英国在非洲的殖民地中首个独立的国家。

2006 年，时任国家总理温家宝访问加纳，双方签订了中国向加纳派遣医疗队的《谅解备忘录》。2007 年加纳卫生部部长访华，在北京与卫生部部长陈竺签订了中国向加纳派遣医疗队的协议，卫生部把这项任务交给广东。首批援加纳医疗队由广州市组建，于 2009 年 12 月底派出。援加纳医疗队共 11人，由心内科、泌尿外科、神经内科、小儿内科、麻醉师、骨科、急诊外科、针灸师、放疗科和翻译、厨师各 1 人组成，肩负着探索我国对非医疗援助从常规技术向高端技术援助转型的任务，组派任务集中由省内实力最强的省直属医院和高校附属医院承担。为解决援加纳派遣难的问题，并增加援外的吸引力，广东援加纳医疗队从 2013 年第 3 批开始将任务期由两年缩短为一年。

加纳在西非属于经济较为发达的国家，1994 年联合国取消加纳最不发达国家称谓。医疗队工作的医院是位于首都阿克拉的国家级医院——克里布教学医院（Korle Bu Teaching Hospital），该医院拥有病床近 2000 张，医院规模较大、医疗技术水平较高、医疗条件较好，号称西非最大的医院。该医院的大部分医生都有留学英美或短期进修交流学习的经验。

由于加纳对医疗队的专业技术和外语水平要求较高，在选拔医疗队队员上，广东省采取与赤道几内亚医疗队截然不同的方式，主要由部分医疗技术实力雄厚的地级市，如广州市和深圳市来承担任务。队员主要从高等医科院校和三甲医院等高水平的医疗单位的重点专科中选拔。

6.2.3　科摩罗疟疾防治项目队

科摩罗是非洲一个位于印度洋上的岛国，位于非洲东侧莫桑比克海峡北端入口处，是世界上最贫穷的国家之一，国土面积为 2236 平方千米，人口 80 万人。1912 年，科摩罗四岛沦为法国殖民地，直到 1975 年 7 月 6 日科摩罗宣布独立，成立科摩罗共和国。1978 年 10 月 22 日将国名改为科摩罗伊斯兰联邦共和国。据《2013 年人类发展报告》人类发展指数（HDI）统计，科摩罗在全球 187 个国家和地区中居第 169 位。

截至 2013 年，科摩罗全国共有 5 所医院、10 个卫生中心和 49 个卫生站，82% 的人口可享受基本卫生保健服务。每 7500 人拥有 1 名医生，每 342 人有 1 张病床，每千人有 10 部电话。80% 的人口患有不同程度的疟疾。平均预期寿命为男性 58 岁，女性 63 岁。

疟疾是科摩罗全国发病率最高的病，也是导致死亡率较高的首要原因。据科摩罗官方有效数据，2006 年，该国每 1000 人有 142 人感染疟疾，每年有记录的死亡病例为 34 人。2007 年，在外交部、商务部、卫生部、国家中医药管理局和广东省政府的支持下，广州中医药大学和广东新南方青蒿科技公司共同组建团队，核心成员包括李国桥教授、宋健平教授，实施了中科复方青蒿素快速清除疟疾项目，2007～2013 年覆盖了科摩罗 80 万人。2014 年，科摩罗实现疟疾零死亡，疟疾发病率下降了 98 个百分点，短期内实现了从高度疟疾流行区向低疟区的转变。此后，科摩罗抗疟项目作为重要证据和参考被世界卫生组织写入全民服药现场操作手册和全民服药推荐指南中。

6.2.4　圣多美疟疾防治项目队

圣多美和普林西比民主共和国（以下简称"圣普"）位于非洲几内亚湾，由圣多美岛、普林西比岛和一些礁、屿组成，面积为 1001 平方千米。根据 2012 年数据，圣普全国人口为 178739 人，约 90% 的人居住在圣多美岛。该国位于赤道附近（零纬度线上），属热带雨林气候。植被覆盖面广，杂草丛生，不同面积的积水池较多，这些卫生环境促成了蚊虫的繁殖、滋生。

2013～2017 年，圣普共报告恶性疟疾病例 17464 例，全国年平均发病率为 2.58%。其中，2013 年开始暴发流行，当年报告 9492 例，占 5 年总病例的 54.35%，当年全国平均发病率高达 5.5%。2014～2017 年共报告病例 7972 例，占 5 年总病例的 45.65%，全国平均发病率为 1.16%，疟疾暴发流行得到了控制（见表 6－5）。

表 6－5　圣普恶性疟疾病例统计表

年份	报告病例（例）	占 5 年总病例比例（%）	全国平均发病率（%）	流行状态
2013	9492	54.35	5.5	暴发流行
2014～2017	7972	45.65	1.16	得到控制
2013～2017	17464	100	2.58	

资料来源：根据中国援圣普疟疾防治顾问组相关资料整理。

按此时间段各地报告病例的地理及时空分布分析，具有以下特点。

第一，每年报告病例数在 1839～2103 例，数量波动小，无下降趋势。

第二，各地的感染率差异大，有的连续 3 年无本地感染病例，有的连续 3 年感染率达 30% 左右。

第三，每年发病高峰期都在 5～6 月。

第四，每年都有几十个暴发疫点。

圣普的疟疾流行区分为四类，见表 6－6。

表 6－6　圣普疟疾流行区分类

村类别	特征	占总人口比例（%）	病例数占总病例数比例（%）	近3年连续发病率（%）	其中1年发病率（%）	连续3年发病率（%）
一类村	高流行区	10.72	49.44	有疟疾流行	超过5	超过3
二类村	不稳定区	65.39	47.42	0.5～5	2例以上，且发病率>5	1～2年无本地感染
三类村	传播控制区	23.89	3.13	小于0.5	无本地感染病例	2年无本地感染，只1年出现1例
四类村	传播阻断区			无本地感染病例		

资料来源：根据中国援圣普疟疾防治顾问组相关资料整理。

根据调研，截至 2017 年底，圣普全国尚有 37 个村属于高流行区，部分村落年发病率超过 5%，甚至高达 30%，还有 118 个村约 11 万人生活在疟疾疫情不稳定区，暴发流行隐患时刻存在。为了有效预计和及时控制疟疾的突发疫情，中国援圣普疟疾防治顾问组特制定了《疟疾突发疫情应急处置预案》及《圣普消除疟疾计划（2018～2025）建议书》等。

根据四类村的特性，计划建议书制定了控制传染源、环境改善、监测和防止输入性病例等不同的防治策略及措施，并计划在两年的援助期限内完成以下工作。

第一，专业技能培训：以学习班、专题讲座、现场调研、临床诊治、示范教学等形式培养专业技术队伍，培养国家级专业人才 50～60 人次，县级专业人才 120～140 人次，村级公共卫生防护人员 400～500 人次。

第二，发热病人筛查疟疾：在医院、卫生中心、医疗站设立发热病人疟疾筛查站，实现"三热"病人疟疾筛查率 100%、诊断准确率 100% 的目标。

第三，边境检疫：边境口岸设筛查站，对入境发热人员进行筛查，对疑似病例和确诊病例转至指定医疗机构治疗。对无明显发热的入境人员到目的地医疗站通报基本信息，一旦发现症状，立即就地治疗。

第四，在一、二类村执行 1 天完成疫情报告，3 天完成流行病学个案调查，7 天完成疫点调查与处置的工作规范。

第五，在三、四类村施用"定点清除、追踪拔源"的模式。

第六，输入疟疾管理：对境内输入疟疾的，就地诊断、治疗，原发地追踪疫点调查和清除；对境外输入疟疾的，需对阳性病例就地治疗，并将血样送国家实验室复核，结果需反馈给检疫部门，检疫部门需对病例进行网络直报，并由停留地或临时居住地的卫生中心复查。

第七，健康教育：制作疟疾危害、预防、诊断、治疗的视频，用于电视台、学校、村民及专业人员的诊治培训和现场指引。运用太阳帽、T 恤、公交车等载体制作图文宣传材料。

第八，质量评估：成立"消除疟疾质量考核评估专家组"，对所有与消除疟疾相关内容进行质量评估与通报。

6.3 可持续发展提案

6.3.1 优化援非医疗队的结构

6.3.1.1 调研当地实际医疗状况，有针对性地组建及派遣医疗队

进行多层次、多渠道的派遣前详尽调研工作，包括从政府层面与受援国的援助需求沟通及驻非医疗队伍直接反馈信息，有助于详细了解当地政府医疗卫生发展状况，弄清受援国最急需什么层次、什么专长的医疗援助，并有针对性地进行派遣，使派遣人员与受援国实际需求相一致，合理配置医疗队伍成员，优化队伍结构，实现精准帮扶，使受援国得到实实在在的援助。

6.3.1.2 动态看待受援国医疗水平及需求的变化，适时调整医疗队伍结构

过去，广东援非医疗队如同赤脚医生，仅为当地提供基本医疗服务。现在，在国际援助的长时期帮扶下，广东省负责援助国家的医疗卫生情况有了很大改善。派遣的医疗队是以技术专家身份前往受援国的，但当地政府希望医疗队的帮扶工作能从城市转移到落后山区，这一转变与我国卫生部提出的医疗队立足于城市的要求有偏差，使得如何派遣，派遣什么技术、什么专长、什么水平的医务人员存在较大区别。因此，动态看待受援国的医疗水平变化，适时调整医疗队伍结构对于广东省援非医疗队实现既定目标有很大帮助。

6.3.2 完善医疗队的管理

援非医疗队是中国官方发展援助的重要组成部分，援外医疗队的宗旨是全心全意为患者服务，完善受援国医疗卫生体系，提高当地医护人员工作水平，为受援国的医疗卫生事业做出积极贡献。然而，实际援非任务中，出现了个别医疗队队员因脱离国内行政组织的管理，纪律散漫，工作消极的现象，这些行为无疑影响了中国医疗队在当地民众心中的形象，因此，加强及完善医疗队管理，树立国人形象对援非工作尤为重要。

首先，队长水平和素质决定了医疗队的水平和素质，因此，队长的选拔至关重要。

其次，需明确队长的管理范围。实际工作中，队长和队员来自省内各个单位，不存在行政隶属关系，这容易导致队长权力虚化，队内事务管不动，调解矛盾时角色尴尬。

再次，援非期间，由于医务人员脱离国内行政管束，偶有不服从安排或缺勤、离岗等现象，因此应对援非医务人员在执行任务期间的工作表现进行考核，且将考核与津贴收入挂钩，并以此作为后续晋升或调资的依据，完善援非队伍的管理。

最后，对于当地医院或医生个人提出的一些不合理要求，例如，调动派遣医务人员到医生私设诊所里打工，让派遣医生在公立医院里帮私人诊所的病人做手术，挪用中国捐赠药物及器械等问题，队长要敢于协调，以

维护中国援非医务队队员在受援国的合理诉求。

6.4　提升广东医疗援非的实力

完善援非医疗队的派遣机制及工作机制，加强队员的待遇报账和人文关怀，适度开展对非医疗援助的国际合作，提升广东医疗援非的实力。

6.4.1　完善援非医疗队的派遣机制

中国援外医疗队的派遣首先是基于受援国提出的要求，中国大使馆收到要求后，向国内多个相关部门提出建议。收到使馆建议后，外交部从国家外交政策需要的角度进行考虑，财政部考虑国家财政的可行性，国家卫健委则负责审议技术的可行性，包括派遣省的确定、受援国医疗卫生情况（通常包括医务人员、医疗机构、当地主要疾病、医疗队工作与生活条件、最佳专业配置等）。必要时，国家卫健委组织考察组，就工作地点安排、医疗队专业构成、工作和生活条件等，对提出援助要求的国家进行实地考察。考察组由国家卫健委国际合作司、国际交流和合作中心以及拟承派医疗队的省级卫生部门的相关人员组成。如果国家卫健委、外交部、财政部三部委的意见一致，都认为可以接受受援国的请求，则向国务院提出请示。批准后，国家卫健委与受援国具体商议和签订政府间派遣医疗队的协议，明确双方的责任、义务，以及派遣的医疗专家的科别、人数等。每批医疗队在受援国的工作时间通常为两年（见图 6 - 2）。

与国家层面的职能分工相对应，实际工作中，广东医疗援非最主要的决策部门是卫健委（援外医疗队）和商务厅（其他卫生援助形式）两大系统。它们的决策程序遵循两条不同的轨道，对非卫生援助决策和管理体系存在条块分割问题。这种条块分割，进一步带来协同行动方面的诸多问题。两个系统在决策时少有协商，一致性弱。在实施层面，尽管两大体系之间有一定的协调性，但这种协调是随机的，是以应对遇到的具体问题为基础，没有形成制度化、前瞻性和战略性的对话机制。

第一，援非医疗队在国内由卫生部门归口主管，因卫健委没有驻外机构，故在受援国现场由国家商务部的驻外机构经商处代管。这种"代管"经常处于"管"与"不管"之间，权责关系模糊，经商处人员不熟悉医疗

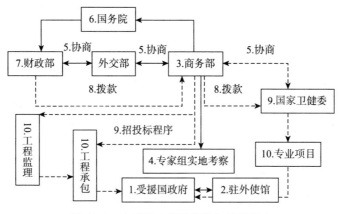

图 6-2　中国医疗援助决策和执行程序

注：编号相同表示同时发生，无编号表示全过程参与。

资料来源：刘培龙，王昱. 中国对外卫生援助决策和管理机制的演变 [J]. 国际政治研究. 2015（2）.

业务，也没有精力管理医疗队事务，而涉足具体事务的卫健委又远在国内，鞭长莫及。多头管理，权责不明，导致管理盲区的存在。

第二，卫生领域捐赠药品器械、援建医疗卫生设施、培训卫生人力、建立抗疟中心，以及提供紧急医疗援助等由商务厅主管。

如果想从根本上解决广东对非卫生援助所面临的问题，需要从国家整体对外援助和国家总体外交制度角度去思考，进一步理顺和优化派遣体制。根据专家意见，可考虑以下几点建议。

首先，设立专门对外援助决策管理机构。

可借鉴目前发达国家的做法：很多发达援助国设立了专门机构（包括在受援国设立代表处）来管理其援助活动，这是国际上最典型的援助管理机构设置模式。

因此，可考虑设立一个独立的专门援外机构，统一对外援助相关事宜。将分散在各个部门的涉及对外援助的工作集中到一个部门，统一管理，设计好管理框架，细化岗位职责，分工明确，解决各部门分头实施、多点对外的问题，实现国内管理与在受援国现场监管的一体化。

其次，建立统筹对非医疗援助领域政策一致性的专业协调机制。

任何专门的援外管理机构都不可能是掌握各行业专业知识和领域政策的权威，因此，在成立专门援外机构的同时，还必须建立保障包括卫生领域在内的各专业领域政策一致性的机制。在对外卫生援助实践中，不乏缺少从卫生专业和公共卫生政策的角度对卫生援外项目做出决定的例子。

非洲国家城乡之间、富裕地区和贫困地区之间卫生资源的分布很不均衡，卫生服务的需要也有很大差异。广东在何处援建医疗设施，援建什么样的设施，还需要什么配套措施才能减少当地医疗卫生服务的不公平，这需要公共卫生专业政策的指导，以提供实践性的政策指引。

因此，需要建立一个切实有效的协调机制，在纵向上，使得专门的对外援助机构与行业领域主管部门充分对话；在横向上，促进不同行业领域主管部门之间的充分磋商，以确保在决定和筹划援助项目时，实现政策的一致性，以及发展目标和其他政治目标之间的权衡。

最后，制定对外援助的法规框架。

广东省可以率先完善对外援助的相关立法工作，协调各部门在对外援助方面的职责，提高相关部门对发展援助工作的重视程度。加速对外援助法律体系的建设，系统确定对外医疗援助的战略、目标、重点、方式、决策主体、决策过程等，使对外援助行为更加规范和透明，完善对外援助体系，提高对外援助的有效性。

6.4.2 加大对承派医院的支持力度

政府希望承派医院积极增加配套资金，且主动协调保障政策；而承派医院认为不应由承派医院承担所有显性或隐性的费用支出。另外，政策制定部门与技术管理部门之间缺乏常态化协调与反馈机制。例如，受援医院的架构设计与医疗队人员配备之间，医院经营管理与医疗队派出单位之间并没有形成有效联动，存在信息不对称的现象。

要理顺政府与承派医院之间的权责关系，建议可从以下几方面考虑。

首先，明确公立医院的责任。地方政府向非洲派遣医疗队是我国一项长期的具有战略意义的政治任务，在增进我国与受援国的长期友好关系中发挥着一定的作用。实践证明，医疗援助是一项花钱少、影响大、见效快的合作项目，为国家推行和平外交政策做出了积极贡献。在支持国家援非任务中，公立医院有义务且要勇于为国家分担责任，这是政治任务，责无旁贷。援非工作也为医院培养复合型人才、扩大国际交流、提升综合能力和国际影响力提供了机会。

其次，政府可根据实际情况，帮助援非派遣医院解决其实际困难。

一方面，从经济上进行补贴。调研数据显示，国家给地方医院的技术补贴以每人每月 3000 元为标准，这对如广东等经济发达地区的医院吸引力较小。有些医院要给援非医务人员提供的一定的补贴，对地方医院造成一定的经济负担，这使得地方医院积极性不高。因此，一刀切的补贴标准有待完善。省政府可根据派遣医院当地的经济水平适当增加派遣补贴。

另一方面，政府需完善与健全派遣医院及派遣人员派遣后的各项优惠政策，解决派遣医院及派遣人员的后顾之忧，鼓励医院及医务人员参与派遣工作。

例如，对派遣人员的家属就业或小孩上学给予一定的政策倾斜；还有，对派遣医院适当增加编制，以解决有些医院派遣援外医疗队后，某些岗位医务人员缺失的问题。

6.4.3 完善援非医疗队工作机制

6.4.3.1 选拔和组派

首先，对援非人员的选拔和组派既要有激励机制，也要有约束机制，双管齐下。对于坚决不服从安排的人员或医院要予以行政警告或处分，以免此类消极思想及行为传播，对其他选拔人员或派遣单位造成一定的负面影响。

其次，队长的选拔尤为重要。队长应具有医学专业技术、政治远见、外交能力、奉献精神、凝聚力、团队精神及较强的外语水平。医疗技术是工作的根本；政治远见能使医疗队顾大局；外交能力可以协调工作中中非人员的关系，巩固和发展中非友谊。

最后，队员应从严选拔，应具备较高的技术水平、人文素养、思想觉悟，及较强的语言学习能力。短期的出国培训很难大幅度提高队员的语言能力，在外援助口语能力很重要，既有助于与当地人建立起情感交流，参与医院例会或学术讨论，及时反馈工作生活中发现的问题，同时也能提升中国医生的整体形象。

6.4.3.2 出国前培训

出国前培训可以委托给大学，培训应包括以下内容：语言能力、沟通技巧、安全、保密、外事与财务纪律、出国工作注意事项、涉外礼仪、医疗队管理规章制度、应对国外生活压力的心理辅导、传染病防治、受援国政治和社会情况、我国外交政策、专业技能、团队拓展训练等。同时，还应打造团队凝聚力，培养队员的组织纪律和团队意识，以适应援外工作的艰巨性。

6.4.3.3　药械管理

修订药械目录，为援非药械配备外文说明，以免有些药械在国家援外药械目录上找不到，有些药械缺乏必要的外文说明。直接援助的医疗设备需印上中国国旗图案作为中国援非药械的标记。药械管理在当地存在灰色地带，为避免每年援助物资损失，有必要采取标记措施。

对于援助非洲医院的医疗设备，除了主机必须保证质量、运行可靠外，零备件、易耗品、试剂的供应、系统间的对接、不同国家地区历史形成的产品制式，也必须加以重视，否则运去的设备无法正常发挥功能。

6.4.3.4　归国队员的后续管理

对归国队员，派遣医院可给予一些后续的关怀和管理。例如：为归国队员提供全面的健康体检，落实优惠政策和承诺，保障归国队员易复发疾病治疗药物的供应渠道，促进和加强与归国队员的感情联络，帮助其联系进修和培训等工作。

6.4.4　加强队员的待遇保障和人文关怀

医疗卫生援助以人为目标，不论是受援国患者，还是医务人员，尊重和关爱参与者才能使这一对外卫生援助活动更有生机和活力。具体可从以下几方面着手。

6.4.4.1　从精神文化层面做好宣传工作

在进行援非医疗宣传工作时，需要认清当前援助环境变化，转变援外指导理念及宣传理念。在新形势下，加强对非卫生援助是我国履行大国责任的体现，有利于推进全球卫生治理和增进非洲人民的健康福祉。参与援非医疗队，更应关注精神追求，如援非工作可以丰富人生经历与体验，使医务人员救死扶伤的精神得以升华等。

6.4.4.2　建立健全的薪酬政策方案

首先，适时调整援非医务人员的津贴补助。国内经济快速发展，援非人员津贴补贴也应根据经济增长水平适度调整，提升援非医疗的吸引力。

其次，设定固定的美元兑换人民币汇率。没有固定汇率的美元兑换使得援非医务人员收到的实际薪酬低于名义薪酬，会降低医疗人员的积极性。

6.4.4.3　保障援非医疗队队员的职业发展

可在政策上对援非医疗队队员回国后的职业发展给予倾斜。例如，制定职称晋升适度倾斜政策、开通评审绿色通道、进行职业培训等。从调研的情况看，参与援非医疗队的医务人员都有对自己参与受援国医疗工作的担忧，一是无法提升医疗技术水平；二是无法跟进国内医疗发展速度，因此可提供培训。在职称晋升方面，虽然广东省卫生厅与人事厅在 1994 年及 2004 年出台的两份文件对援外医疗队队员职称晋升稍做倾斜，基本解决了副高级及以上职称的援非医务人员的晋升问题，然而，对于中级及以下职称须参加全国统考的政策，仍在一定程度上阻碍了援非人员回国后的晋升。

6.4.4.4　建立援非医疗队队员健康保险制度

有些非洲国家政治动荡，艾滋病、疟疾、伤寒、登革热、黄热病、病毒性肝炎、结核病、霍乱、麻风病等为高发病，生活条件艰苦，援非医疗队队员因参与一线的医疗工作，受感染的概率大，大部分保险公司对这类政局不稳的国家境内安全及感染某些疾病都不予以承保，这使得援非医疗队队员及其家庭产生后顾之忧。要免除援非医疗队队员的后顾之忧，取得家人积极支持，需要解决援非医疗队队员在国外感染疾病后续治疗及伤残死亡处理的问题。建议政府设立专项基金以解决援非医疗队队员因感染疾病或伤残死亡回国后的治疗和处理；或者通过引入社会资本的方式解决，即政府主动与保险公司洽谈设立此类风险的投保机制，从政府及社会两个层面给予援非医疗队队员风险保障。

6.4.4.5　驻外基地援非医务人员的生活及文娱设施

首先，改善援非医务人员驻外生活条件。援非医务人员在当地的生活条件非常艰苦，例如通信条件差，网络不通、不稳定，供水、供电难以保障，驻地房屋年久失修有安全隐患，卫生条件差，缺少运动或娱乐设施，食材不良，物资短缺，异国生活孤独寂寞，语言障碍，沟通不畅，车辆超期服役，存在人身安全隐患，等等。建议政府划拨相应资金适当改善援非人员的住宿条件（如提供防蚊、防虫、饮用水净化设备等）及增加健身设施等。

其次，对于满期可享受休假的援非医务人员（每满 11 个月时有 30 天的休假时间），政府可考虑补贴一部分的机票费用，便于援非医务人员回国探亲或国内亲人前往受援国探亲等，以减轻派遣医院及派遣医务人员的经济负担。

最后，更多形式的人文关怀。在国外封闭的工作生活环境中，队员极易产生心理波动和情绪问题，一旦暴发，则会影响国家形象，因而要及时积极地对队员个体进行心理疏导和干预，形式可以多种多样，例如，组织慰问团、增加发放慰问物资次数以改善驻外生活条件等。

6.4.5　适度开展对非医疗援助的国际合作

建议加强与受援国、联合国机构、国际非政府组织和私人机构之间的协调与配合，争取利用多种渠道的国际资金开展对非援助。在非洲活动的医疗机构很多，如联合国艾滋病规划署、世界卫生组织、红十字国际委员会、无国界卫生组织及其他志愿者组织等，华人诊所也不少。派遣"无国界医生"，向留学生、实习生、科研人员提供各类奖学金，可加大对非洲国家留学生的支持力度，这些方式都能促进对非医疗援助。

6.5　加大医疗资源投入促进非洲卫生事业发展

在现有的以政府为主导的框架下，引入民间和私营资本的力量，丰富广东省医疗援非的主体和内容，援建重点专科医院或独立诊疗中心，加大医疗资源投入促进非洲卫生事业发展。

6.5.1　引入民间外交和私营资本的力量

6.5.1.1　非洲医疗卫生事业的发展空间

随着非洲经济的发展、人口构成发生了变化，医疗卫生需求也不断增长，但其公共财政投入不足与卫生体系建设不健全，这促使私人投资医疗卫生服务有了发展的空间。2015 年 5 月，世界卫生组织在《（2016 – 2030 年）全球疟疾技术战略》中提出，今后 15 年全球投入疟疾防治中的经费预计共计 1305 亿美元，目标是全球疟疾发病和死亡率减少 90%。

《经济学人》杂志估计非洲地区医疗卫生投入资金在 2020 年将增长到 522 亿美元左右。根据世界银行数据，2012 ~ 2016 年，非洲医疗基础设施建设总额达 250 亿 ~ 300 亿美元，其中 200 亿美元是私立医院项目。麦肯锡研究报告指出，占非洲总人口 20% 的低收入群体中，40% 的人口从私营医院、诊所获得医疗卫生服务。

据不完全统计，自 2014 年以来，60 亿美元的医疗卫生市场私人投资来自私募基金领域，主要集中在可支配收入较高的人口大国——尼日利亚、肯尼亚和南非等。投资机构 Abraaj 集团、比尔·盖茨基金会与世界银行共同出资设立了 100 亿美元基金，瞄准南亚和东非地区发展中国家医疗卫生市场。投资公司 Aureos、世界银行、非洲开发银行与比尔·盖茨基金会共同投资设立了 10.5 亿美元的非洲健康基金会（African Health Foundation）。Alta Semper Capital 设立了 2 亿美元的基金，集中投资埃塞俄比亚、加纳、乌干达等国的医疗卫生市场。私募基金如已募集超过 15 亿美元的南非私募基金 Ethos，募集超过 9 亿美元的毛里求斯风险投资公司 Helion，募集超过 5 亿美元的尼日利亚私募基金 ACA，募集约 4 亿美元的毛里求斯私募基金 Avigo 等。国际发展融资机构如非洲开发银行已承诺向私募基金注资 8 亿美元，世界银行已注资 30 亿美元，英国殖民地开发公司（Colonial Development Corporation）通过私募基金 Actis 投资了大约 20 亿美元。

6.5.1.2　民间资本可进入非洲医疗卫生事业的领域

为了能投入更多更好的医疗资源帮助非洲提高其卫生事业水平，仅靠政府的力量是远远不够的，需进一步调动民间资本参与援非，调整单纯援助方式，将援助工作与企业"走出去"相结合，推动非洲自身能力建设，使受援国更加依靠自身力量实现产业进步与医疗事业发展，帮助受援国建立可持续发展的医疗卫生体系。

6.5.1.2.1　中非青蒿素合作项目

2015 年 12 月，国家主席习近平在约翰内斯堡召开的中非合作论坛开幕式上提出重点实施"十大合作计划"，并在其中的"中非公共卫生合作计划"中承诺："中方将参与非洲疾控中心等公共卫生防控体系和能力建设，为非洲提供一批复方青蒿素抗疟药品。"

中国青蒿素作为"广东抗疟模式"的对口中药，对疟疾重灾区的非洲抗疟工作发挥了重要作用。广东新南方集团生产的青蒿素哌喹片具有高效、速效、低副作用、性能稳定、原料成本低、服药次数少、保质期长、适用于贫穷地区的优点，且是我国拥有完全自主知识产权的创新药。广东新南方集团已经与东非大国肯尼亚协商着手建立首个抗疟示范区，首批将覆盖约 15 万人。肯尼亚的加入对非洲其他国家的示范效应非常强，示范区还需在马拉维、多哥、巴布亚新几内亚等国家推广。为使"广东抗疟模式"稳步推进，可从以下几个方面着手。

第一，完善广东省战略性新兴产业发展规划，打造以青蒿素为主的产业链。通过推广"广东抗疟模式"示范区，让世界人民真切感受到中国对人类生命的尊重和关怀，同时突破欧美国家技术壁垒和国外制药公司垄断公立市场的格局，引领广东及全国生物医药产业加速开拓国际市场。

第二，建立中国援非青蒿素政府采购制度并设立相应的专项基金，支持国家援非外交战略。充分发挥省委、省人民政府在援非行动计划中的政策导向功能，创新援非灭疟青蒿素采购方式，提高和发挥企业推广"广东抗疟模式"行动的积极性，从而减轻青蒿素复方生产企业背负的经济压力。

第三，以创新性思维跟进"一带一路"倡议，鼓励广东企业探索"以医带药"置换资源新模式。在政府主导下，通过制定相关配套政策，召开新闻发布会、推介会、招商会及展览会等，支持广东企业积极参与推广"广东抗疟模式"，如在非洲选择若干资源较为丰富、疟疾发病率较高的国家应用援非灭疟置换资源新模式开展抗疟工作。

第四，推动援非工程项目与青蒿素援非灭疟行动的紧密结合。随着"一带一路"倡议构想的扎实稳步实施，广东省有越来越多的资源开发型企业、工程承揽型企业，沿着"一带一路"赴非洲国家投资建厂、承揽工程。因此建议由中方资源开发型、工程承揽型企业投入资金，用于购买青蒿素复方产品和提供灭疟项目实施经费，以解决受援国灭疟资金短缺的问题，从而加速资源开发或工程建设项目的推进。

第五，建立青蒿素引领的"一带一路"沿线国家传统医学合作机制，循着"先易后难、以点带面"的思路，先在有意推动复方青蒿素清除疟疾技术方案的非洲国家中选择研究区域，进一步总结适合各自特点的快速控制和清除疟疾模式，加大在非洲有关国家和地区推广青蒿素复方快速清除疟疾技术的力度。以此为示范，把中国防治重大传染病的经验传授给非洲国家，集中援外资源优先支持非洲国家重大传染病的防治。

6.5.1.2.2 推动中药进入非洲

非洲有使用草药的传统，而中国草药、传统气功、武术等中国文化早已深入非洲大众，相对于西药而言，中药价格较为低廉，符合非洲民众消费水平，中医药在非洲有广阔的需求。

政府可通过"一带一路"沿线非洲各国政府引导与市场运作相结合的方式，协调各国资源和力量，积极鼓励和扶植广东中医药企业在海外建立研究基地、营销网络，加强中药产品物流国际配送网络建设力度。同时，规范中医药出国开展项目合作和投资建厂的行为，取缔出口假冒伪劣中药商品单位的出口许可证。医药监管部门对出口过程中的医药产品和医药企业加强监管，保障出口非洲医药的质量，不让假冒伪劣产品流入海外市场。

企业可利用国际直接投资（FDI）实现在非洲本土化经营。由于大多数非洲国家的制药工业薄弱，广东的中药企业可利用各国招商引资的优惠政策，通过 FDI 在非洲当地兴办药厂或分公司，或者利用技术、品牌等优势，与非洲当地制药企业或医疗机构开展合作。这样，企业可深入当地市场，近距离接触客户，适应当地文化，掌握市场实际需求及竞争态势，组建本地化的营销团队和销售网络，或者借助讲座、义诊、健康培训等公益营销手段，以点带面，加大产品的推广力度和市场渗透，实现本土化生产与销售。

对于暂时还没有计划到非洲建厂的药企，可依托商会、协会等中介机构、出口代理等渠道，寻找政策相对宽松、中医药基础牢固的国家作为优先开发的目标市场，以开展中医药产品和服务贸易，如南非、肯尼亚等重视中医药发展的国家。结合非洲当地的常见病及多发病（如心血管病、糖尿病等），在企业产品库中筛选出一些组方简单、成分明确且疗效理想的中成药品种作为重点产品，进行重点打造。也可考虑以健康食品、草药补充剂、食品补充剂、非处方药和处方药等形式将中药推进非洲市场。

对于广东省的科研院所、研发部门及高校，一方面，可结合非洲当地的实际需要，有针对性地开展适合非洲病患、质优价廉的中药新产品研发，以优质高效、安全可靠、经济合理的中成药新产品与垄断市场的欧美药和印度药展开竞争。从治疗病种的角度来确定研发定位，根据非洲人群的疾病谱，从当地流行病、疑难病、慢性病等西药疗效有限或毒副作用大的领域（如老年病、埃博拉病毒感染、病毒性肝炎等）入手。如我国研制的效果显著的纯中药制剂艾灵颗粒、田式免疫激发剂可用于防治艾滋病，并且在改善艾滋病患者临床症状、稳定和提高机体免疫功能、提高患者生活质量等方面比西药更有优势。另一方面，在政府引导下通力合作，整合优势资源，深入研究非洲目标市场的药品准入与注册标准，加强中外标准的对比研究，寻找差距，有针对性地对自身标准进行改进和提升，与沿线各国开展传统医学知识产权保护合作，建立传统医学知识产权联合保护机制。

6.5.1.2.3　鼓励医疗设备进入非洲

大型医疗设备生产企业，因其重视品牌声誉，有一套受到市场化约束的管理体系和监督机制，这部分厂家具有重质量、保信誉的优良传统，对产品质量、售后服务、零备件供应等方面非常重视，应鼓励此类企业努力先"走出去"。因非洲当地的维修技术条件较差，零备件缺乏，可以将安全耐用、简单易用、性能可靠、维护方便、价格适当、对应用环境要求较低的国产优质医疗设备和器械作为目标产品引进非洲市场，例如听诊器、血压计、温度表，手术室的无影灯、手术床、呼吸机、麻醉机，以及彩超、X 光机、CT 机等医用设备中的质量稳定产品。

6.5.1.2.4　改善对非投资政策及环境，以支持及帮助民间资本"走出去"

目前，我国对到非洲投资的中国医药企业不仅提供优惠贷款和优惠出口买方信贷等鼓励支持政策，同非洲 25 个国家签订了《政府间贴息优惠贷款协议》，还在非洲 11 个国家设立了投资开发贸易促进中心，这些中心全面负责中国医药企业家在非洲的签证、商务会谈等工作。

在此基础上，广东省可以从以下几方面继续完善广东医药企业与医疗机构进入非洲投资的营商环境。

第一，大力开展广东企业申请世界卫生组织预审资质的专业培训，帮助更多企业的产品达到国际标准，加快提升"广东制造"医药产品的国际竞争力。

第二，与国际第三方权威检测机构合作或独自设立针对援非中国药品的检测中心，出具权威的检测或验证报告，该机构可由行业协会牵头组织，并与当地的药监部门实现合作关系以赢得官方认可，以市场运作方式确保该中心的可持续发展。

第三，与受援国政府的卫生药监、商务部门等加强合作，促进援非药品与当地正规流通渠道相衔接，必要时帮助受援国建立和强化供应链系统。在此过程中，要借助有关先进技术手段，实现药品从进口到终端使用的全流程可追溯管理。

第四，大力推进非洲药品注册认证一体化建设。当前非洲国家药政管理体系发展参差不齐，彼此差异性较大，东非共同体已率先倡议在东部非洲地区推进药品监管一体化进程（East Africa Community Medicine Regulatory Harmonization）。可以抓住这一契机，指导包括东非共同体成员国在内的具备一定政策条件的国家共同建立区域性互认机制，以减少产品准入的审批时间，提高审批效率，并提高受援国的药政管理水平，为广东医药产品进入非洲市场创造有利条件。

6.5.2 丰富广东省医疗援非的主体和内容

根据中华人民共和国国务院新闻办公室 2011 年 4 月发布的《中国的对外援助》白皮书，医疗援助的形式主要包括建设医院、医疗卫生中心和疟疾防治中心，派遣医疗队，培训医疗人员，提供药品和医疗物资援助。

6.5.3 援建重点专科医院或独立诊疗中心

援建重点专科医院或独立诊疗中心，以中外联合形式开展，我方以技术输出等为主，对方负责后勤保障。医疗援助设在人口密集的城市中心医院，集中力量建立一些能独立运作、治疗效果好、见效快的、吸纳广大当地医护人员参与的重点专科或独立诊疗中心（例如广东省人民医院与加纳克里布教学医院开展合作，在加纳建立西非心脏中心），并对外引进成套设备，派出专业人员，形成一定的设备优势和技术优势，解决当地医院、诊所不能解决的问题，以增强援外医疗队对当地卫生政策和管理模式的影响力。

6.5.3.1　派遣医疗队

派遣医疗队是目前最主要的援非医疗形式，对于派遣过程中出现的问题要积极妥善解决，降低派遣难度，完善医疗队伍管理，实实在在地帮助非洲民众。同时，可鼓励医学院校大学生参加志愿服务队赴非提供医疗卫生志愿服务。

6.5.3.2　培训医疗人员

过去以近乎劳务输出的方式派遣援非医疗队无法从根本上帮助非洲国家的卫生系统获得自我发展的能力，应通过授"渔"的方式，让其逐渐拥有更多自己的医生，变"输血"为"造血"，真正实现"留下一支带不走的医疗队"的目标。

以"请进来"的方式开展进修学习、临床培训等卫生人力资源合作。受援国医务人员具有强烈的来华学习意愿，应该完善卫生人力资源开发的形式，有效释放这部分需求，加强对当地医护人员的技术培训和科研指导，接收当地医护人员来广东省进修学习、参加短期培训，派遣援非医疗队在受援国开展临床带教、科研和学术交流，提高非洲国家对中国医生的认同感，提高当地医生的诊疗技术。例如，古巴从1998年起实行"综合医疗计划"，在哈瓦那成立了拉美医学院，为外国留学生提供医疗专业培训，该医学院的近万名学生来自全球一百一十多个国家，其中绝大多数是发展中国家，有超过2/3的学生来自贫困的农村家庭，他们承诺接受免费医疗培训后返回家乡提供医疗服务。同时，提高现有资金的利用效率，结合非洲实际，先发展投入少、受益广、有作为的专业领域，再根据情况向高新技术发展。

在捐赠设备时，可考虑让受援国派员到我国学习一段时间，学会使用，再回去和受援国卫生部或医院签合同，规定服务时长。

6.5.3.3　开展咨询服务，影响受援国卫生政策等领域，帮助受援国完善医院管理

援非医疗队可于任期内帮助当地医院加强业务科室管理，完善诊疗体系。例如，当地医院领导者没有人事权，对医生行为约束力弱，使得很多

医生将工作重心放在私人诊所，公用物资挪作私用现象普遍，争抢转移医院病人的事件时有发生。援非医疗队可通过提建议的方式帮助当地政府管理这些无序的现状。

6.5.3.4　技术交流

随着非洲医疗水平的不断提高，援非医疗队可以开展学术交流，医学是永无止境的，非洲有自己的民族医疗，中国也有自己的传统医学，相互开展学术交流更能促进非洲医疗技术的发展。应鼓励有能力的企业和高水平的医学教育科研机构定期前往非洲进行医学技术交流。

6.5.3.5　提供药品和医疗物资援助

开展有关安全用药、器械与设备使用和维护的院内培训。在具有一定辐射能力的国家，设立以市场机制为基础的医疗器械技术服务中心，采用政府或行业协会搭台、企业唱戏的模式，负责维护与检修受援国和邻近国家受援医院及其他医疗中心的设备，确保设备的正常运转，并提供相关的技术指导，尽可能地提高援助设施与设备的利用率。

6.5.3.6　中医文化传播

针灸、推拿、刮痧等传统中医治疗技术对设备依赖性小，操作简单，治疗范围广，物美价廉，非常适于在非洲国家推广。可以通过制作宣传片、现场义诊等方式让中医治疗文化深入非洲。

参考文献

［1］陈嘉泳．政策执行视角下的广东省援外医疗队派遣难问题研究［D］．暨南大学，2013.

［2］邓峰，吕菊红，高建民，安海燕．我国与发达国家医疗资源和卫生费用比较分析［J］．中国卫生经济，2014（2）.

［3］盖静．论援建非洲医院医技设备配置基本原则［J］．中国医院建筑与设备，2012（6）.

［4］广东省情内参，专送版．2016年11月29日第1611158期.

［5］广东省人口发展规划（2017～2030年）［Z］.

［6］广东省人民政府关于印发广东省医疗卫生服务体系规划（2016～2020年）的

通知 ［Z］.

［7］ 广东医疗卫生事业发展情况分析 ［EB/OL］. ［2015 – 12 – 30］ http：//www. gdhealth. net. cn/html/togjishuju/togjishujut.

［8］ 哈拿提·海拉提. 撒哈拉以南非洲的医疗卫生 ［J］. 中国投资，2017 （8）.

［9］ 黄晓珩，蔡志奇. 广东省公共卫生人才需求调查报告 ［J］. 西北医学教育，2008 （1）.

［10］ 梁文杰. 广西援非医疗队现状及发展策略研究 ［D］. 广西医科大学，2015.

［11］ 刘培龙，王昱. 中国对外卫生援助决策和管理机制的演变 ［J］. 国际政治研究，2015 （2）.

［12］ 2017 年 1 ~ 11 月全国医疗服务情况 ［EB/OL］. 中国政府网，统计信息中心.

［13］ 沈虹. 未来中国与非洲传统医药合作突破瓶颈的途径 ［J］. 经济研究导刊，2014 （36）.

［14］ 孙源源，熊季霞，施萍. 中成药开拓非洲市场的 PEST 分析及对策研究 ［J］. 中成药，2015 （9）.

［15］ 田武汉. 广东省卫生资源配置和卫生服务调查报告 ［D］. 南方医科大学，2011.

［16］ 王畅. 新中国对非洲医疗援助外交研究 ［D］. 上海外国语大学，2014.

［17］ 许铭. 对非医疗合作与援助：挑战及建议 ［J］. 国际经济合作，2013 （11）.

［18］ 张善纲，浦金辉，赵育新，杨铭，谢峻. 对外医疗援助的新思维 ［J］. 解放军医院管理杂志，2013 （5）.

［19］ 张卓敏. 非洲私营医疗或将填补空白市场 ［N］. 国际商报，2011 年 7 月 18 日.

［20］ 2017 年广东国民经济和社会发展统计公报. ［2018 – 03 – 02］ http：// gjdc. gd. gov. cn/ggl/201803/t 20180302_150547. html.

［21］ 2017 年广东人口变化状况分析 ［EB/OL］. ［2018 – 4 – 18］ http：// www. gd. gov. cn/zwgk/sjfb/sjfx/cement/post_105708. html？ jump = false.

第四篇
中国参与非洲卫生治理

第7章

中国参与非洲卫生治理的可行性

随着全球化的日益深化，世界各国之间的相互依赖性也在不断提升，相互沟通、相互理解、相互包容、相互帮助的理念也日益被更多不同国家、不同文化所广泛认可和接受。与此同时，伴随全球化而来的全球风险，比如恐怖主义、传染病、环境恶化等，也成为各国政府、非政府组织、学界以及普通民众日益关注的问题。在此背景下，超越国家的全球卫生治理的理念和实践已成为一种现实的存在和未来的趋势。2017年1月，习近平主席访问了世界卫生组织（WHO）总部，这是中国国家主席首次访问该组织。访问期间，中国和世界卫生组织正式签署了关于"一带一路"卫生领域合作的文件，表明中国对国际卫生合作和全球卫生治理的高度重视，同时也表明中国将在全球卫生治理方面发挥更大作用，为人类健康做出中国应有的贡献，这是中国一贯主张和坚持的全人类健康理念，也是多年来中国一贯实践的援助其他国家卫生治理事业的集中体现。众所周知，中国援助非洲医疗事业已走过50多年的历史，取得了举世瞩目的成绩，无私地帮助多个国家建立起公共卫生体系，挽救了众多非洲人民的生命，让大量无助的非洲民众摆脱了疾病的痛苦。

2018年，中国援非医疗队亮相世界卫生大会，得到国际社会对中国医生无私奉献精神的关注、认同和赞赏。然而，在中国参与非洲卫生治理过程中，相关的政策、模式和技术等方面难免引来不同的声音和评价，也面临一系列困难和挑战。虽然中国在悠久的文化历史长河中，积累了大量宝贵的卫生治理理念、制度和方法，但是在全球化时代，各国和不同文化之间相互尊重、相互学习借鉴是十分必要的。中国有必要学习和借鉴不同国家的经验，学习不同国家在参与全球卫生治理过程中的先进理论、技术和方法。

7.1　中国参与全球卫生治理的历程回顾

全球卫生治理属于全球治理范畴。在全球化背景下，在各个国家、不同地区出现的健康风险，在全球范围扩散的概率和传播的速度都大大提高，影响范围也不断扩大，例如，一国暴发传染病有可能跨越国界传染到其他国家，因此，全球卫生治理领域的问题日益受到关注。同时，一些非传统安全问题出现时，若没有全球治理方案，则往往会出现一国政府"治理失灵"的情况。

近年来，世界多个国家出现越来越多的健康卫生问题，这已经不是一国单独面对的问题，而是多个国家甚至全球共同面对的问题，卫生问题也在全球化。

"全球卫生"是指那些跨越国家边界和政府的、需要采取行动影响那些对健康起决定作用的全球各种力量来解决的卫生问题。全球卫生包括六个部分，即卫生发展、卫生安全、卫生体系、信息与知识、合作伙伴关系以及世界卫生组织的绩效，其中卫生发展和卫生安全是全球卫生的根本需求。

全球卫生治理就是突破以国家为单位的治理体系，各个国家和行为体共同采取行动，建立国家间的合作和协调机制，从不同的层面进行合作，共同应对全球健康问题。

从全球范围看，全球卫生治理大致经历了五个阶段。第一阶段是在19世纪以前，这一阶段主要是各国，特别是以意大利威尼斯为主的港口城市，独立应对传染病，建立了所谓的"隔离检疫"制度，这一制度逐渐成为一国控制传染病传播的重要措施，并沿用至今。例如，我国在应对SARS等传染病传播扩散的过程中，依然使用类似的方法。第二阶段是19世纪上半叶，这一阶段的全球卫生治理表现为欧洲在某个区域内的国家间建立"停船检疫"的监督体制。这两个阶段的全球卫生治理还算不上真正意义上的"全球治理"，受国际贸易运输方式的影响，海运是这两个时期主要的贸易运输方式，各国为了保护自己国家免受来自其他国家和地区的传染病的影响，制定了相应的卫生治理体系和方法，不同国家的卫生治理体系缺乏统一的标准，也无法有效控制和预防急性疾病，如霍乱、鼠疫等。在这两个阶段，受当时社会经济条件的影响，中国还没有明确的国际卫生治理意识和体系。第三阶段是从 1851 年第一届国际卫生大会（ISC）的召开到第二次世界大战结束，这一时期全球卫生治理的主要目的是应对战乱时期及战后的传染病。这一阶段出现了多样化的卫生组织，最重要的是，国际卫生大会开始成为国际卫生治理体制的主要机制，也被看作国际卫生体系建立及制度化进程的起点。这一阶段的国际卫生体系，多侧重于对传染病的应对，习惯以国境为界来处理卫生问题；主要依赖卫生部门的行动，非卫生部门参与较少；同时以民族国家为主体，非国家行为体在其中的作用较为有限。国际卫生体系在其形成后的几十年间对世界范围内卫生问题的解决发挥了重要作用，但在 20 世纪 90 年代后，全球化进程的加速给这一体系带来极大挑战。第四阶段是二战后到 20 世纪 80 年代末，以世界卫生组织为中心的全球卫生治理机制开始建立。1948 年，由原有的三大国际性卫生组织合并而成的世界卫生组织成立，标志着国际卫生体系的正式形成（许静，2013），也标志着全球卫生治理机制的完善和深化，也是从这一时期开始，新中国开始参与全球卫生治理的进程，主要参与方式是以中国政府为主导，向非洲提供无偿医疗援助。第五阶段是从 20 世纪80 年代至今，这一时期的医学理论和技术不断进步，信息和通信技术突飞猛进，全球卫生治理进入了全新的多元化主体参与的时代。中国参与全球卫生治理的方式也从单纯的医疗援助向多主体、多形式、更广泛、更有效的方向迈进（高明、唐丽霞、于乐荣，2017）。

从严格意义上说，中国是从第四个阶段开始参与全球卫生治理的，参与的历史并不长，对非医疗援助可以视为中国参与全球卫生治理的开端。

7.2　中国参与非洲卫生治理的可行性

全球卫生治理是指由多种主体参与，针对所有国家和全球范围内的健康卫生问题，共同处理和应对跨越国境的卫生问题和健康影响因素。参与主体可以是不同层次、不同形式的机构和行为主体，可以是政府也可以是社会；可以是地方的、国家的、区域的甚至可以是全球的；可以是公共组织、私人组织，也可以是公私合作组织。但无论参与主体是什么样的形式或结构，关注的问题都是全球性的，即全球治理所关注的健康问题是跨国界的，是多国甚至是世界范围的。值得注意的是，目前，在全球卫生治理进程中，非国家性质的主体参与越来越重要，发挥着强有力的补充作用。

从卫生治理的范围来看，人类对传染病的治理经历了国家卫生治理、国际卫生治理和全球卫生治理三个阶段。比较而言，全球卫生治理阶段的显著特征就是具有高度的无国界性和参与主体的多样性，具体表现在问题对象、关注范围和合作机制三个方面（见表 7-1）。

表 7-1　全球卫生治理不同阶段的理念比较

类别	国家卫生治理	国际卫生治理	全球卫生治理
问题对象	处理本国卫生问题，防范他国传染病蔓延到本国	处理以国境界定的卫生问题（主要指传染病的控制）	处理跨越国境的卫生问题和影响健康的危险因素
关注范围	关注本国国境以内的卫生问题	关注他国尤其是发展中国家的卫生问题	关注所有国家和全球性的卫生问题
合作机制	仅限于国与国之间的双边协商	多为国与国之间、区域之间的双边和多边合作	多种主体的共同参与

资料来源：高明，唐丽霞，于乐荣．全球卫生治理的变化和挑战及对中国的启示［J］．国际展望，2017（5）：130.

全球卫生治理机制演变的根本动因是全球共同利益与国家利益发生了变化。这表明任何一个国家都可以参与全球卫生治理，都可以为全人类的健康贡献智慧，同时也服务于本国利益。

2017 年，国家主席习近平访问世界卫生组织就是向全世界表明了中国主动参与全球卫生治理的意愿。与此同时，在中国具体的卫生医疗援非行动中，企业家和科学家作为重要的参与主体，开始发挥不可替代的重要作用。比如，广东新南方集团与南方医科大学的科研人员展开合作，依照企业运营模式，采用中国传统医药原理研制出独特、高效的抗疟药物青蒿素，让成千上万的非洲百姓摆脱了疟疾传染病的威胁，取得了令人瞩目的成就，这一壮举也被称为非洲抗疟的"中国方案"，以此区别于由世界卫生组织主导的其他方案。如今，青蒿素已被称为"一带一路"上的健康天使。

中国的卫生外交工作也卓有成效，一批又一批的政治家、企业家、医生、学者等，在非洲多国的首都、中心城市，甚至边远乡村，都留下了足迹。这一切都说明中国参与非洲卫生治理是可行的，具体表现在以下几个方面。

7.2.1　非洲国家对来自中国的公共卫生产品需求强烈

直到今天，非洲国家在人均国民收入、生活在极其贫困水平线以下的人口比例、人均寿命、婴儿死亡率、艾滋病流行性、教育以及联合国开发计划署人类发展指数等方面的指标，仍然处在世界的最底部。虽然以美国为主的西方国家向非洲提供了大量援助，非洲国家平均接受的援助占国民收入的比例普遍高于其他地区的发展中国家，但援助在非洲并未实现预期目标。

非洲国家的公共卫生需求是中国参与非洲卫生治理的根本条件。受自然环境和社会发展阶段等多种因素的影响，时至今日，非洲许多国家的公共卫生产品供给不足，以圣多美和普林西比民主共和国（简称"圣普"）为例，经过广东新南方集团与该国政府 10 多年的通力合作，疟疾暴发疫情已经得到控制，但仍然存在暴发流行的隐患，为了有效预防和及时控制突发疫情，该国依然需要新南方集团给予持续的帮助，制定疟疾突发疫情应急处置预案。

非洲现有的公共卫生产品供给尚不足以彻底遏制艾滋病、疟疾等重大传染病的蔓延。其中，由于长期缺乏药物和必要的医疗条件，很多非洲民众挣扎在死亡边缘。以艾滋病疫情为例，艾滋病患者虽然遍布全球，但目前该病患者主要集中在撒哈拉以南的非洲地区。截至 2013 年底，全球 3500 万名艾滋病感染者中有 2470 万人生活在非洲撒哈拉以南地区，约占全球的 70%。并且，该地区艾滋病传播并未得到有效遏制，患者还在持续增加。世界卫生组织统计数据显示，目前，延长艾滋病患者的生命并提高其生存质量的最有效方式是抗反转录病毒疗法（ART）。尽管抗反转录病毒药品价格的下降使中低收入国家艾滋病感染者的治疗前景有所改善，但对于那些每年每人公共卫生费用低于 20 美元的非洲国家，这仍然是巨大的开销。据世界卫生组织统计，截至 2013 年底，全球中低收入国家中约有 1170 万人接受了抗反转录病毒疗法，而需要治疗的总人数则为 3260 万人。也就是说，仅有约 36% 的中低收入国家艾滋病感染者能够得到有效的治疗。

目前，非洲有很多种传染病流行，最常见的如疟疾、肺结核和艾滋病等。针对这些疾病虽然有预防接种、接种疫苗和其他预防手段，例如驱虫蚊帐可以帮助人们避免蚊蝇叮咬，但是如果无法方便地前往保健诊所，或者某些治疗和预防方法的费用很高，那么许多家庭仍无法获得帮助。以最为普遍的疟疾为例，每30秒就有一名非洲儿童因感染疟疾而死亡，它是许多非洲国家5岁以下儿童死亡的主要原因。根据世界卫生组织发布的数据，2015年大部分疟疾病例（80%）和死亡（90%）发生在非洲区域。非洲多个国家对公共卫生治理的强烈需求是国际社会多个主体广泛参与非洲卫生治理的现实需要，任何有能力和有意愿的国家政府、组织和个人，都可以做出努力和贡献。中国甚至在50多年前，在自身的经济社会还需要大力发展的情况下，就已经开始参与非洲卫生治理，表明了非洲国家的公共卫生需求是中国参与非洲卫生治理的前提条件。

7.2.2 参与非洲卫生治理有"中国方案"

中国在全球卫生治理中正在发挥越来越重要的作用。从1963年派出第一支援非医疗队至今的50多年来，中国积累了大量宝贵的经验，也吸取了不少的教训。

从经验方面看，一是探索出多种中非双边卫生合作模式；二是形成以政府为主导的参与非洲卫生治理的模式；三是培养了一批又一批优秀的援非医疗人才，包括中国医生、医学生、公共卫生管理人员等，他们克服语言和文化障碍，成为中非长期卫生合作的中坚力量。

从教训方面看，一是参与主体过于单一，由政府主导的可持续性受到质疑；二是对中国企业参与非洲卫生治理的政策支持和舆论导向不够理想；三是医疗队模式受制于队长和成员个人素质等人为因素，影响援助效果；四是中非之间的语言障碍依然存在，减损了卫生治理的成效；五是参与全球卫生治理不够全面和深入，与世界卫生组织以及其他治理机构的合作不够深入。

中国政府和企业对上述问题和挑战有清醒的认识，正在积极探索更加有效地参与全球卫生治理的理念和模式，加强与世界卫生组织以及其他国家相关机构的合作与沟通，目的是为非洲人民的健康生活持续提供中国智慧和解决方案。2015年12月，国家主席习近平在约翰内斯堡召开的中非合作论坛开幕式上提出要重点实施"十大合作计划",并在其中的"中非公共卫生合作计划"中承诺:"中方将参与非洲疾控中心等公共卫生防控体系和能力建设,为非洲提供一批复方青蒿素抗疟药品。"2015 年 5 月,世界卫生组织在《全球抗疟技术战略(2016～2030)》中提出,今后 15 年全球投入疟疾防治经费共计 1305 亿美元,目标是使全球疟疾发病和死亡率下降 90%。然而,根据中国专家估计,如果采用"中国方案",全球有望在更短时间、更少资金投入的情况下完成灭疟目标。这个"中国方案"离不开广东新南方集团,这家公司与南方医科大学的科研人员密切合作,通过 10 多年的不懈努力,终于在非洲多个国家通过高效的青蒿素抗疟方法,赢得了多个非洲国家政府和百姓的信任。这是中国主动参与非洲卫生治理意愿的集中体现。

7.2.3　中国政府层面能够有效地统一组织和引导

中国社会制度的优越性之一是能够集中力量办大事,在参与非洲卫生治理方面也是如此。自 20 世纪 60 年代起,中国就统一由国家卫生部门组织、协同全国多个省市和相关的商务、财政等部门,向非洲派遣医疗队,从而保证了中国 50 多年来一直没有间断对非洲国家的医疗援助。非洲是由多个国家组成的地区,地理、文化、社会和基础设施等方面的差异巨大,如果缺乏统一的组织和指挥管理,则难以克服卫生医疗援非工作中人员、资金、设备、后勤保障、外交、语言等多方面存在的困难。以援非医疗队为例,援非医疗队是指中国向非洲受援国派出医务人员团队,同时无偿提供医疗设备和药品,为受援国的受助群体提供相应的医疗服务。由于由政府部门主导,统一组织,统一管理,在医护人员及随员选拔、医疗装备援助、语言培训、生活补给、与世界卫生组织合作等方面均做到统一组织、统一管理、多部门参与。与此同时,卫生外交、驻非企业和当地华人华侨也给予大力支持和援助。总体而言,中国参与非洲卫生治理是由国务院下属的商务部会同财政部、外交部等部门共同组织,各地方商务机构、驻非使馆、相关企业参与的一种政府主导下的运行机制。在政府统一领导的前提下,由多方主体参与。这种体制机制能够很好地体现国家参与全球卫生治理的意愿,也在一定程度上提高了工作效率。当然,其中也存在一些不足和挑战,需要进一步研究探索,但总体上运行是有效率的,很多非洲国家在卫生治理方面受益于中国政府主导下的卫生援助组织形式。

7.2.4　中国人民有帮助非洲人民摆脱疾病困扰的情怀

中国 50 多年的医疗援非工作，每一项具体工作都是由大量默默无闻的医务人员、科研人员、管理干部、企业员工，甚至是随队厨师共同完成的，他们中的许多人为此项事业无私奉献，做出了巨大牺牲。因此，许多团队和个人受到非洲国家和人民的表彰，也受到祖国人民的称赞。最值得称道的是那些具有强烈社会责任感，将帮助非洲人民摆脱疾病困扰和生命威胁视为人生使命的中国企业家和医学专家。中医专业出身的广东新南方集团总裁朱拉伊说："我国应该主导全球灭疟行动，它是解决世界重大疾病的中国方案。"众所周知，中国本土早已消灭了疟疾传染病，国内并没有抗疟的市场需求，实际上，得益于中国经济的高速发展，新南方集团积累了雄厚的财富，作为一位民营企业家，朱拉伊将企业多年积累的财富几乎全部用于青蒿素事业上。对于朱拉伊的勇气和坚持，广东省商业联合会执行会长郭玉琨认为，这体现了一位民营企业家的社会责任感和对中医药事业的执着情怀。朱拉伊率领新南方集团的全体员工，奔走在非洲的圣普、马拉维、多哥、巴布亚新几内亚、索马里等多个国家，为了帮助这些国家和地区尽快消灭疟疾，与政府首脑、部落首领和普通百姓沟通交流，不仅送去价格低廉且十分有效的药物，还为当地培养了大批会使用这些药品的专业人员。2015 年 12 月，新南方青蒿药业有限公司及其集团总裁朱拉伊分别荣获"2015 年度创新企业"和"2015 年广东经济十大风云人物"。为新南方集团在非洲提供抗疟药的是以南方医科大学的李国桥教授为首的一批医务科技人员。2013 年 8 月，科摩罗副总统穆哈吉亲临广州，为李国桥教授和宋健平博士授予总统奖章。2015 年 5 月，科摩罗副总统兼卫生部部长穆哈吉在第 68 届世界卫生大会上宣布，自 2014 年以来，科摩罗已没有因疟疾引起的死亡病例。2015 年 12 月，在习近平主席出席中非合作论坛峰会期间，科摩罗总统当面向习主席表达了其政府和人民对中国援助抗疟工作的感谢。可以说，在中国参与非洲卫生治理过程中，如果缺少像朱拉伊这样的企业家和像李国桥这样的优秀科学家，中国方案被国际社会接受的进度有可能会延后，重要的是非洲人民继续受到疟疾威胁的可能性会更大。因此，中国企业家的情怀和科学家的不断努力是中国参与非洲卫生治理的重要基础。

7.2.5　传统中医药理念和方法成效显著

在参与非洲卫生治理中，与其他国家不同的是，中国医疗队和志愿者可以借助中国传统中医理论和方法，以高效但成本较低的方法和手段为非洲百姓解除疾病困扰。例如，1993 年世界卫生组织批准使用中国拥有自主知识产权的青蒿素类抗疟药品，这是中国独有的贡献。1996 年，所有中国医疗队都规定使用该抗疟药物。与西方传统的抗疟药奎宁相比，青蒿素类抗疟药具有使用简便、副作用小、价格便宜、见效快等优点。中国政府自2006 年开始向乌干达等非洲国家援助青蒿素抗疟药，累计提供 1737790 盒抗疟药。这些抗疟药的疗效得到乌干达卫生部和民众的高度评价。2012年，乌干达卫生部推荐中国生产的抗疟药品为治疗重症疟疾的一线用药，并在全国进行推广。

广东新南方集团在非洲抗疟中，通过使用不断创新研制的青蒿素抗疟药取得了巨大成就。如果中国参与卫生治理采用的是西方的医学理念和方法，那么可能在方法和技术上都很难占据优势，而完全拥有自主知识产权、基于中国传统医药理念和方法的"中国方案"，是其他国家甚至世界卫生组织都无法替代的。虽然不能说这是唯一有效的方案，但它的有效性是有目共睹的。中国中医研究院终身研究员兼首席研究员、药学家屠呦呦女士，因发现青蒿素治疗疟疾的新疗法，成为第一位获得诺贝尔科学奖项的中国本土科学家、第一位获得诺贝尔医学奖的华人科学家。她让国际社会对中国传统医药的价值产生了前所未有的信任感。实际上，在中国悠久的历史中，虽然参与所谓全球卫生治理的时间不长，但在本土的卫生治理方面早已积累了丰富的理念、经验和方法。历史上有大量运用中医药来防控公共卫生风险的成功经验和事例，这些完全可以在中国参与非洲卫生治理过程中加以运用或借鉴。因此，中国传统中医药理念和方法是中国参与非洲卫生治理的文化和物质基础。例如，青蒿素是从植物中提取的一种物质，大面积种植原料青蒿，不仅可以生产青蒿素，还可以提高农民收入，增加就业岗位，并且种植过程无污染、无毒无害。据了解，新南方集团正在进一步扩大种植规模，甚至尝试在非洲适宜的国家和地区也种植原料青蒿，这对非洲国家而言是非常理想的方案。

7.2.6 通过卫生外交赢得非洲国家政府和民众的认同和接纳

已有数百年历史的国际卫生外交，是国家间重要的外交形式。随着全球共同利益的扩大，国际卫生外交具有实施主体多元、专业，实施方式灵活，以及提供的产品具有公共属性等特征。卫生治理方式的改变促进了卫生外交的发展，随着非政府组织、私人基金会、跨国公司，乃至个人在全球卫生治理中发挥的影响力越来越大，国际卫生外交步入了全球卫生外交的时期。

在中国参与非洲卫生治理过程中，具体评估机制分为"软"与"硬"两方面。例如，在对医疗队工作进行评估、验收时，不仅要看每日门诊量、治愈病人数量、培训医务人员数量等硬性指标，更看重援外医疗队与当地民众的情感交流与获得的赞誉。在对医疗队工作进行软性评估方面，中国医疗队克服重重困难，拉近了中非人民之间"心"与"心"的距离，上自非洲国家领导人，下至非洲普通百姓，无不被中国医生的精湛医术和敬业精神所感动。援外医疗队的成绩在对外援助会议上多次得到受援国国家领导人的肯定，也通过中国与发展中国家在国际舞台上的互相支持而得到验证。如美国皮尤研究中心2007年的民意调查显示：科特迪瓦和马里对中国的好感度高达92%，肯尼亚81%，塞内加尔81%，加纳和尼日利亚75%，坦桑尼亚70%，埃塞俄比亚67%。中国援助巴布亚新几内亚的医疗队在当地可谓家喻户晓，有疑难病症找中国医生，巴布亚新几内亚民众对此深信不疑。巴布亚新几内亚总理迈克尔·索马雷还亲切会见了中国医疗队全体成员，并代表巴布亚新几内亚政府高度赞扬中国医疗队的精湛医术和救死扶伤精神。

在保障非洲人民群众生命健康安全的基础之上，中国援非医疗队还对当地的医护人员进行培训和指导，并且参与当地的医疗基础设施建设，这些工作得到非洲人民的高度赞扬，同时也给中国带来了意料之外的人文效应和政治影响。所以，中国的对非医疗援助外交工作更着重于"义"，中国参与非洲卫生治理不是以维护和巩固国家利益为根本目的，总体上是"义"大于"利"的。

7.2.7 学界和智库的基础研究和对策研究支持

多年来，国内学界和智库对中国参与非洲卫生治理的关注和研究不足。然而，随着中国在全球卫生治理中的作用和话语权不断提升，国内外学界和智库机构对这一问题的关注也在不断升温。从文献上看，国内学者重点关注中国参与全球卫生治理的历史演变和理念的变化过程，以及面临的问题和挑战等，同时也关注其他国家，特别是欧美、日本等发达国家和地区参与全球卫生治理的经验和不足；国外学者较多关注中国参与全球卫生治理的动机、效率和不足，以及与其他国家的机制比较等。总体而言，这些关注点都会为中国参与全球卫生治理带来更多的思考。

7.2.8 与世界卫生组织及其他国家建立更加协调有效的合作机制

随着中国参与全球治理的进程加快，中国在参与非洲卫生治理方面也积极主动与世界卫生组织以及其他国家建立紧密的合作关系。例如，中国设立了多个世界卫生组织合作中心，在公共卫生体系建设、疫情处理、人员培训等方面开展广泛合作。

7.3 中国参与非洲卫生治理面临的问题和挑战

7.3.1 明确中国在参与非洲卫生治理中的地位和作用

参与全球卫生治理是与国家利益、外交关系分不开的，中国应该在援助非洲人民的基础上，结合中国的长期发展战略与外交方针，进一步探索更加科学有效、更加可行且更可持续的理念和模式。

从目前情况看，中国尚未完全构建出新型的医疗援助理念和机制。比如，对非医疗援助仍然局限于传统的援助理念和模式，容易忽视受援国真正的需要；另外，中国对外援助未纳入法治化的轨道，对外援助战略不清晰。对非援助机制不完善将会制约中国对非援助的长远发展，也会影响中国对非洲援助水平的提高。

对非医疗援助不是物资、技术、人员、服务的简单加总，对于非洲国家而言，这是向他们提供的一种国际公共产品。国际公共产品是一种原则上能使全球不同国家和地区人口受益的公共品，是公共产品概念在国际范围内的引申和拓展，具有公共品的基本特性。

中国对非医疗援助，应看成在全球治理框架下，中国对世界公共产品的输出。在公共利益最大化的原则下，中国参与非洲公共卫生治理应该考虑中国和非洲国家利益的最大化。在全球化时代，中国对非洲医疗援助外交，不能局限于单一外交目标的实现，而应该被纳入中国全球公共卫生治理的重要环节。在过去双边机制开展医疗援助的基础上，中国应该更加关注如何利用公共卫生外交提高应对全球公共卫生危机的能力，在全球卫生治理体系中寻求自己的地位，扩大在全球卫生安全方面的影响力，在国际上展现负责任大国的形象。

全球治理作为全球化的政治经济环境中解决全球性问题的一种模式，主权国家依然是最主要的治理主体。但是，随着非传统安全问题和危机的涌现，非国家行为主体特别是非政府组织在全球治理中的作用日益凸显。提高和支持非政府组织在对非援助中的作用，有利于补充官方组织援非项目的不足，淡化援助的政治性色彩，从而应对敌对势力的政治性指责。

在公共卫生问题越来越受到关注的情况下，医疗援助外交成为履行国家责任、提升国家软实力的重要方式，中国应将医疗援助外交提升到国家外交战略高度，提升医疗援非的战略地位。首先，要从国家政策层面，促进对外援助法律法规的完善与实施，从而为医疗援助工作提供法律依据和政策背景。总的来说，中国对非援助机制包括对非援助的相关法律法规、援助预算等。虽然中国援非的实践史已经有50多年，但至今没有一部专门的援助法律，所以不利于中国国内以及其他国家对中国援非在法律层面的了解。在对非援助工作上难免因没有法律约束而在决策和执行上产生相当大的随意性，这将影响对非援助的长足发展。其次，要在医疗援非领域努力打造中国援非的国际品牌。在这方面，中国可以借鉴欧美国家的做法，在医疗援非领域打造以"非洲和世界人民的健康"为主题的援非品牌，结合具体的援非项目落实这一品牌，为我国当前的医疗援非工作注入活力，从而进一步开展医疗援助合作。

与相关国际机构和国家开展医疗援助合作。公共卫生问题的解决靠一国之力是远远不够的。英国、法国在非洲国家建立了系统的医疗卫生治理机制，日本、美国、欧盟等国家和地区则通过其大量的资金投入和技术优势，积累了很多成功的经验，世界卫生组织、无国界医生组织、联合国及其相关机构也做出了相当大的贡献。在这一领域，中国如果能够加强与其他国家和国际组织的交流与合作，既能避免中国式援助受到西方国家的政治性指责，又能增加中国与国际组织合作的经验和能力。通过与其他国家的合作，既能从其成功的经验中学习到适应中国的援助方式，又能在与其博弈的过程中输出中国的援助理念和援助模式。

7.3.2　创新中国参与非洲卫生治理模式

从过去的经验来看，中国向非洲派出医疗队的做法有其优点，但也存在不足。中国多年来采用一个省援助一个国家的做法，虽然分工明确，但是由于各省之间缺乏协作和信息沟通，很难分享各自的经验，在很大程度上造成各自为政、单打独斗、资源浪费、政出多门，在非洲的影响缺少覆盖力。中国需要在统一管理方面建立完善的协调机制，建立以医疗队为网点的覆盖全非洲的援外医疗网络，提高医疗援助的效率。中国参与非洲卫生治理，一个值得注意的问题是如何提高机制和项目工作的可持续性。比如，中国对非援助预算的透明度不够，在很大程度上不利于公众的监督，也遭到国际社会尤其是西方国家的误解。其中，提高援非医疗队的"造血"能力，减轻国家的财政负担是一个迫切需要解决的问题。在这方面可以借鉴欧美国家的经验和做法。一是要提高现有资金的利用效率，结合非洲实际，选择开展那些投入少、受益广、有作为的活动。二是要丰富合作形式，实行中外联合办院，我方以技术输出等为主，对方负责后勤保障，利润用于医院日常运作及购买中国的药品和设备，并计入我国援非金额，既不违背无偿援助的初衷，又能实现互利互赢。三是医疗队直接收费。四是要积极探索利用各渠道的国际卫生资金。

拓展中非合作领域的技术输出也是提高中国参与非洲卫生治理可持续性的重要形式，特别是在医疗设备、医药工业、公共卫生等方面均有合作潜力。如向非洲出售价格实惠、质量可靠的药品和器械，甚至在非洲办厂，实行医疗行业"走出去"战略，并实现互利互惠。在这方面，中国企业已开始有所作为，广东新南方集团就是典范。

根据调查，参与非洲医疗援助的人员普遍认为，中国医疗队队员更替较快，难以可持续发展。队员来自不同的单位，增加了管控的难度，影响工作效率。可以采取每次更换一半或者1/4队员的做法，保持医疗队一定的稳定性和连贯性。另外，医疗队队长的水平和素质决定了医疗队的水平和素质，队长应该具有医疗专家的技术、政治家的远见和外交家的风采。而医疗队队长在国内往往是有一定社会地位的人，来到陌生环境，面对很多困难，肩负带队重任，又没有硬性的指标，常以稳妥、安全为第一要务，容易过于谨小慎微。医疗队队长可以从留守的优秀队员中选拔。另据调查，中国对非援助在管理上比较松散，资源利用效率低下，援助非洲的很多材料、器材等都被闲置浪费了。中国对非洲进行援助时的宣传也存在很大疏漏，中国政府一贯奉行低调的外交作风，对援助的宣传不够，造成国际社会包括非洲人民对中国的援助不够了解。再加上社会制度以及意识形态上的明显差异，中国的援非工作遭到了许多怀疑和误解，甚至在一些别有用心的敌对势力的歪曲和宣传下产生了所谓的"援助阴谋论"。而在中国国内，新闻媒体更关注报道中国援非的成果，对负面新闻报道得并不多，由此国内人民就无法全面透彻地了解中国的援非工作。

7.3.3 完善相应的机制和法律

中国应尽快出台专门的对外或者对非援助法律。改革开放以后，针对中国的对外援助，政府虽然出台了一些相关的条例和章程，但都只是涉及指导具体的援外工作。今后，中国对外援助和对非援助工作会进一步发展，所以应当出台一部能够从总体上全面指导中国援助的专门的法律。这部法律应从宏观上明确中国对外援助的目标、原则等内容，并规定在对外援助政策的制定和实施中，中央、地方政府各相关部门、企业及个人所享受的权利和应承担的责任和义务。还应在法律中规定"设立专门的对外援助决策委员会和负责援外工作机构"，这一方面有利于加强对非援助工作的统筹规划，加强与外交部和商务部在援外事务上的沟通协调；另一方面也有利于与国际接轨，加强与其他国家援外机构的交流合作。

7.3.4 加强相关的数据收集和统计，提高透明度

随着中国在参与非洲卫生治理方面的作用日益显现，政府要及时汇总

和发布中国对非援助信息。目前，中国对非洲各国的援助信息主要由中国
驻各国大使馆经商参赞处发布，有的更新及时，有的更新较为缓慢，而且
援助信息的发布并不在统一的版块中，较为零散。总的来说，中国援外信
息的发布还没有形成清晰、明了的系统，这使中国援外透明度降低。应将
可以公布的援外信息及时汇总后进行分类，系统地公布，有利于提高透明
度，也有利于向外界展示中国对非洲减贫事业做出的贡献。

中国要加大对外部世界尤其是对非洲人民的宣传力度，加强中国参与
非洲卫生治理方面的国际舆情监控。中国现今对非援助遭受诸多误解和质
疑，除了社会制度以及意识形态上存在的差异导致的不理解，更多的是因
为外部世界对中国援助非洲的信息不了解。而对于远在另一块大陆的非洲
人民来说，他们能够了解中国的途径不多，甚至比对欧美国家了解得更
少。在这种情况下，需要加大宣传力度，特别是涉及重点援助项目方面。
中国需要让世界人民，特别是非洲人民更好地了解中国的对非援助政策，
消除其对中国援非政策的误解。同时还要加大援非工作在国内的信息宣传
力度。国内媒体对中国援非的关注点往往集中在所取得的成就上，更突出
正面报道，这给国内民众一种这样的暗示，即中国为非洲提供了大量的人
力、财力、物力帮助，并获得非洲政府和民众的一致好评，中非之间亲密
无间。一旦有西方媒体报道在某非洲国家发生了当地民众与某中国企业的
矛盾或冲突事件，或有中国工人遭到绑架甚至人身伤害等新闻，一部分中
国民众可能就会对中非关系的看法产生反弹，进而质疑中国的援非政策。
所以在宣传上，中国媒体应该尽可能在第一时间全面而客观地呈现中国所
遇到的问题，不能给某些不怀好意的新闻媒体以歪曲事实的机会。同时，
中国媒体可以向中国民众展示更多非洲民众现在生活的真实状态，以展示
中国为非洲所带去的希望和做出的努力，从而使官方援助更具说服力。还
要注重和做好对民众的解释工作，引导民众走出思想误区，让民众看到中
国援非对中非关系重要的促进作用，从而以一种成熟的大国民众心态来对
待中国的援非工作。

7.3.5　提高非政府组织的参与度

过去中国对非洲的医疗援助项目以及双方的卫生合作都处于官方层
面，中国政府占据绝对的主导地位，政府组织的援助形式和内容涵盖了援

非的几乎所有方面，也使得非政府组织的团队和个人在援助非洲中的作用稍显不足。

我国新型的医疗援助理念和机制尚未建立，对于非政府组织医疗援非中的参与未给予相应的官方认可和法律地位，因此，非政府组织在援助中的参与有限，而且作用也未得到有效发挥，这更加显现了医疗援助的政治性色彩，易引起他国的怀疑或误会。实际上，非政府组织参与对外援助在一定程度上是对政府在此领域工作内容的补充和加强，可以在语言沟通、文化交流等方面替代官方的作用，提高参与非洲卫生治理的成效。对于非政府组织参与对外援助，一些发达国家都持支持态度，如法国政府，他们积极支持非政府组织参与对外援助。法国非政府组织在人道主义援助及开发援助领域非常活跃，且有相当大的影响，2002 年，在法国有数千个非政府组织在国外实施发展项目。企业、职业组织及工会、大学及医院等都参与开发合作。

7.3.6　主动参与全球卫生治理法治建设

为了更有效地参与非洲卫生治理，中国要积极介入和参与全球卫生治理的法治建设。有学者认为"法治"是全球卫生治理的重要机制。全球卫生治理的目标是让全世界人民获得可能的最高水平的健康标准，人人享有健康的美好理想只有通过全球卫生"善治"才能实现，而实现全球卫生"善治"的主要机制是国际卫生法。为了适应公共卫生治理机制从国际治理向全球治理的转变，国际卫生法必然向着全球卫生法的方向演变。国际组织、国家、企业、基金、民间组织共同合作，达成全球公共健康框架公约，有效改善贫困国家的卫生条件，帮助它们进行能力和机构建设，这是世界卫生组织和国际卫生法在新的条件下必须承担的新使命和发展的新契机。全球卫生治理要求不同层面的各类行为体，如各国政府、政府间的国际组织、国际非政府组织等以保障人类健康权为共同目标，采取相互合作和协调的方式，通过制定和实施全球规范、原则、计划和政策解决全球公共卫生问题，在整个过程中，必须有相关的国际卫生法律制度为其"保驾护航"。

参考文献

［1］高明，唐丽霞，于乐荣．全球卫生治理的变化和挑战及对中国的启示［J］．国际展望，2017（5）．

［2］许静．全球卫生治理机制及中国参与的建议［J］．中国卫生政策研究，2013，6（11）．

第 8 章
国际表现与中国智慧

在多元主体参与的全球卫生治理体系中，中国不仅已成为不可或缺的参与主体，也在从过去的受援国角色转向重要的施援国角色，并逐渐形成了具有中国特色的全球卫生治理理念和经验。然而，毕竟中国参与全球卫生治理的时间还不长，而一些发达国家则经历了全球卫生治理的全过程，它们在相关法律、项目管理、人员配备、援助资金、国际传播等方面的经验和具体方案，都有许多可学习和借鉴的地方。因此，中国需要学习和借鉴国际先进的全球卫生治理理念，特别是要了解西方发达国家的做法，从中获取经验、吸取教训，继续发扬自身优势和特长，运用中国智慧，在全球卫生治理体系中发挥更大的作用，特别是在参与非洲卫生治理方面，发挥更加积极主动的作用，造福更多的非洲国家和人民。

8.1 中西方全球卫生治理理念差异

受国家历史、社会文化、制度和地缘政治等多因素的影响，各国在参与全球卫生治理方面的理念并不完全一致。虽然援助国在动机方面存在某些共同点，比如，希望通过有效的理论和方法，帮助受援国免遭公共卫生危机以及重大疾病困扰，希望从本国政治经济发展目标和国家战略角度出发，扩大本国的国际影响力等。但是在具体实践中，治理理念存在巨大差异是不争的事实，并且这种差异渗透方方面面。因此，西方的全球卫生治理理念并不意味着先进，也不意味着要对其全盘接受。

首先，从全球卫生治理体系的构建历程可以看出，最早源于个别国际贸易比较领先的西方国家，比如意大利的全球卫生治理理念和方法，明显带有本国意识，这些国家首先是为了保护本国的贸易利益以及本土卫生和健康安全，倾向于开展国家内部的疾病以及污染排除行动，将污染和疾病严格控制在边境之外。也正是基于这样的历史背景，那些很少会在发达国家和地区暴发的传染病，由于对这些发达国家不具有明显的威胁性，不被界定为全球性的传染病，因而没有在全球得到足够的关注。在全球化日益深入的环境下，发生在个别非西方国家的传染病或疫情，很可能演变成全球性的卫生灾难，进而威胁到西方乃至全球的卫生与健康，2014 年非洲国家暴发的埃博拉疫情即是如此，历史上这类情形并不少见。

中国的全球卫生治理理念体现的是整体的系统思维，目的是通过无私的援助和济困，帮助那些有需要的国家摆脱疾病困扰，共享人类日益发达的物质文明和多样化的精神文明成果。中国智慧追求的是和谐共生，万物并育，在全球化的时代，只有各个国家共同努力，才能实现提升全球卫生治理水平的目标。

中国始终坚持与非洲国家之间的互惠合作关系。从中国对非援助早期，周恩来总理在 1963 年 12 月底至 1964 年 1 月访问非洲，向非洲阐明《中国政府对外经济技术援助的八项原则》开始，"平等互利，尊重主权，不搞特权"就成为中国援助非洲国家的主要原则。到 1983 年，中国领导人提出了中国对非洲经济技术合作的"平等互利、讲求实效、形式多样、共同发展"的四项原则。在 2006 年中非北京峰会上发表的《中非合作论坛北京峰会宣言》和《中非合作论坛北京行动计划（2007～2009）》，基本确立了面向 21 世纪的中非新型战略合作伙伴关系，其间胡锦涛宣布的"八项措施"，体现的是"平等对待，尊重主权，互利进步"。中国历届领导人都非常注重和非洲国家的关系，并根据不同时代的要求，适时调整和发展了对非洲国家的援助政策。而平等合作、互助友好和共同发展始终贯穿中国历届领导人的对非政策主张，体现了中国对非政策的延续性。

其次，国际社会对全球卫生治理在全球发展框架中的定位缺乏共识。在不同的框架中，全球卫生治理的地位不同，由此产生了不同的卫生政策。当前国际社会主要从安全和外交政策、人权以及全球公共产品的角度来定位全球卫生治理的作用。不同国家往往受到狭隘的国家主义的约束，在处理全球卫生问题的过程中，多采取本国利益优先的原则。目前的全球治理体制是以国家为中心的，国家是全球治理的最重要主体。由于主权平最后,在参与非洲卫生治理的资金投向上,也存在一些理念上的差异,以西方国家为主导的全球卫生治理体系,更多还是强调要将资金投入传染病的预防和控制之中。在2016年的世界卫生发展援助中,有135.38亿美元用于艾滋病、疟疾以及肺结核病的预防和控制,占当年卫生援助总额的36%。与此相对,世界卫生发展援助对非传染病的投入相当少,2016年只有1.7%,而同期对艾滋病领域的援助金额是非传染病的14倍多,这样的资金投入结构存在很大的不足。

8.2　世界卫生组织在非洲卫生治理中的地位有待提升

有学者认为,国际机制在全球卫生治理中起着规范作用。然而,世界卫生组织在全球卫生治理中的规范作用和领导角色并不十分突出。世界卫生组织可以通过制定"软法",形成指导性文件供成员国参考,以此规范行为;也可以通过制定"硬法"如《国际卫生条例》,来规范成员国行动。然而,从目前情况看,以世界卫生组织为主的全球卫生治理机制还不尽如人意,有学者建议加强世界卫生组织的领导地位,增加全球卫生投入,改善全球经济治理机制,推动国际政治民主化,协调伙伴关系,明确非政府组织的法律地位,重视健康的决定因素。

随着全球卫生治理主体的多元化,世界卫生组织的领导地位正在发生变化。一直以来,世界卫生组织以领导与协调国际卫生工作为己任,《世界卫生组织组织法》第二条第一款,就明确规定了世界卫生组织的领导与协调职能。但是,自1948年成立以来,世界卫生组织的工作重点一直放在传染病的防治方面,而对其他尤其是人们的基本生存条件、健康公平等方面重视不足，影响其领导权威的确立。世界卫生组织领导权威的缺失导致其对参与主体的管理和协调混乱，出现机构重复、互相竞争严重等现象，同时造成很多资源的浪费。世界卫生组织领导地位的缺失，使参与全球卫生治理的不同主体目的各异，进一步导致用于治理的资金缺乏稳定性。各主体间利益的差异使合作面临重重障碍，合作机制的重叠造成不良竞争。例如，联合国艾滋病规划署是长期处理全球艾滋病传播问题的机构，在应对全球艾滋病问题方面具有相当丰富的经验和人力资源。然而在西方发达国家的支持下，又建立了全球应对艾滋病、疟疾和肺结核基金，这一机制的建立绕开联合国艾滋病规划署，独立开展资金筹集和艾滋病预防与救助项目，在一定程度上出现与联合国艾滋病规划署在功能上重叠及在地位上竞争的情况。

8.3　参与非洲卫生治理中的中国智慧

首先，中国一直秉承"不干涉他国内政"的外交原则，在援非过程中"不附带任何政治条件"是最显著的特征。传统的援助国认为，受援国之所以落后，是因为该国的制度、体制问题，因此在援助过程中，会向受援国提出社会、政治、经济、文化等方面的改革措施。中国政府一心一意地向受援国提供资金、医疗人员、技术、设备，而不附加任何条件。在对非医疗援助中，中国历来重视不仅"授人以鱼，更要授人以渔"，扩大对非洲医务人员的培训与交流，使"在非洲留下一支永远带不走的医疗队"。中国援非医疗队分为综合队和专业队两种，既有西医，也有中医，以临床科室为主，辅以卫生检疫、药品检验、预防保健、设备维修等多个方面。

其次，中国参与非洲卫生治理主要是由政府官方主导。中国对非洲的医疗援助主要是采取派遣医疗队的模式，而负责医疗队管理的是商务部、国家卫健委、外交部，因此援助项目从决策到实施都是在官方的管理和控制之下完成。中国在组织和管理医疗援非的过程中牵涉的部门主要有外交部、商务部、国家卫健委以及各省级医疗卫生管理部门。总体上，国家卫健委牵头负责医疗援助的派遣和分配工作，各省级医疗单位负责具体的医务人员选拔和培训项目，商务部负责对非医疗援助的基础设施建设和维护工作，外交部则负责与非洲政府签订相关援助协议以及援助人员在外安保障等。

中国政府与非洲国家之间的医疗援助是一对一直接援助的模式，没有第三方的参与，这种模式有利于中国对非洲进行持续、完整、大规模的医疗援助。

根据中华人民共和国国务院新闻办公室 2011 年 4 月发布的《中国对外援助白皮书》，医疗援助的形式，主要包括建设医院、医疗卫生中心和疟疾防治中心，派遣医疗队，培训医疗人员，提供药品和医疗物资。

8.3.1　派遣医疗队

中国参与非洲卫生治理的显著特点之一就是由政府主导的派遣医疗队方式（偏重派遣省级对口医疗队），这已成为中国医疗援助的重要标志。2018 年 5 月，在第 71 届世界卫生大会期间，世界卫生组织总干事谭德塞为中国国际应急医疗队（四川）颁发证书并授予队旗。这意味着，中国国际应急医疗队（四川）正式成为全球首支通过世界卫生组织认证评估的非军方三类国际应急医疗队，也就是最高标准级别的国际应急医疗队。

此外，"中国青年志愿者海外服务计划"也涉及海外医疗援助的项目。2006 年，时任国家主席胡锦涛同志在"中非合作论坛"北京峰会上宣布"三年内向非洲派遣 300 名志愿者"。2011 年《中国对外援助白皮书》的发布标志着援外志愿行动逐渐上升为国家意志，并成为中国对外援助的八项具体举措之一。志愿者派遣享受中国对外援助专项资金拨款，由商务部负责统筹管理，中国驻外使领馆商务参赞负责志愿者的服务地管理，共青团中央负责海外志愿者的具体落实、招聘等工作。

中国派往非洲国家的医疗队是持续时间最长、最稳定、效果最明显的。援非医疗队的组织和管理主要由国家卫健委负责，采用分散管理的方式，将医疗队派遣的具体工作细分到每个省（自治区、直辖市），对外商谈签订派遣医疗队协议等工作由商务部负责，费用由财政部拨付。中国医疗项目侧重于医疗基础设施建设、医务人员培训、中医的传播。截至 2018 年 4 月，仅广东省已向非洲赤道几内亚派出了 29 批医疗队，向加纳派出了 7 批医疗队。

8.3.2 援助设施设备

为了解决非洲医疗设备不足的问题，中国在非洲援建了综合性医院和其他基础设施，并且协助开展医疗人员的培训，提升非洲医护人员的诊断与救治能力。从 2007 年到 2015 年，中国在非洲援建 89 家医院及 30 所抗疟中心，并提供 1.9 亿元的抗疟药物及其他医疗设备和药品，为受援国医疗卫生条件的改善做出了自己的贡献。同时中国政府还注重对当地医务人员的培训，在受援国开展实践培训，举办卫生技术研修和培训班，培训涉及卫生管理、紧急救援管理、传统医药、传染病防治等。

8.3.3 提供资金支持

中国向非洲地区和世界性的组织提供资金支持，中国是世界卫生组织不可或缺的一大捐款国，在卫生体系防御建设方面，中国大力推进公共卫生专家信息分享网络机制建设，并加强重大传染病和非传染病的防御和控制，帮助非洲国家完善自身的卫生检测防御和治疗机制。中国向世界卫生组织应急基金捐款 200 万美元，成立卫生应急专家队伍，由世界卫生组织统筹协调，共同应对突发的公共卫生事件。

尽管中国的理念和模式还存在诸多问题，但在参与非洲卫生治理方面体现出的中国智慧是不可忽视的。在 2014 年抗击非洲国家暴发的埃博拉疫情中，中国的做法就是一个例证。中国在此次对疫情国家的援助过程中，累计派遣了 1500 名医务工作人员和公共卫生安全专家。在首批 450 名医务人员抵达受灾国家后，由于疫情持续扩大和严重，中方又增派了 1000 多名医务人员参与埃博拉病毒的抗击工作。最终在中非双方的共同努力，以及国际社会的援助和帮扶下，西非埃博拉疫情得到了有效控制。中国援非医务人员在此次抗击埃博拉疫情的过程中实现了零感染，并且在他们的努力救治下，住院病患之间也实现了零感染。

中国政府先后提供了四轮总价值 7.5 亿元人民币的人道主义援助，包括提供防控物资、紧急现汇和粮食援助，派遣医疗队和公共卫生专家援建生物实验室和治疗中心等。

在物资和粮食援助方面，中国政府向赤道几内亚、塞拉利昂、利比里亚、马里、加纳、贝宁、几内亚比绍、科特迪瓦、刚果（金）、刚果

（布）、多哥、塞内加尔和尼日利亚等非洲有关国家提供防控救治物资共1800多吨。同时，通过联合国世界粮食计划署向赤道几内亚、塞拉利昂和利比里亚三国提供了5500多吨援助粮食。

在援建生物实验室和治疗中心方面，中国援塞拉利昂实验室检测队累计检测样本近4000份，收治患者600多例。

在培训方面，中国政府累计为塞拉利昂、赤道几内亚、利比里亚、贝宁、几内亚比绍等国培训医护人员和社区骨干近6000人。中国政府将在继续坚持防治救护任务不松懈的前提下，增派公共卫生师资培训队伍赶赴有关国家，传授我国的传染病防控经验。此外，中国政府对抗击埃博拉疫情的国际合作持积极开放的态度，在对非援助过程中与国际社会开展了卓有成效的合作。一是向国际组织捐款。中国政府分别向世界卫生组织和非盟捐款200万美元，向联合国应对埃博拉疫情多方信托基金捐款600万美元。二是加强沟通和协调。中方积极参与联合国全球应对埃博拉疫情特派团核心小组定期会议，派员出任联合国应对埃博拉疫情特派团高级官员，在联合国与世界卫生组织的协调下实现各方优势互补，避免重复援助。三是同有关国家加强抗疫合作。中国与美国、英国、法国等国家在沟通协调、信息共享、疫情分析、人员培训、物资运送等领域积极合作，共同抗击疫情。

总结这次援非经验，首先是援助行动迅速及时。在埃博拉疫情暴发之初，其他国家还没有意识到问题的严重性和紧迫性时，中国政府就第一时间向受灾国家和地区援助了大量物资，并且也是首个向疫情区派遣医疗队的国家，这使非洲国家真切感受到了中国政府和人民的真情。在援助物资和设备的落实以及医疗基础设施的建设方面，中国的行动也是效率极高。援助物资通过海运和空运的方式及时运抵非洲受灾国家，援建的治疗中心和抗埃实验室等医疗基础设施仅用一个月就建设完毕并投入运营，这为非洲遭受埃博拉病毒肆虐的国家和人民争得了控制疫情和治疗病患的宝贵时间。

其次是援助方式全面多样。中国在这次抗埃援非工作中，在保持原有的向非洲受灾地区提供粮食、资金、药品和设备以及庞大医疗队的历史传统下，还首次派出了由公共卫生安全专家组成的专家组，展开对疫情区的专业性、高端性、针对性援助。另外，为了给非洲受灾国家争取更多的援助和支持，中国政府在国际社会不断发起呼吁，并主动参与联合国对非援助协调机制，向世界卫生组织和非盟等国际组织提供资金和政治支持，使得西非的埃博拉疫情逐渐被全球社会所关注、重视。同时，中国此次对非洲疫情国家的紧急援助不仅着眼于控制埃博拉疫情、治疗感染病毒的患者，更将眼光投放到埃博拉病毒被控制之后，因此对非洲疫情国家的医务工作者进行了全方位预防埃博拉病毒的细致培训和讲解，并且从公共卫生安全体系建设方面对非洲国家进行帮助，做到了标本兼治。

最后，中医疗法在中国参与非洲卫生治理中显奇效。中国援非医疗队在诊治过程中积极采用中医疗法，尤其是既简易又有疗效的针灸、中草药使非洲医生与患者对中医有了更深入的认识。如贝宁一位七旬老人因患白内障失明十多年，还伴有高血压和帕金森病，一上手术台血压就升高并有阵发性摇头震颤，西医对此无能为力，李清田医生用中国古代称为"金针拨障"的医术对其进行治疗并获成功。中医随着中国无偿援助非洲的医疗队医生的足迹在非洲大陆广为传播。近年来，非洲城镇的私人中医师如雨后春笋般地增加。而中医作为中国传统文化理念的具体表现形式，无形中也让中国文化在非洲落地生根，提升了中国文化的知名度与影响力。

中国的医疗援助外交正是以踏实的道义行为向全世界证明中非合作的稳定性与非功利性，而并非权宜之计或"新殖民主义"。中国医疗队在非洲传播现代医疗技术的同时，还推广了中医等中国传统文化，传播了中国哲学理念。如果说"医疗队的品牌就是中国品牌"，那么中医就是医疗队的品牌。1975 年 10 月 20 日，上海首批援摩洛哥医疗队正式开设了针灸治疗室，主要治疗支气管哮喘、风湿性关节炎、类风湿性关节痛、肥大性关节炎、小儿麻痹症、遗尿等病种，采用传统的中医治疗方法为当地民众治疗。两年间，虽然只有 1 名针灸医生，但是门诊量多达 5 万人次。上自国王的母亲、部长和外交使节，下至穷苦农、牧民，中国针灸医生一视同仁，悉心治疗，取得了良好的效果。在工作方针上，为了树立威信，取得摩洛哥政府的信任与支持，上海医疗队明确了"面向上层，侧重中下层，把医疗技术教给摩洛哥人民"的指导思想。在实践中，医疗队"帮忙带教"，为摩洛哥五官科教授进行了长达半年多的针灸门诊实践培训，共对 2 批 4 个摩方实习医生做了临床带教，承担了塞塔特省医科学校部分内科、外科课程。1977 年 3 月，一位摩洛哥记者在新华社记者陪同下对医疗队进行了采访，参观了针灸门诊室，观看了针刺麻醉甲状腺全切除术，并于3月22日的《摩洛哥晚报》中发表了题为《同中国医疗队在一起的一天——针刺麻醉甲状腺全切除术》的报道，为中摩两国间的医疗合作及中国传统医学针灸疗法的传播做了有力的宣传。在摩洛哥人民心中，"针灸"二字几乎成了上海医疗队的代名词。

医疗队推广了中草药、针灸、推拿等中国传统医疗技术以及中西医结合的诊疗方法，传播了中国的优秀文化与哲学理念。中医博大精深，被视为中国的"国粹"，讲究系统性分析病因，整体性治疗，不是直接针对病灶用药，而是探寻病灶产生的根源，注重身体的整体性和联系性。《黄帝内经》中说："不治已病治未病，不治已乱治未乱。"中医的整体观念、阴阳五行、藏象经络都是对中国传统哲学文化思想的反映。中医讲究"仁和精诚"四字，这恰是中华文化核心价值观念的体现。医疗队队员们以实际行动证明了"仁"的精神，体现了医者仁心、仁者爱人的风范。"和"不仅是中医追求的最高境界，也体现了中华文化崇尚和谐的价值追求。中医认为一个健康的人必须做到与自然、与社会、自身形与神三个层面的和谐。在门诊实践中，提倡医患信和、同道谦和，这种中和、和谐之美也恰是中华文明"和而不同"的追求。"精"高度概括了医者的职业操守，也是我国派出的专业医务人员的选拔标准，体现了中医讲究"博极医源，精勤不倦"的精神。"诚"则体现了中华文化中人格修养的最高境界，也是中医行为的最高准则。天坛医院针灸科医生曲梅在接受采访时动情地说："三赴几内亚，成为我生命中不可磨灭的印记，真正让我懂得了医者仁心是什么意思，也让我懂得了患者发自心底的尊敬、发自心底的感恩才是对医生最大的褒奖。我想，对于几内亚人民来说，中国医疗队是健康的守护神，他们或许不会记得医生们的样子和名字，但是他们会记得中国，会记得中国人的笑脸和真心！"

中医浓厚的人文特色使它成为推行人文外交理念的重要手段，而中医在非洲的推广，是中医乃至中国文化"走出去"，踏出国门、服务世界的一个重要支点。非洲医疗体系极其落后，医务人员数量和诊疗水平与患者需求的差异极大，加之非洲国家医疗人才严重流失以及中国国内也存在派遣难问题，因此要重视中医与中华文化的传播、医务人才的培养，逐步增加培训人员的比重，加大对非洲本地医护人员的培训和技术转移力度。可以在一些非洲受援国开展针灸教学活动，建立针灸中心；介绍和传授中医药的治疗机理，推广中医特色推拿项目，指导当地医护人员学习中医理论，提高医生医务水平。只有通过"情"的交流、"人"的培养，才能在提升中国在非洲的软实力上大有作为。

中国的传统医药文化和悬壶济世、治病救人的理念也在医疗队工作人员的潜移默化下慢慢传播，中国传统医药文化理念中强调的标本兼治、阴阳和谐、治未病等思想和医务人员尽心尽力、施救无类的精神在非洲国家人民心中逐渐扩散，并获得他们的好感。中国援非医疗队工作人员的行为，增强了非洲国家对中国文化的向往，加强了非洲国家对中国的信任和信心，为中国接下来在非洲工作的进一步开展树立了很好的形象，打下了坚实的基础。

在中国参与非洲卫生治理过程中，随着对非医疗援助的规模越来越大，中非双方卫生合作的领域不断扩展。2003 年"非典"危机之后，中非在官方文件中指出："传染病在世界上的蔓延，是对人类的共同威胁。"之后的各届中非论坛都将应对传染病的威胁作为重要的合作议题，卫生应急机制的合作被提上了议程。

8.4　美国参与非洲卫生治理的做法

相对而言，美国在参与非洲卫生治理方面已形成了系统的模式，主要体现在以下几个方面。

8.4.1　设立专门的机构进行项目管理

在参与非洲卫生治理方面，发达国家基本建立了专门负责对外援助的部门，负责管理援助的项目、拨付援助资金和评估援助成效，从这个角度看，美国对外援助医疗资源的专业化管理，能够提高医疗资源的利用效率。

美国的医疗援助是从国家利益出发，非常重视抢占美国在全球医疗卫生领域的治理制高点，并且也重视人道主义等道义关切，以及向全球输出医疗援助服务。美国对非洲进行医疗援助始于 1944 年利比里亚政府向其提出医疗帮助要求。美国为利比里亚设立了第一所护校，控制了首都蒙罗维亚的疟疾疫情，并且在两年内消灭了牛痘所造成的公共卫生威胁。

在对外医疗援助的官方管理和政策制定方面，主要负责机构是国际开发署和国际开发合作局。前者主要负责美国对外援助技术方面的服务，后者主要负责对外援助的各个具体项目。2001 年之后，基于非传统安全的威胁增大，美国开始将传染病威胁提升到最高优先事项级别。

在具体执行和资金使用方面，美国的对外医疗援助物资主要经由国际非政府组织、教会组织以及受援国政府进行安排和分配。在早期的美国对外援助工作中，医疗援助比例只占 10% ～15%，主要用于医疗基础设施的建设。随着美国政府对医疗援助外交的不断重视，逐渐加大了对医疗援助的投入和支持。

美国对外医疗援助工作的另一个特点是采取专项援助制，针对不同地区的不同疾病，援助不同的物资和设备，同时辅以医疗基础设施建设。在小布什任期内，美国通过创立美国总统防治艾滋病紧急救援计划（The President's Emergency Plan For Aid Relief，PEPFAR），大幅提高对非洲的援助金额。

美国国内逐渐意识到肆虐于发展中国家的传染病会加速社会衰退，导致社会分裂，引发政治动乱。PEPFAR 的基本目标是到 2013 年至少治疗300 万名受感染患者，为 1200 万人提供新的预防措施，包括 500 万名因艾滋病而产生的孤儿和弱势儿童。2004 年，非洲获得抗反转录病毒治疗的人口为 5 万，至 2008 年在 PEPFAR 计划的推行下，这一数字上升至 120 万。2010 年，PEPFAR 计划为 3300 万人提供艾滋病检测和咨询服务，这些人口多数分布于非洲。

美国将执行的权力外包给专业性强的医疗卫生组织，对重大传染病的防治与预警项目进行事前计划、事中控制与事后评估。从资金分配来看，援助资金主要流向国际非政府组织（有时高达 70%）、民间合同人员、教会组织以及地主国政府。

8.4.2 派出专门的志愿者团队

无论是否由政府主导，中外在参与非洲卫生治理过程中，落实到具体的参与者身上，医务人员及相关人员的志愿者精神都是非常令人敬佩的。中国有著名的援非医疗队，美国有援非的美国和平队。虽然二者的使命和宗旨不尽相同，但在帮助非洲人民的具体人道主义行动中，共性也是明显的。

美国和平队是 20 世纪 60 年代初美国政府向亚非拉发展中国家派遣的志愿者队伍，希望借此改善美国国家形象，加深外界对美国的了解，传播美国文化和价值观。和平队志愿者在非洲经历了起初比较顺利，之后却被驱逐的尴尬过程。20 世纪 60～70 年代，在非洲国家，如坦桑尼亚、毛里塔尼亚、几内亚、利比亚、尼日利亚等国，和平队志愿者都经历过被驱逐出境的情况。然而，随着苏联解体、东欧剧变，和平队将更多精力投向非洲。事实上，非洲一直是和平队项目执行的重点地区。2014 年，45% 的和平队志愿者被派到了非洲国家，和平队在非洲的状况与非洲国家的政局密切相关。马里危机、突尼斯的动荡等使和平队在这些国家暂停了活动。2014 年暴发的埃博拉疫情，也让和平队暂停了在疫情严重的塞拉利昂、利比里亚和几内亚的服务，因为在和平队看来，志愿者的健康和安全是第一位的。在非洲，和平队志愿者主要从事医疗卫生特别是艾滋病预防、女童教育、环境保护、农业、商业及信息技术等方面的工作。1961～2011 年，美国通过和平队派遣的志愿者超过 21 万人。和平队志愿者一般在受援国服务两年。

美国政府成立的和平队，不仅是美国行政部门中的一个独立机构，更是专门负责与第三世界国家之间关系的机构。它的正副主管均由美国总统任命，并且必须通过参议院的同意。在此基础上，和平队下设三个办公室进行管理，分别是非洲办公室、欧洲地中海亚洲办公室、中美和太平洋办公室。

同时，该机构设有独立的监督机构以预防浪费腐败、管理不善等问题。志愿者的具体选拔流程是：提前 9～12 个月网站报名申请、面试、体检、法律审核，再经国内外培训共计约 1 年后开始履行服务。和平队对候选者的选拔活动与项目运行情况受到参议院外交关系委员会和众议院外交事务委员会的监督，年度预算每年由国会预算和拨款过程决定。

8.4.3 重视完善疾病控制的监测体系

在全球卫生治理的控制疾病国际传播问题中，监测体系的完善为解决这一问题提供了重要思路。20 世纪 90 年代初，根据美国医学研究所的报告，人们还没有充分认识到全面监测项目的重要性。

20世纪90年代后期以来，随着疾病监测运行方式的改进，全球卫生治理机制的根本性质也发生变化。新发疾病监测计划和全球公共卫生信息网分别是个人管理与政府管理的网络监测系统的代表。新发疾病监测计划最初由美国科学家联盟管理并实施，从1999年开始转为由国际传染病协会管理。这一套以网络为基础的通报系统，信息来源渠道广泛，集各国政府、各种组织之合力，可以将全球疾病暴发信息、威胁人类健康的毒素信息等迅速传播，大大提高了信息的传播效率。一旦有疫情出现，美国疾病预防控制中心便应声出动，派遣出医学专家组，证实疫情暴发并研究制定相关协调方案。

8.4.4　注重政府组织和跨国组织的作用

美国在援外医疗方面注重完善相关机制，并将医疗援助外交上升到国家安全战略的高度。美国非常注重政府组织和跨国组织的作用，设立专门负责援外医疗的机构，通过垂直管理模式，减少部门协调的内耗，并以法律形式规范了对外医疗卫生援助的活动，避免管理的冲突与空白。此外，美国医疗卫生项目的影响主要通过输出成果来衡量。如PEPFAR已向至少320万人提供抗过滤性病毒的药物，另有400万名艾滋病孤儿获得部分支援。总统疟疾防治计划服务了5000多万人，使塞内加尔、埃塞俄比亚、卢旺达以及赞比亚的疫情大大缓解。

8.5　欧盟做法

欧盟对非洲的援助经历了半个多世纪的历史，其间出现了几个不同的阶段。欧盟对非援助在初始阶段主要集中在经贸领域，侧重贸易产业和财政方面的合作，采取非对等优惠政策，侧重单一的经济维度，没有附加援助政治条件。进入调整阶段后，欧盟对非援助改变了以往的援助标准，开始侧重附加经济和政治条件。并且，欧盟国家对非援助在政治层面逐步从注重一般性的"民主政治"细化为"促进民主""保障人权"等具体条款。21世纪，欧盟对非援助延伸到社会建设方面，并集中在社会服务和基础设施建设上。可见，欧盟在对非援助上已经发展出了一整套保护自身利益的制度框架和价值标准，通过经济和贸易协定、发展和援助以及对话与合作等方式，推广其人权和民主价值观，是一种"有附加条件、以民主为导向的支配型援非"的"欧盟模式"。

8.6　日本做法

日本援助非洲开始于1966年，准确地说，日本当时还处在援非工作的摸索期。20世纪50年代召开的万隆会议成为日本与非洲国家接触的契机。到了50年代中后期，已经有不少非洲国家与日本陆陆续续地建立了正式的外交关系。

1966年，尼日利亚、坦桑尼亚等国开始将从日本得到的援助性贷款用于发展本国经济。但这一时期除了少数日元贷款和以项目援助为基础的技术合作之外，数量非常有限。从1973年到冷战结束，日本增加了对非洲的援助，尤其是对撒哈拉以南非洲国家的援助。根据日本政府白皮书发布的数据："1973年以来，日本对撒哈拉以南非洲的双边性ODA援助额占日本双边性ODA援助总额的比例逐年增长，1973年是2.6%，1974年是4.1%，1975年是6.9%，1979年更是上升至9.7%。"另外一个突出的特点就是，日本领导人访问非洲的次数逐渐增多，例如1974年日本外相木村俊夫初访非洲，1979年外相园田直访问非洲五国。尤其值得指出的是1985年后，日本迅速地提供了更多对非洲地区的官方援助。"据可查的数据统计，20世纪80年代中期，日本对撒哈拉以南非洲的ODA总额为2.52亿美元，而这一数据在80年代末已经是10.42亿美元。"值得一提的是，日本不仅提高了对非洲的援助金额，也提高了对非洲的援助质量，比如日本迅速提高了无偿援助在官方援助中所占的比例。

20世纪90年代，西方国家特别是欧洲开始出现"援助疲劳"。因此，非洲国家对已经成为经济大国的日本进行呼吁，呼吁日本承担与其国际大国地位相称的国际义务，分担更多的援助责任。

而对于日本来说，为了维护日本自身的利益，也为了能够在国际环境中进一步发展，日本开始学习更加独立、更加自主地对非洲国家进行援助，不受他国影响。1992年，金融危机席卷了整个亚洲，在亚洲经济实力首屈一指的日本也难以幸免，其外向型经济遭受巨大打击，财政状况日益困难。在这一背景下，日本开始认为对国家的财政结构以及政府的行政机制进行彻底改革是必要的，与政治、经济息息相关的官方援助政策同时也被相应调整了。与西方国家不同的是，虽然日本的经济受到了亚洲金融风暴的影响，甚至一度衰退，但日本没有轻易地放弃，没有像西方国家那样出现援助疲劳。与此相反的是，日本对国内援助政策进行改革，并借助这一契机积极地提出了更多与国际援助有关的建议，从而在客观上促进了国际援助政策的改革，使得这一改革进程在日本的努力下有所加快。20 世纪90 年代中期，日本发布了"新发展战略"，具体由 OECD－DAC（经济合作与发展组织发展援助委员会）操作。该发展战略再次明确了援助危机发生时援助国的回应方式，也认识到了伙伴关系的重要性，以及自主权是援助过程中格外关键的因素，并进一步强调了以上两者的重要意义。尤其值得指出的是，该发展战略认为组成伙伴关系最重要的环节之一包括援助国和受援国之间的互相协调，并认为这样能够进一步提高援助效果。在此基础上，更加强调援助国应当对自己的援助对象负有援助责任，而援助对象自身也应有自主发展的责任。

受亚洲金融风暴的影响，日本国内经济严重受创，日本政府对非洲国家的官方援助总额从 1994 年开始有所降低。为了继续保持日本在援助领域的影响力，尤其是在援助非洲地区方面的国际影响力，也为了保持日本援助非洲的质量，日本开始从几个方面进行有效调整。

首先，日本加强了与非洲地区的官方对话。通过高层领导之间的互访和对话，加深非洲地区对日本的信赖，增强日本与非洲地区的交流和了解。特别需要指出的是，仅 2004～2007 年，据不完全统计，日本已经有14 位高级别官员对非洲大陆如埃及、加纳、南非等国进行了近 20 次的官方访问。

其次，日本政府逐步扩大对非洲的援助范围并提高援助的金额。在2002 年 9 月召开的东京非洲发展国际会议第三次会议上，日本政府确定将2003 年定为"加强与非洲合作年"，旨在进一步加强与非洲大陆的合作，为非洲的发展提供更多的帮助。在这一基础上，日本还将对非洲国家提供更多数量的免关税、免配额待遇的商品。这也是响应世界大国加大对非援助力度的号召。

最后，注重民间的作用与力量。在官方文件中用文字的形式强调了日本政府将鼓励民间动用更多的力量，发挥更大的作用，而日本政府在对非援助的过程中会进一步加强与民间的合作。

总体上看，日本援非的特点表现在以下几方面。第一，日本的援助具有浓厚的商业气息。日本选择的援助对象很多是那些矿产资源丰富、本国经济状况和基础良好的国家，比如尼日利亚拥有丰富的石油、天然气、锡、煤、石灰石等资源。同时日本官方给予非洲地区的援助以日元贷款为主要手段，这也是出于一种商业考虑。另外，日本在参与援助的过程中非常重视帮助非洲当地建设基础设施。第二，日本的援助战略经历了不断清晰的过程。第三，日本在对非洲地区进行援助的过程中附加了政治条件。1992 年亚洲金融风暴席卷整个亚洲，对日本的经济造成了严重的影响。在严峻的经济局势下，日本出台了 ODA 大纲，大纲的援助原则就是环保、非军事用途、市场经济和民主化。为了保障这一阶段日本援助目标的顺利实现，日本政府在对非洲地区进行援助的时候，开始在援助条件中附加政治方面的要求，日本希望援助对象能够在援助的过程中按照日本政府的计划来发展。第四，日本积极投身国际多边会议的举办。为了在对非洲援助的进程中获得更多的领导权与发言权，日本积极地在国际社会中主办多种有关非洲的国际会议。比如，主办东京非洲发展国际会议，呼吁国际社会给予非洲更多的关注，为非洲的发展提供更多帮助。日本希冀能够通过这一方式，增强世界对日本援非理念的认同与支持，而其最终目的就是以日本为主体进行"亚非合作"，这些都与日本的"伙伴关系"理念密不可分。第五，日本对非洲援助的内容越来越丰富，也越来越深入。日本对非洲的援助，随着时代的快速发展，已经不再局限于经济领域的传统援助，开始将目光放在更广、更宽的领域，比如技术、教育、环境等，日本开始着力在这些领域加大对非洲的援助。同时，日本政府相当重视发展民间力量来参与对非援助的进程，比如积极支持众多日资企业、非政府组织的援非工作。这一方面能够从整体上增强对非洲的援助，使援助内容进一步充实和丰富；另一方面能够通过与民间组织的合作，减轻日本政府在经济和财政上的负担。另外，日本也加大了对非洲地区事务的参与力度，比如积极参加联合国维和行动以及人道主义救援行动，日本希望通过这一途径有效地缓解非洲地区纷争频繁的局面。第六，日本对非洲援助的重心开始偏移。早期日本注重援助对象的国家发展，所以给予的关注和援助都是宏观层面的。随着时间的推移，日本越来越关注被援助国家人民的具体情况，开始强调以人为本的发展。在援助方式上，逐渐重视能够为普通民众提供良好环境的援助项目。2003 年第三届东京非洲发展国际会议上提出的"巩固和平""以人为中心的发展""通过经济发展减贫"三大要点，也确认了"保障人类发展"的重要性。

8.7 南非做法

南非政府在改善生活条件和制定预防与管理环境污染的法律框架方面取得了相当大的进展，其在防治疾病方面还存在相当大的潜力，包括预防传染病和慢性病，并通过更全面的公共卫生方法促进健康。

南非是《联合国气候变化框架公约》《蒙特利尔议定书》《巴塞尔公约》等一系列国际协议和议定书的签署国，涉及控制危险废物越境转移。政府禁止在家中使用石棉，逐步淘汰含铅汽油，并规定不能在油漆中使用铅。通过 1993 年出台的《烟草制品管制法》和参加《烟草控制框架公约》，南非成为预防环境烟草烟雾暴露的全球领导者。此外，环境影响评估现在是大型工业发展的先决条件。但是，南非大多社区仍面临着诸如空气污染、铅污染以及来自工业和其他方面的汞等的危害。要有足够的政治意愿和体制能力来执行现有立法，才能避免这种风险。

参考文献

[1] 高明，唐丽霞，于乐荣. 全球卫生治理的变化和挑战及对中国的启示 [J]. 国际展望. 2017（5）.

[2] 林卡，刘诗颖. "全球发展"理念的形成和演化 [J]. 山东社会科学，2018（1）.

[3] 马琳，郑英，潘天欣. 我国参与全球卫生治理回顾与展望 [J]. 南京医科大学学报（社会科学版），2014（4）.

[4] 谈谭，王蔚. 中国提供全球卫生公共产品的路径分析——以中国援助西非国家抗击埃博拉疫情为例 [J]. 国际观察，2017（5）.

[5] 王畅. 新中国对非洲医疗援助外交研究 [D]. 上海外国语大学，2014.

［6］王金波．日本对非援助战略研究［J］．国际经济合作，2011（2）．

［7］王微，周弘．论国际援助功能的变化和全球发展［J］．山东社会科学，2018（1）．

［8］谢铿．中欧对非援助——在分歧中寻求合作［D］．复旦大学，2012．

［9］袁亚楠．9·11 后美国对非援助评析［D］．外交学院，2011．

［10］曾强．日本的援非方略及其涉非外援机构［J］．国际资料信息，2010（1）．

［11］张彩霞．全球卫生治理面临的挑战及其应对策略［J］．中国卫生政策研究，2012（7）．

［12］中国全球治理观：时代背景与挑战［J］．当代世界，2018（4）．

［13］Bolade M. Eyinla, 1999. "The ODA chater and changing objectives of Japan's aid policy in Sub-Saharan Africa". *The Journal of Modern African Studies*. vol. 37 no. 3, pp. 409 – 430.

第五篇
广东医疗援非访谈实录

1

献礼国家改革开放 40 周年

——以医疗援非为国家战略做出服务

编者按：为了向 2018 年中非合作论坛北京峰会献礼，2018 年 5 月 24 日，广东外语外贸大学非洲研究院一行赴广东省卫健委进行调研学习，探讨广东省医疗援非的历史与现状，总结广东经验，为下一步医疗援非工作贡献智慧和力量。在此次调研会上，由广东省卫健委交流合作处处长纪乐勤，广东省人民医院佛山分院院长林纯莹，广东省中医药局办公室副调研员李海琳，广东省卫生医疗对外合作服务中心副主任岳金良，广东省疾病预防控制中心世界卫生组织新发传染病监测、研究与培训合作中心办公室主任罗海铭，广东省妇幼保健院陈丹等十余位专业人员所组成的研讨小组，就更有效地实施国家的医疗援非战略和开展医疗对外合作与交流进行了相关探讨。

1.1 广东省援非医疗队伍的
成绩和困境

广东省卫生医疗对外合作服务中心副主任岳金良对广东省援非医疗队的情况做了一些介绍。

现在我们省主要承担非洲两个国家——一个是加纳，另一个是赤道几内亚——的医疗援助工作。目前我们援助的主要模式是医疗队加项目的形式。

最早应该是从 20 世纪 70 年代开始的，我们的第一支医疗队是 1971 年组建的。截至 2018 年 4 月，往赤道几内亚已经派了 29 批，共计 537 人次。我们的医疗队由 28 人组成，含 1 名专职队长，覆盖三个医疗点。一个医疗点是位于首都的马拉博总医院；一个是巴塔（音），也是另外一个大城市的总医院。这两家医院的学科是一样的，每家医院都涉及 9 个学科，医疗队共包括 9 名医疗技术专业人员、1 名厨师、1 名翻译。第三个点是总统保健医疗点，我们派出 2 名医生、1 名护士、1 名翻译。这是我们援助赤道几内亚的基本情况。

援助加纳是从 2009 年开始的，由 11 个人组成，涉及的学科也是 9 个，还有 1 个翻译、1 个厨师。这个医疗队里只有兼职队长，没有专职队长。到 2018 年 4 月，我们共派出 7 批共计 77 人次。

以上是援助两个非洲国家的基本情况，我们现在称之为常规医疗队的援助模式。加纳是在中加友好医院展开援助活动，该医院也是由中国捐助修建的。

除常规医疗队的援助模式外，我们还有另外一块，是创新医疗援助项目，主要有以下几个方面。

第一个合作项目是"光明行"，由短期专家组开展"光明行"行动。1915 年广东省派出了眼科手术团队，在加纳成功实施了 209 例白内障超声乳化手术。

第二个合作项目是中加西非心脏中心合作项目，是从 2014 年开始的。林院长①是具体的项目负责人，也是牵头人，等一下她来介绍会更精彩。这个项目到 2018 年 10 月大概投资了 1300 万元人民币。未来在 2018 年、2019 年，这个项目还会在更高层面展开合作。

第三个合作项目就是妇幼健康项目。

我想介绍的第二个大的方面，就是广东省援外工作所取得的主要成就。

从 1971 年以来，广东省援外医疗队共接诊门诊病人 200 多万人次，收治住院病人 19 万余人次，施行各种手术 5 万多人次，抢救危重

---

① 此处指广东省人民医院佛山分院林纯莹院长。

病人 2.3 万余人次，服务伤残保健 3.2 万人次，应该说我们对被援助国家做出了很大的贡献。

一路走来，广东省获得了 5 个"全国援外工作先进集体"称号和 14 个"全国援外医疗工作先进个人"称号。2008 年全国医疗援外 45 周年纪念大会上，广东省的先进集体和先进个人得到了李克强总理的接见。2013 年全国援外医疗 50 周年纪念大会上，广东省的先进集体和个人得到了习近平主席的接见。这是一个方面的成就。

第二个方面是 2000 年以来，广东省援赤道几内亚医疗队从第 20 批、第 21 批，一直到第 27 批，连续 8 批共计 252 人次，荣获了该国颁发的最高荣誉奖"国家独立勋章"。这体现了赤道几内亚政府和人民对我们工作的肯定。

2017 年 11 月，林纯莹同志被全国对外友好协会、国家卫计委评为"2017 年度全国最美援外医生"。

以上是广东省对口非洲医疗援助的情况。

目前来看，最突出的问题是，虽然援助时间长，但对当地医院提高医疗水平的作用不大，这也是我们现在医疗援外最突出的问题。目前能够看到的解决这一问题的思路之一是开展专项行动，以项目为抓手开展医疗援助。

现在推项目援助的话，我最大的担心就是国家的项目开展多了以后，国家的投入能不能有保障，能不能使项目继续下去。现在我们做的这两个项目①国家还是可以给予一定的保障。我希望国家可以持续给予经费支持，否则就会影响它的效果和可持续发展。

1.2　心系加纳的"最美援外医生"
林纯莹

听完岳金良副主任的介绍后，心脏中心项目负责人林纯莹院长表示，自己也曾在加纳医疗队伍中待了两年。她分享了这两年的亲身经历，能够帮助调研组了解当地存在的问题，以便后续项目的推进。

---

① 此处指上文中的"光明行"和"心脏中心"项目。

我们那批医疗队，在加纳这么多队里面可以算得上精英。到目前为止，在我回去的时候，无论是使馆、当地的华人，还是他们医院的人，都说"你们那支队是最棒的"。为什么呢？因为我们那支队集合了各个医院比较优秀的医生。有南方医院的，有中山一院、二院、三院的，有广州市妇幼保健院的，有广医二院的，还有省中医院的。

我们这支队伍最大的特点是队员英文好。我们在外语学院①培训 4 个月期间，我感受最深的是大家还比拼学习成绩，那时候压力还蛮大的。

由于有一个好的英语基础，我们当时去的是当地最大的克里布（音）教学医院。在那里我们就遇到了第一个困境：你如何融入这家医院？出去后你的英文好，那么你就可能融入得快；英文不好，基本上你就在外面徘徊。

我们这批医疗队里有几位同志，他们的英文特别棒，就能够介入当地的医学教育，包括学生考试、学生打分都参与了。我们最深的体会，就是你的英文要好，融入其中，就可以做很多事情。

第二个就是我们中国有很多先进的技术、理念，但是你要改变非洲人的理念不是那么容易，因为他们习惯了原有的一套方式。所以我们要融入其中的时候，首先你不是说要怎么去做，而是要做给他看，做完后跟他的做法对比，这样才能说服他接受你的观点，否则他是不会接受的。

第三个，我们当时的医疗队对当地华人起到了保驾护航的作用。因为毕竟我们是在大医院，所以经常遇到一些大的事件、大的事故，尤其是车祸、外伤较多。这个时候我们华人就得到了在那里的医疗队全方位的救治和关照，所以我们在华人圈里边口碑也特别好。

我们医疗队不满足在一家医院工作，还组织了医疗队到贫困地区义诊。我记得我去过加纳西海岸角的一个地方，方圆几里都没有医院。其实他们的医疗资源很集中，就在首都，一离开首都几乎就没什么医院了。然后去到海岸角那边，听说我们要来，方圆几里的人早早

---

① 此处指广东外语外贸大学出国留学人员培训中心。

就到卫生站那里等候，有700多人，拖家带口。当时我们带着很多抗疟药和其他药品，一到那里大家就蜂拥而上，我们就跟他们说不用着急，我们肯定会看到最后一个病人。那一次我的感悟特别深刻。

同时我们也去加纳的一些学校，帮学生做体检。我们发现加纳学生身体非常好，基本没什么问题，很少有近视也很少有蛀牙。我们看了300个学生，只有一个近视，还有一个有蛀牙。黑人孩子们真的非常健康，不是我们想象中的非洲饥民那样营养不良。农村最穷的地方我们也去了，北部我们也去做过一些义诊，非洲真的不是想象中那么差，至少温饱没有问题。

我们开展了一系列活动，也去中资企业做过流行病学的讲座，尤其是疟疾怎么防治、高血压怎么治疗，伤寒、传染病怎么防治，还有一些慢性疾病怎么治疗。当时医疗队是去两年，不像现在是一年。所以等我们交接的时候，听到下一批是一年，我们真的纠结了很久，不知道是喜是悲。

对于医疗队来讲，我想最大的痛苦不在于物质上的贫乏，物质是不贫乏的。我们的医疗队队员都在40岁左右，对家庭的牵挂是他们心里的痛。

按照医疗队的规定，援非期间是不允许回来的。不能说家人一生病你就回来，这个借口是不存在的。除非说肿瘤，或者一些恶性疾病，那你才可以回去。或者是你自身身体出现状况了，才允许回来。

我觉得对医疗队来讲，亲情的这一部分是没办法克服的，而且我们那个年代还有比较痛苦的一点，不像他们现在去一年，大概半年后老婆孩子就可以过去了。我们那时候第一年是不可以的，第二年才可以带老婆孩子来，所以对我们医生来讲也是蛮痛苦的一件事情。

这是我们医疗队当时的情况。

1.3　中加西非心脏中心合作项目需要做什么

第一个就是人才的培养。先培养中国情结，然后培养医疗技术，这样才能使他们真正得到提高。从2015年开始就有学员陆续来，到目前为止我们一共培养了8位，连现在还在培养的叫作长期的。所谓长期，就是一年的学生。短期的也有，就是各种科主任、CEO，还有一些护士，加起来我们培养的人数20人都有了。整个医疗团队目前就组建起来了。

现在第一批回去后的医生反映不错，像弗兰西斯（音），他现在每个星期有6台导管手术，他可以自己开展针对心脏的，我们说冠心病放支架的这种手术，他们现在开始已经可以自己做了，有些心脏起搏器的手术，他们现在都可以独立完成。

我希望我们重新建一家医院，这个医院定位高端，有别于LEKMA医院。关于LEKMA医院，我们建议做成妇幼医院。新建的医院是以心血管为龙头的一个综合性医院，是一家高端的医院。这家大的医院建成之后，建议由中方来经营管理。我们培训完的医生就在这里开展手术，也可以考虑"院中院"的模式，将中加西非心脏中心整合进来，这样的话我们不单是培养加纳的医生，而且使医院成为培养西非心脏医生的摇篮，是一个基地。

我想广东能否做一个先例，将来医疗队就是在我们援建的高端医院开展工作，需要培训的医护人员，可以来我们这里学习，我们来安排培训，甚至可以发证，还可以作为医学院学生的实习点。

1.4　将创新的理念融入当地

当我们建成自己的医院之后，中资企业高端的产品可以进去，甚至我们的医疗队队员也可以有收入，这是创新的理念，是具有颠覆性的。以后中国医院就是一个品牌。

我们开展了一个叫"心脏行"的活动，在当地的影响力非常大。因为在所有的手术里，心脏外科的手术最能代表一家医院的水平。

我们当时选择"心脏行"，就是为了展示国力。因为一台手术要6个人共同完成，还要体外循环。把心脏所有血液转到一个机器上，在心脏停搏状态下开胸做手术，做完之后再把血回流到心脏，心脏再复跳。这个过程是非常复杂的，需要很高的技术水平。

当时我们在那里开展了大概十台心脏外科手术，每一台都不一样，每一台都很复杂，每一台都是当地一个零的突破。后来他们的人也学会了配合，他们现在有个别医生也学会了做这个心脏手术，我们还要扶持他们继续做下去。

我们现在做了 1100 份关于非传染病的，或者说心血管危险因素的流行病学调查。这是非洲首次在非患病人群里面的数据，也是全世界仅有的数据，现在论文正在整理中，有很多发现。

我们最大的收获是什么呢？这个方案从设计到实施，都是由加纳的医生配合我们去做，这个是非常难的。整个方案是他们写出来，然后我们修改。我准备 2019 年再做一个队列研究，意义就更大了。

以上是我们整个工作的一个概况。

1.5　行万里路，为心脏项目

林院长走遍加纳，阿克拉、库马西、特马里，东南西北全部走遍。因为做流调，要在乡村做、城市做，去找不到中国人的地方做。问到为什么想做心脏项目，有什么想法的时候，她回答道：

开始没什么想法，就是想培养人，最简单的想法就是培养几个医生。后来觉得培养几个医生影响力不大，就加了一个"心脏行"，发现影响力特别大，就坚持每年都开展"心脏行"活动。

有了影响力，我觉得还不甘心，就把流调也做了。因为他们也特别想做，流调这个东西不是那么容易做的，非常艰难。我们是把加纳所有医院的教授全部串起来了。

今年他们就成立了一个心脏协会，邀请中国的协会跟他们合作。

1.6　医疗援非实际并不难

面对其他参与调研成员所担心的医疗队伍招聘、项目的可持续性、资金、援外国家政策、条块分割等问题，林院长表现得很乐观。

我想这个新建医院的项目要落地真的不难，因为首先地点没问题了，而且那个地点非常好，在阿克拉。

为什么一定要做心脏项目呢？我把"胸痛中心"这种通路，以半小时生活圈的理念去做。急性心梗必须就近抢救，他们很需要这种高端的综合性医院，而且还可以为当地的中国投资者保驾护航。中国人目前在非洲看病确实存在问题，他们经常会把病人送回国内来治疗，导致企业经营成本增高。

1.7 缺的不是设备，而是有技术的人

广东省妇幼保健院援加纳医疗队队员陈丹补充道：

妇幼方面的手术，我们去那里就做了一台，他们觉得我们好厉害。但是因为他们的设备太落后，反而成功率不高。像我们轻易就可以做一个腹腔镜手术，但去那里就不行。还有一个就是设备的问题，我们送的设备很多在那里坏了。我们的医生、专家帮他们组装设备，那个设备是 2010 年不知道哪家医院送的，一直尘封。

他们缺能装设备的工程师。这次我们帮他们装配了 2010 年的一台呼吸机，他们非常开心。我们的设备送过去他们不敢装，他们说如果我们人不到，他们是坚决不会开箱的。

1.8 援助带动加纳妇产科发展

广东省妇幼保健院跟加纳的渊源是从 2015 年开始。2015 年、2016 年我们各派了 2 名医生，加入中国第四批和第五批驻加纳医疗队。到了 2016 年，我们拿到了国家卫计委中国援加纳妇幼工程项目。项目对口的单位就是中加友好医院 LEKMA 医院，费用是 300 万元。

2017 年 4 月，我们的院领导邀请了加纳 LEKMA 医院的高层，就是他们的院长、行政主任，还有护理部主任、妇产主任，来我们中国进行接洽。我们在 2017 年 6 月签署了合作备忘录，为后面项目的开展奠定了基础。

我们主要的定位是帮他们提高危重孕产妇和危重新生儿的救治能

力。第一个是人才培训。这个是林院长给我们的灵感，但是稍稍有点不同的是对方是以团队的形式来我们这里培训的。第一批是 2017 年 10 月，邀请了他们 7 名医护人员，包括 1 名妇产科医生、1 名耳科医生、1 名麻醉师、1 名儿科护士、1 名手术室护士和 2 名产科的助产士来我们医院培训，医生的培训期是半年，护士是 3 个月左右，所以他们在中国待了一大段时间。

我们安排了医院最顶尖的医生参与培训项目，因为我们是妇产儿科医院，所以我们就安排他们到妇科、产科、新生儿科做培训。

我们的培训还是非常接地气的。因为这是我们医院第一次做这种项目，所以所有人都特别积极。我们向省卫计委这边的太平洋岛国项目学习，也实行双导师制。请我们的科室主任作为导师，因为导师比较忙，年龄也比较大，因此还会安排一些年轻的主治医师或者副主任医师。这些人很有热情，同时时间相对宽裕。所以对每个学员几乎是贴身培训，不会说把他们晾在一边。他们在这边培训了一段时间。

除此之外，我们在生活方面也给予他们最大的支持，这个模式完全是向省卫计委学习的。

对于我们来说，我们希望整个手术团队能够独立完成手术。这次我们去了加纳之后，发现效果还是不错的。因为我们去加纳之后，他们就特地安排了曾经来中国进修的护士，这些护士知道我们手术的流程，还有我们主任做手术的习惯。我们这次去，就变成我们双方一起合作去做手术。还请了当时来我们这里培训的麻醉师来做麻醉，由我们的麻醉主任看着他是怎么做的，相当于说现场检验一下他们行不行。

他们还安排了当时来我们中国培训的手术室护士，我们院长一看就认出来了，因为曾经搭台过。这样整个过程会顺利很多，也觉得他们是学有所成，他们的技术水平有所提高，所以我们认为团队模式比较有效。可能接下来在人才培训方面，我们也是邀请一个团队来我们医院培训。

培训在 2018 年 4 月全部结束，他们也回国了。

之后就是设备捐赠，这是第二个大的方面。我们捐赠了价值 135 万元人民币的设备。之前有些设备我们捐了他们不喜欢，所以他们来这里人才培训的时候，我们院长会跟他们讨论哪些设备是他们急需的，列张清单。其实这些设备都不是特别特殊，主要是一些孕产妇、新生儿需要的设备，如产床、呼吸机等。

这次我们去，很惊喜地发现 LEKMA 医院正在建一个独立的新生儿房间，虽然还不能被称为科。

当问到是否希望在援助地看到省妇幼的影子时，陈丹表示：

他们现在要建的大概是这样大的一个房间，我们就理解为新生儿科吧，有新生儿呼吸机、新生儿床等。他们说大概今年年底可以建成，我们捐的麻醉机和呼吸机都会摆进去。

我们在人才培养的时候做了很多工作，包括周末的时候带他们到外面调研，去不同的城市，像中山、深圳等，他们对整个广东省还是有所了解的。对他们来说，中国情结还是有的。所以我们这次去，那个院长说我们是一家人。

剩下的就是我们的短期帮扶。我们分了两个组。一个是行政组，包括省卫健委的领导，还有援外中心的，作为督导。行政组的主要任务首先是拜会中国大使馆参赞处，然后商讨下一步该怎么做。还有一个工作是参加设备捐赠仪式。这是行政组主要的安排。

另一个是手术组，手术组主要是做手术，这也是林院长之前给我们的建议，做手术比较有用，直接实操就好了。我们原本安排的手术是高精尖的，但是跟他们沟通完之后发现他们极度缺乏相关设备和耗材，连手术服都是我们自己准备的，我们带了三大箱的耗材和小型设备出去。耗材大概价值 3 万元，后来我们就拉着一大堆设备出去。

做手术，他们给我们安排的是 8 个病人，但是因为时间关系，只做了 6 台手术。因为我们的专家是第一次在那里做手术，那些病患、产妇在体型等各方面跟我们不太一样，所以一开始做起来不是很顺手，还要评估。

1.9 中医药大学的青蒿素项目

中医药局李海琳对青蒿素项目这么介绍：

　　青蒿素项目我们比较清楚，因为我们比较重视，省里也比较重视。它是从 2007 年开始的，在科摩罗的那个项目做得比较成功。那个方案仅用了 8000 万元人民币，就基本解决了一个国家的疟疾问题，它的示范效应还是比较好的。现在已经在马拉维推广，近期在巴新开展项目。前段时间由徐庆锋局长带队，包括杨波副处长他们都去考察了巴新项目，实验室已经搞好了。

　　省里对援非项目的资金补助不少，一开始有 1500 万元，后来又给了 600 万元，一共是 2100 万元。深圳去年开展了一个药品捐赠活动。

　　广东省第二中医院现在就在援助加纳。中医比较有特殊性，主要是按摩、针灸一类的，他们主要开展文化宣传，2015 年他们开设了第一堂中医文化课。因为语言不同，就从中医寓言故事入手，培养了学生对中医的文化兴趣，3 个月听课者 300 多人次，相关团队荣获加纳孔子学院颁发的"优秀中医委员使者"称号。然后他们还在社区开展讲座，主要是为了增进社区对基本医学知识的了解，效果不错。

刚从青蒿素项目回来的参会人员补充道：

　　我刚从巴新回来，我们的青蒿素抗疟项目是很有故事的。

　　现在西方的抗疟，跟我们的理念和方法是完全不一样的。至于孰优孰劣，这当然要由专家评判了。西方理论认为疟疾是蚊子传播导致的，所以他们主要做的就是驱蚊、杀蚊，然后把蚊帐处理一下，提倡挂蚊帐。

　　而我们这个青蒿素项目是通过全民服药，把体内的疟原虫杀死，这样就消灭了传染源，而不是说消灭传播途径。即使蚊子叮了你，因为已经不具有传染性了，也就传染不到。

　　现在青蒿素抗疟项目在非洲得到了推广，这是中国的解决方案。

至于说这个方法的优劣，这是专业层面的问题。但我们确实做了很多工作，也得到了他们的认可。

我们中医药大学曾经接触过 27 个非洲国家的新闻媒体，就是因为在科摩罗的抗疟效果太突出了。相对来说，在封闭的岛上，人员流动比较少，可能效果比较突出。

非洲抗疟项目是我们的一大亮点，部分非洲国家非常认可我们的这种方式。我刚从巴新回来，前方使馆就给我转了一封他们卫生部的信，他们说现在两轮全民服药都已经进行过了，效果还是很明显的，然后他们希望从基里维那岛扩展到其他的地方。如果他们觉得无效，就不会主动提出这种请求，这说明至少有部分国家是认可这种方式的。

现在中医的针灸和按摩这些外治法在国外很受欢迎。在非洲可能好一些，但是在其他国家有中医注册的问题。去岛国我都没办法注册，只能按理疗师注册，那里没有中医这个行当。但确实还是很受欢迎，我都觉得超出了我们的想象。

1.10 世界卫生组织新发传染病监测、研究与培训合作中心的工作

杨波表示，2016 年成立的世界卫生组织新发传染病监测、研究与培训合作中心，属于"栽下梧桐树，引得凤凰来"。世界卫生组织新发传染病监测、研究与培训合作中心的牌子挂在广东省疾控中心，对这块牌子利用得比较好，而且确实能够发挥中心辐射周边的作用。

1.11 非洲疟疾防控、疾病防控工作的开展

"我接到这个通知和任务是在昨天傍晚，他们都下班了，我才匆忙把那个材料收集了一下，不一定很全面。因为之前我们跟非洲开展过一些相关工作，但是肯定没有之前几家医院介绍得那么具体。"整理了一下手头的资料，罗海铭说道。

世界卫生组织新发传染病监测、研究与培训合作中心隶属于西太

平洋区，所以实际上开展得更多的是跟西太平洋这边的合作。与非洲的合作是零零星星，我们以前开展过一些，但是没有那么系统。

因为我们是做公共卫生的，对非洲的援助不是直接对个人提供一些医疗服务，我们做了 4 次援非的疫情处理。

第一次是 2008 年 7 月，我们协助当地建了一个疟疾防治中心。那个时候是由张贤昌与林荣幸两位专家代表我们中心，带着广东省的援非抗疟专家组，到非洲的刚果（布）和加蓬做了这项工作。

第二次是在 2015 年 1 月，在埃博拉疫情期间我们派了两位专家到西非的塞拉利昂和加纳，做了基层一线的疾病预防技能培训，将中国的防疫经验传播到了非洲。

第三次是在 2017 年，我们中心的应急队员罗焕清通过了外交部的考核和测评，借调到中国驻埃塞俄比亚的大使馆，担任为期两年的临时助理。

第四次是 2018 年 6 月跟中国疾控中心全球公共卫生中心联合开展"一带一路"沿线国家（主要是针对非洲的）公共卫生体系现场考察工作。第一次任务是接待非洲疾控中心 5 个分中心即加纳、南非、乌干达、苏丹和尼日利亚来的 6~7 位代表，他们到我们中心考察公共卫生体系情况，考察包括国家层面、省层面、市层面以及基层，到区里面、社区中心，开展整个疾控体系的考察。因为是要参考我们中国的经验，到非洲去建这个疾控中心。

中国疾控中心全球公共卫生中心主要负责全国疾控队伍对外援助的一些项目。目前它在全国选了 9 个省作为公共卫生体系的考察基地，我们中心是全国 9 个基础之一。目前他们主要想做的工作，是非洲公共卫生体系能力建设。

1.12　未来在非洲医疗领域的合作工作、计划和重点

罗海铭介绍：

其实我们很乐意接受太平洋岛国的培训，因为我们中心作为一个

西太平洋合作中心，更希望对西太平洋卫生治理做出贡献。关于未来在非洲医疗领域的合作工作、计划和重点，我们目前跟中国疾控商量，主要有两个方面。

一是交流培训。刚才提到的体系考察，非盟官员的短期访问只是其中一个比较小的部分。其实后续希望我们做的是编写一个公共卫生疾病防控专业技术的培训教材，同时希望我们以后对"一带一路"沿线国家（主要是非洲盟国）公共卫生专业人员，以及非洲的留学生，开展疾病预防控制的专业技术培训。

这也是为什么我们要开展师资培训，因为先要把我们的师资训练好，尤其是英语口语这一块，然后才能开展对他们的规范化培训。

而且我们希望培训的教材能按照中疾控的要求做到规范化，每次来的人看到的内容都是一致的。然后我们把想传达给他们的东西传达到位。因为这种对外交流有时候也是文化品牌和文化输出的一个体现。希望能够通过这种规范化的培训，把我们的形象树立起来。

中心承接了编写指南的任务。中国疾控中心全球公共卫生中心有一个项目是编写《国际公共卫生发展合作指南》，作为公共卫生援外人员的培训和指导教材。我们承担的就是《华人海外传染病预防控制指南》的编写工作。刚才林院长也提到那边有很多中资企业，也有很多在外务工的人员，他们对常见传染病的预防措施和方法是不了解的，而且有一些公共卫生人员去那边做企业培训的时候也缺乏这种教材。所以我们希望能够尽快出来一个成果，把它印成册子。既可以作为培训的教材，又可以作为实用的小册子，还可以拆开单章作为宣传材料。希望做成既专业又雅俗共赏的科普手册。

二是参与国际卫生治理和国际卫生合作实践。这一块内容分为健康教育、疫情防控、疟疾防治，以及国际卫生组织相关行动这几个方面。健康教育这块不全是针对非洲的，我可以讲一讲我们中心在做的事以及跟其他国家的一些合作情况。

世界卫生组织驻太平洋代表处通过国家卫健委的资金监管服务中心，在全国范围内筛选卫生人才。经过层层筛选之后，广东省公共卫生研究院副院长何群获得了到太平洋岛国斐济承担非传染病与酒精控制工作这样一个机会，大概去了半年。他在斐济期间，还为世界卫生组织撰写了酒精控制培训的教材，可以作为当地的科普教材和读物一直使用。世界卫生组织比较认可我们对当地公共卫生做出的贡献。

2004 年 12 月，印度洋发生地震引发海啸，我们中心派了一个专家参加广东省医疗队，到泰国进行国际援助，做灾后防疫工作。

2018 年 3～5 月，我们中心承担了 2 批太平洋岛国官员的培训任务，一个是巴布亚新几内亚，一个是库克群岛。他们来我们中心进行了 3 个月左右公共卫生方面的专业技术培训。内容包括传染病防控、公共卫生应急、艾滋病防控、食品安全营养、环境、学校卫生、免疫规划、寄生虫防控、病原微生物检验、慢性病防控，还有环境健康研究方面的介绍和交流。他们毕竟是在职的，所以有一定的工作经验，我们不能完全当他们是学生那样进行技术培训。最终获得了他们比较好的评价，他们在走的时候还说会想念广东省疾控中心，希望接下来我们还有机会再见。

我们还参与了国际卫生组织的相关行动。我们中心在 2005 年 11 月就接到了世界卫生组织的任命，成为世界卫生组织新发传染病监测、研究与培训合作中心，已经成功连任三次了，这次是第四个任期。

每年结合广东疫情防控的特点和世界卫生组织关注的热点，我们都会举办一些国际专家研讨会和论坛。

2016 年举办过一个寨卡的国际研讨会，2017 年我们准备开展世界卫生组织公共卫生的国际援助，所以又举办了一个公共卫生应急人才建设的国际研讨会。2018 年我们比较关注流感的特殊情况，所以又举办了一个识别控制新发传染病的研讨会。

这几次研讨会收到的效果都很好，通过这种交流，向世界展示了我们中国的经验。

每个月广东省疾控中心都会报送一期广东省流感监测的月报（包括英文摘要）给世界卫生组织西太平洋区，作为疫情形势研判的一个参考，这获得了世界卫生组织的好评，已经坚持了好几年。

结合太平洋岛国培训，我们新任期有一个内容，是培训太平洋岛国学员的虫媒病毒实验室诊断技术。如果这块品牌能够立起来，则有望申请成为世界卫生组织西太平洋区虫媒传染病实验室诊断方面的参比实验室，这对我们中国来说也是有好处的，目前我们中国还没有。

后记：这次的调研工作是一个平台性质的，通过这个平台可以把广东省各个部门辛辛苦苦做的工作展示出来，而不调研的话无从得知。

这次调研只是起步，在后面我们会更多地利用各个平台，继续挖掘各个部门对外援助尤其是援非方面的工作。让大家都能知道，为了这个项目，我们的援助队伍做了很多伟大的工作。

2

医者仁心，大爱无疆

——广东省第六批援加纳医疗队访谈录

编者按：根据国家卫健委、广东省卫健委的部署，南方医科大学肩负起两批（第六批、第七批）援加纳医疗队的组派工作。这是广东省首次把援外医疗任务全部交由高校承担。

第六批医疗队由 11 个队员组成，分别来自 4 个医院，囊括了普通外科、骨科、麻醉科、放射科、眼科、中医针灸科、妇产科、心内科、肾内科，共 9 个专科。其中，南方医院派出了 3 名医生，珠江医院 4 名，中西医结合医院 1 名。还有随队翻译、厨师、总务各 1 名。

整整 15 个小时的飞行，医疗队来到 13000 千米外的加纳。在基础设施和人员配备都相当落后的 LEKMA 医院，迎接他们的是超乎想象的重重困难与挑战。

以下材料根据编委会 2018 年 6 月 13 日在南方医科大学的访谈整理，以医疗队队员第一人称口述。

2.1 极端恶劣的医疗环境

戴春艳医生，作为麻醉科的专家，她几乎参与了医疗队在加纳 LEKMA 医院进行的每一台手术。谈起 LEKMA 医院的医疗状况，她表现出的更多是心疼和无奈。

加纳这个地方并不是很大，人口大概 2000 万人。全国有 3 个大医院，分别是阿克拉的克里布教学医院、三十七军医院，以及库马西医院。其余就是社区医院，以及一些私立医院。

我们去的是中国援建的 LEKMA 医院，也就是中加友好医院，这是从 2010 年 12 月开始投入使用的一家医院。LEKMA 医院的定位是一家社区医院，整体医疗条件并不是很好。

当地经济落后，医疗状况跟中国差异很大。在加纳做手术，药品短缺是常态。医务人员需要现场开方，让病人家属自己去买。有时甚至买回来已经来不及了，病人不行了。液体、胶布，都是要患者在外面买回来，带到手术室用。

在这种情况下，危重病人的生命就完全得不到保障。于是中国医疗队就自带耗材。据了解，第六批医疗队随队带了包括丝线在内的大量基础医疗耗材。

除了物资短缺，医院各方面的硬件也无法达到实施手术的要求。就连国内最基本的术中无菌操作流程，也只能简化到在术前进行洗手——并且肥皂还得是医疗队自带的。而让医疗队最头疼的是，医院的水电经常会停。

2.2 "光明行"之后，天使般的眼科专家

2015 年，中山眼科中心医疗队在加纳开展了名为"光明行"的援非专项行动。自此，中国的眼科医生成为加纳当地老百姓心中的天使。

在 LEKMA 医院，对眼科医生的需求仅次于妇科。加纳属于赤道地区，日照很强，很多当地人在很年轻时就会出现眼疾。因为卫生条件落后，白内障发病率很高。同时，对于非洲人种来说，青光眼的发病率是其他人种的 4 倍。而青光眼恰恰是致盲性眼病的头号杀手。眼科专家张彩霞医生回忆说，她来到加纳出门诊的第一天，一共来了 20 多个病人，有一半以上是青光眼。

"仅仅 10 天时间，我们就做了 270 多例白内障手术。"张彩霞说，"当地对眼科医生的需求非常大。在当地，很多已经完全失明的病人，需要等很长时间才能做白内障手术。半年，甚至更久。在非洲，当地的医生是

绝不会加班的。但中国医生不一样，只要有病人，我们就会给他们安排治疗。"

"当地人对眼科医生是发自内心的尊敬"，张彩霞说，"那边蔬菜很短缺，但他们常常拿些自己种的菜送给我们。在国内，一棵青菜可能微不足道；但在当地，这是他们向医疗队表达的最真挚的感激之情"。

2.3　每天都在抢救病人的妇产科专家

作为广东省首次派驻加纳的妇产科医生，卢光明几乎承担了医院所有的高危手术。而妇产科，又恰恰是 LEKMA 医院的重点科室，无论是手术量还是门诊量都位居全院第一。责任感使然，卢光明几乎每天都加班。即使下班了，一通电话便又赶回医院投身抢救。

"当地妇女生育率很高，一个人生六七个孩子是正常的。"卢光明说，"不是患了危重病她们不会去医院，所以妇产科几乎天天在抢救。但这边的软硬件设施都十分有限，如果在中国，术前会有许多必做检查，而加纳并没有"。

在艾滋病肆虐的加纳，术前检查的缺失，意味着手术医生时刻面临感染艾滋病的风险。卢光明说，"医疗队一开始会穿上'防护服'上手术台——所谓的防护服，就跟国内涉水作业的防护服一样，又厚又笨重，并且还是重复使用的"。

"加纳气温常年在 30℃ 左右，一台手术下来，仅是流汗就几乎虚脱了。"卢光明说，"一开始大家都很谨慎，但这样做手术太不方便了，大家渐渐也都不穿防护服了，血溅到手上也就皱一下眉头"。

2.4　走进当地的中医瑰宝

对于针灸等无创的治疗手段，当地医院持保守态度。再加上中草药无法在当地使用，中医科的钟广恩医生开展起工作来受到重重限制。

实际上，当地受高血压、糖尿病以及脊柱疾病等慢性病困扰的人非常多。非洲人喜欢用头顶着东西，几乎都存在脊柱侧弯的情况。再加上生活在海边的本地人容易患类风湿疾病，钟广恩医生看在眼里、急在心里。针灸、中草药不能用，他就刮痧、拔罐、按摩、拍打，种种传统疗法在中医科室里轮番上演，慢慢地，疗效快、费用低的中医科成了 LEKMA 医院最受欢迎的科室之一。

"在当地，西药或当地医学解决不了的问题，他们都会求助于我们。"钟广恩医生说。

在繁忙的工作之余，钟广恩医生还亲自走访了解当地传统医学的情况。

"当地也有传统医学。治疗疟疾，当地有草药制剂，还有增强免疫力的制剂。11 月非洲有一个传统医学周，来自不同地区、部落的人会聚集在一起，展示他们的传统草药。"

据了解，LEKMA 也有传统医学科，当地医生会向历届医疗队学习，会使用一些简单操作，像艾灸、拔火罐等。有时候当地医生也会给病人开草药制剂，但都是成药，与国内使用的中草药不一样。

医疗队的一大遗憾是国内的药物无法在加纳使用。再加上语言障碍，未能更好地推广中医。

钟广恩医生补充道："其实当地人对中医药是十分认可的。加纳当地的医务人员也在学习中医知识，但是中医系统学习起来时间比较漫长，我们讲究辨症施治。但是他们从小接触的都是欧美的教育系统，这一点对理解中医学有一定障碍。但我们可以从一些操作性的治疗入手，让他们先学习推拿、按摩或者拔罐、艾灸，慢慢切入。"

2.5　只想多做手术，却心有余而力不足

影像科离不开用电的问题，但是当地电力经常中断，突然断电对设备的损害非常大。而设备坏了以后，修理工作也是一拖再拖。放射科专家林波森表达了他的无奈。

"这就是当地人的风格，是我们没有办法改变的。我们只能尽力去适应。要适应他们的工作风格，适应他们的工作态度。我是真的希望能多做几台手术，可是需要当地配合的地方太多了，以致很多病人都得不到及时的治疗。非洲的节奏就是慢，当地不会因为你一个人，就要求其他人配合你。"

"我们是真的希望多做手术，这样才能帮到更多的人。"

2.6 达观，微笑

说到工作上的困难，大家都沉默了。医疗援非的艰辛，的确不是一般人可以想象的。此时卢光明笑着打趣道："其实当地人还挺有意思的。他们很喜欢问你要东西，用过的、没用过的都可以。不管是衣服、手机、打印纸，只要你拿给他们，他们就会很开心。我的头发也要，因为非洲人的头发都是短的，他们很羡慕我有一头长直发，没事的时候就过来摸一下。后来我觉得，如果这样可以和他们拉近关系，一头长发算什么呢？于是就把头发剪了送给他们了。"

"而且到后来双方医务人员的配合度也越来越高了"，卢光明笑着说，"这不，做手术的时候要是突然停电，所有人就自觉把手机拿出来打闪光灯照着，特别默契"。

大家会心一笑。再多的困难，中国医疗队年复一年，用真心、用爱心、用责任心，一一克服。

2.7 对后续医疗工作的建议

对后续援非工作的建议，队长董泾青总结道："非洲每个国家都是不同的，有不同的政策，要根据这个国家的经济情况、与中国的关系、当地的医疗条件等，确定应该援助哪些医院、援建医院应该怎么管理等，总之要定位清楚，不要人浮于事。"

"在整个援助项目的实施过程中，我们的医疗队遇到过各种困难。秉承向世界宣扬、推广我国医疗技术及人道主义的精神，我们仍然积极调整心态，克服工作中遇到的困难。援助工作中遇到的困难，会为我们后续的工作打下良好的基础，让后续的援助项目可以持续、有效地进行下去。"

后记：值得庆幸的是，医疗队的努力没有白费。在 9 个多月的时间里，医疗队与中加友好医院的医护人员密切合作，克服重重困难，积极开展了一批新业务、新技术，实施了 LEKMA 医院第一例骨折内固定手术，制订了中加手拉手腹腔镜培训计划，首次实施并完成了 4 例幼年患儿的麻醉和手术，得到了院方及患者家属的高度肯定。此外，医疗队利用业余时间还多次为当地华人华侨、中资企业的中外员工提供义诊，受到了广泛认可。

3

无畏险阻援助赤几，创新思路成绩斐然

——广东省援赤道几内亚第二十六批医疗队访谈录

编者按：作为广东省第二十六批援赤道几内亚医疗队，他们带着不一样的任务奔赴赤道几内亚首都马拉博和大陆巴塔地区。医疗队一共27人，其中2名厨师、3名翻译，还有来自江门市的11家医疗卫生单位的医务人员，专业覆盖"内外普儿"，以及药品、检验。2012年5月28日至2014年6月15日，在700多个日夜里，他们克服艰苦的医疗条件和巨大的心理压力，完成多个创举：首创总统专职保健组，首创总队–分队制度……2014年7月2日，医疗队获得赤道几内亚最高荣誉——国家独立勋章，成为连续四批获得该勋章的援助队，并由总统亲自颁奖。2018年6月28日，编委会一行赶赴江门市五邑中医院，与医疗队成员进行了为期一天的访谈。以下材料根据访谈内容整理，以医疗队队员第一人称口述。

3.1 环境比想象中艰辛

章光华（江门市五邑中医院院长，医疗队队长）向我们介绍，赤道几内亚的情况远比想象中艰辛。

    赤道几内亚独立时间不长，相继成为英国、西班牙的殖民地。赤道几内亚是一个民主的国家，政体是总统共和制。人口估计有100万人。其国土分为岛屿和陆地。对我们冲击较大的是其落后的医疗卫生状况，国家的公共卫生、基础设施落后，几乎处于零的状态。由于没有公共卫生设施，人们随地大小便，水源污染严重，地表水主要受人

175

体的排泄物污染，所以传染病肆虐。

因为独立时间短，赤道几内亚从原始社会直接进入现代社会，该国没有自己的传统技术，只有一些在被西班牙殖民的过程中得到的技术。当地有特有的巫医，也有一些个人开的小诊所，包括中国人开的小诊所，但基本不具备专业水平。

当地人很贫穷，但是幸福感很强，他们的欲望很小，很容易被满足。有一个面包或馒头就很开心。老百姓对生死的态度很随意，一个女性可以生很多小孩，这些小孩的生死是随意的，很多小孩都不能长大成人。小孩都是放养，传染病多发，死亡率很高。当地人信奉基督教、天主教，认为死亡是被上帝带走了，即便是亲人走了也不会过于伤心难过。由于当地实行一夫多妻制，小孩很多，但是死亡率太高，所以他们的平均寿命很短。

与援非的大多数医疗队相比，我们的医疗队有一个比较特殊的地方。我们共有 3 支分队，其中一支分队是总统保健分队，由 4 个人组成。这支分队工作压力很大，总统已经 72 岁高龄，身体状况不是很理想，有很多基础病，比如糖尿病、心血管病，意外随时可能发生。我们花了很多心血，大部分的时间和精力都在膳食保健上，主要是配合总统做好保健，为各个部的领导及其家属提供保健医疗服务。另外两支分队，分别驻扎在首都马拉博和巴塔。两支分队都是 10 个人。他们所从事的工作就是在这两个城市中最大的医院参与医疗工作，剩下的时间要到各个乡镇参加义诊与科普工作。

对于我们医务人员来说，在这里工作首先面临的是工作环境、工作习惯的问题。医院的设备，包括基础设施都非常欠缺。当地人的工作习惯与我们差别较大。他们早上 10 点上班，下午 5 点下班，不论病人的情况如何。但是我们不能接受，一定要看完病人才能下班。其理念与我们大不相同，周末规定要休息，否则将被罚款。其社会治理、医院管理方法与国内不同，这是我们要克服的。其次是生活习惯。该国没有生产能力，仅有的就是种植业，工业仅有原油、矿产，但也基本是被国外垄断的。生产工具是很欠缺的，生产质量也不高。医疗队的生活比较困难，社会保障体系也非常不健全。出现一点问题，都需要自己来解决。生活物资都是从国内运过去的，我们发了两大集装箱，比如油、盐、酱、醋、米，都是由自己采购的。

在与当地人的协调方面，也是个大挑战。因为我国的医生都接受过专业化的培训教育，也需要医院提供配套的设施设备。但是，这两点带来了许多麻烦。比如说，注射器、输液管医院都没有，都是由我们自己携带供他们使用。当地医院的注射器与输液管要连续使用多次。医院欠缺先进的医疗设备。比如说常见的心电图和B超，在当地的省医院、国家医院都是缺乏的。这些医疗设备即使有，操作人员的水平也是有限的。医院医疗物资极度短缺，我们带过去的物资很快就用完了。我们主要通过求助当地公司来解决物资问题，或者有人回国顺便带些回来。这就是当地医院的条件。

我们的医生都是按专业分类的，而当地的医院则很笼统，医院不分内科、外科。由于缺少医生，医生的工作量都很大。这是我们面临的最大的困难。

生活条件也很艰苦。在宿舍，我们差点被破旧的天花板砸中。一大块天花板脱落，把梁医生的眼镜直接砸下来了，鼻子上都是灰。就差那么一点点，要是砸到头的话人就没了。在那里蔬菜也短缺，我们自己在小院子里种植蔬菜，偶尔去钓鱼。余超明医生为了给大家改善伙食，蹚着恶臭的污水到当地市集给大家买鱼。李练喜医生定期去运水，因为井水是不能喝的，自来水说断就断。

一开始大家都很不习惯，除了工作上遇到的软硬件短缺等问题，还有生活上的不便、情感的孤独寂寞、通信联系的不便等，各方面的压力让大家透不过气来。于是我们组织了多次学习会，鼓舞士气。慢慢地，大家都克服了重重困难，真正把工作开展起来了。

3.2　与艾滋病擦肩而过的全能医生们

在异常艰苦的条件下，医疗队队员发挥了超乎想象的主观能动性。

陈世洪（马拉博分队队长）和队员们分别给我们介绍了各科具体的情况。

我们分队有内科、外科、骨科医生。涂小刚既是骨科医生，也是中医科医生，同时承担了外科手术，为70多岁的总统按摩。梁永全是外科医生，我们分队还有药房药剂师、检验师、翻译、厨师等，我主要负责内科和全科。马拉博医院是当地最大的医院，其特点是医药分家。当地最为普遍的疾病是艾滋病、疟疾、伤寒、肺结核、肝病、梅毒等。让人最恐慌的是艾滋病与肺结核，因为这些疾病属于传染病。我们必须做好自己的防护工作。另外，我们也负责中国驻赤道几内亚大使馆人员的健康安全保护，因为在当地我们的水平是最高的。当地的大使馆有几十个工作人员，过年期间紧急抢救过一位高级参赞，当时情况很危急，最后在医院抢救成功了。

"非洲的传染病，如艾滋病、疟疾，我们都中过招。伤寒几乎无人幸免。"高伟栋医生说，"我们分队职业暴露一共有3起，李练喜医生在为艾滋病人做穿刺时不小心扎到了自己，服了一个月的抗艾滋病药物。在当地，一个医生要完成全部的治疗和操作，作为全能医生不仅要看病，还要进行治疗、护理操作。因为没有护士，尽管我们的医生在国内并没有很多护理工作的经验，但在那里只能硬着头皮上，往全能方向死磕。赤道几内亚的艾滋病感染率非常高，官方统计达到20%，而且这是明显被低估的。也就是说，我们手术做得越多，自己受伤被感染的概率就越高。尤其是在手术过程中，我们需要当地医生与护士的协助。如果配合不好，就容易造成手术器械的误伤"。

"当地的治疗手段非常单一，胸片机还坏掉了，关节CT和肺部胸片都拍不了，这对骨科工作、手术评估、诊断疾病方面都有很大的影响。他们只能做心电图与B超，导致我们可以诊断出的疾病很单一。在外科，手术做得最多的是腹股沟疝、胆囊炎。在妇科，手术做得多的是子宫与附件切除，因为这些是可以通过B超检查出来的。但是很多疾病无法被检测出。"

"因为当地盛产石油，很多时候汽油就用瓶子装着随手放。"儿科邓筹芬医师心疼地说，"当地的孩子就常常误喝汽油，那是必须洗胃的，但是医院连胃管都没有"。

"刚开始交接工作时，他们对我们有诸多的不满。马拉博医院领导对我们也有一些看法。但是外科、妇产科、儿科、内科进驻之后，展现了我们精湛的技术，他们无法完成的手术我们都完成了，为急危重症病人做手术，帮助他们解决了困难，他们对我们很是赞叹、佩服。我们会为当地的医生开展小型培训，帮助他们提升技术；我们也会请当地政府领导来医疗队做客，加强沟通，增进友谊。"

"我们也下乡去义诊，下乡义诊效果很好，受到了当地人的热烈欢迎。他们对我们说：中国医生好！好！好！整个赤道几内亚都知道我们医疗队的情况，民众对我们的反响都很好。"

"我们这批医疗队，是第一批受到当地电视台采访报道的医疗队。赤道几内亚国家电视台对下乡义诊的过程做了专访播报。援助的效果很明显，临走时他们举办了欢送会，这是最为热情盛大的一次。医院领导为每一位队员都颁发了荣誉证书。总统在我们临走之前，为我们颁发了最高荣誉勋章。"

3.3 把名字留在非洲大陆的妇产科医生

关红瑛、黎箐（医疗队妇产科医生）： 我们的先进仪器在当地都没有，只有黑白 B 超机。我们还要学习 B 超知识，刚去就要值夜班。我一去就碰上一个危重抢救病人，当时有位产妇胎位异常，是横位，孩子的手已经在阴道里。产妇的情况非常危急，但是我们又没有设施。根据她的情况，我判断她的子宫已经破裂。在血源与麻醉药缺乏的情况下，我们决定先开腹做手术。开腹之后确定子宫已严重撕裂。

家属找到了血源要进行输血，当时根本不能确定血源是否安全，这在国内简直是不可想象的。这个产妇的子宫已经完全撕裂了，实际上切除子宫是比较安全保险的做法，但是我们考虑到当地的文化，妇女要是没有了生育能力，后果是很严重的，而且她才 16 岁。所以还是尽力为她保留了子宫。我们做了一晚上手术，将这位 16 岁的产妇抢救了回来。病人家属对我们说，你们是上帝派来的天使。后来病人康复得很好，没有出现并发症。子宫破裂后的三年内怀孕是有很大危险的，但是一年之后，这位病人再次怀孕并且找到我们，这确实不可思议。我们当时尽全力帮助她，最后成功剖宫产，生下了一个健康的小宝宝。

由于饮食习惯的原因，当地子宫肌瘤的发病率很高，我们经常见到巨大的子宫肌瘤。当地妇女对中国医生的医术十分信任，希望能由我们来做手术。很多妇女饱受疾病的折磨，能够帮助她们解决痛苦，我们也很欣慰。她们对我们很感激。这些妇女送我们葱、包菜、杧果，用纯朴的方式来表达对我们的感激之情。在这个过程中，我们也与很多普通群众和医务人员建立了友谊。

关红瑛笑着说，"那个 16 岁的小女孩知道我要走，马上就哭了，特意问了我的（西班牙文）名字，用我的名字为她的孩子命名，说她永远感激我"。

3.4　24 小时备战的总统保健队

吴瑞想（医疗队总统保健组护士）：护士是我们这一批新加入的角色。因为国内医务人员的角色分工明确，医生的穿刺技术往往没有护士熟练。我主要负责总统与其家人的保健工作。我们的工作比较特殊，跟着总统，24 小时处于备战状态，全年无休。我们保健组的工作很琐碎，等待的时间特别长。因为是按照总统的时间表，部长也会随时要求我们过去。工作中最大的困难是与高层的沟通。大部分高层对中国医疗队是信任的，但是也有一些人的医疗选择很多，不信任我们。

当地人大部分体形偏胖，血管非常难找，特别是总统夫人的血管是出了名的隐蔽。当地护士扎针都要扎好几次，扎进去还得用针头四面撩，才能找到血管。而我们是一扎就能扎准，每次扎针当地医务人员像看杂技一样看我们。我本人还曾为当地医院的医生夫人献过400cc 血，她对我们的评价也很高。

总统去南非开会时，我们在会场外等待，那时天气比较冷，风很大，我和翻译就在会场外等待了 7 个多小时，因为不知道什么时候总统会见我们。在我们要离开时，总统夫人还特意问我是否可以留下。

3.5 传统中医技术惊艳一方

涂刚（马拉博分队骨科医生）：马拉博没有正规的骨科医生，也没有医疗器材，所以无法实施手术。我们只能采用中医的正骨术，就地取材制作甲板来固定。我们的复位效果非常好，他们都觉得很神奇。传统的中医针灸在治疗过程中起到了很大的作用。伤寒、疟疾有时会导致病人持续几天打嗝，非常痛苦。我们一针扎下去，留针 15～30 分钟，效果就很好。由于当地的医疗条件落后，腰椎间盘突出、腰腿痛对病人来说是很痛苦的。我们用针灸来帮助他们缓解疼痛，止痛效果非常好。

第一副总统患有帕金森病，在一年多的时间里，他一有空就来找我们推拿按摩。他非常满意推拿按摩的效果，对此也非常感兴趣，自己也跟我们学。

迄今为止，援非工作已有 50 多年，有 40 多个国家参与，诊疗人数超过 2 亿人次。用中医手法来治疗，不仅推广了中医文化，而且契合了习近平总书记的"文化走出去"战略，并且中医治疗有方便、简单、费用低的优势。在当地落后的医疗条件下，中医是很适合推广的。他们对我们的传统医学也非常感兴趣，不仅是老百姓，就连当地的医生也非常好奇。

后记：章队长说，医疗队的工作重心是总统保健，在资源有限的情况下，要让大众能受益，改进方法是建立一所中赤友好医院，由中方管理。这样可以防止管理松散的现象，真正让大众受益。

章队长用了一年时间做调研，认为建立一所中赤友好医院，由中国人来管理，是可行的。因为在赤道几内亚建医院的成本不是很高。这样可以发挥国内医生医术水平高的优势，不受基础设施水平和当地管理不善的限制。中国生产的药物也可以在当地使用。这对提高当地医疗效率有很大的帮助。

对于将来援非工作的建议，医疗队队员一致认为语言问题需要解决。当时医疗队的两个翻译在广州封闭训练了 6 个月，但到达当地 2～

3个月之后才能完成日常沟通，更为复杂的沟通则很难完成。同样，医生自身的语言水平也受到挑战。英语国家的援非队伍之所以更容易受到欢迎，就是因为他们沟通无障碍，并不完全是因为其职业水平有多高。

4

创新型医疗援非，省妇幼保健院的探索

——广东省妇幼保健院援非医疗队采访稿

编者按：根据国家卫健委的统一部署以及援加纳"妇幼健康"项目的具体要求，2015 年开始，广东省妇幼保健院负责协助非洲加纳 LEKMA 医院加强能力建设。三年来，援外项目取得了令人瞩目的成就。2018 年 6 月 6 日，编委会一行走访了广东省妇幼保健院，以下为采访整理稿，以第一人称口述。

4.1 与以往医疗援非大不相同的创新探索

黄汉林院长：我们这个项目跟其他的项目，可以说从国家层面来看是不一样的，因为这是属于创新型援外的一种探索。在卫生援外方面的做法，与过去的方法完全不一样。过去的做法，就是 1~2 个省包干非洲的 1~2 个国家，定期选派医疗队。或者是不定期地组织一些专家，到那边去开展一些健康方面的项目，主要是医疗方面的治疗项目。比如说做白内障手术，或者是一些心血管疾病的手术。

过去的例行做法除了派医疗队之外，根据医疗队的需求，以及当地的需求，还会有一些设备的援助，当然也包括国家的经济援助和医疗器械方面的援助。所以主要就是以投入为主，投人、投钱、投设备，投到个别的手术或者医疗项目上。过去的做法有利有弊，在这我不做评价。

随着"一带一路"倡议的提出，以及中国影响力的扩大，我们国家也意识到过去在医疗方面的援助方式可能需要做一些新的探索，应

183

该有一些新的模式。

正是在这样的背景下，我们承担了援助加纳的一个专项，就是创新型的援外妇幼健康工程的合作项目。这个项目我们是从 2016 年接手的。当时是以策划为主，真正实施是在 2017 年。

关于创新型的援助，我们与国家卫健委反复论证，也与省卫健委外事办、援外中心反复讨论，最后确定将妇女儿童健康作为重点。

为什么选择妇女儿童健康这个重点呢？你们做这个研究可能也很清楚，就是妇幼保健这个服务体系，全世界只有中国有，这在全世界具有独创性、独特性、唯一性。而且世界卫生组织认为中华人民共和国自成立以来，公共卫生事业，包括健康事业，特别是妇女儿童健康方面所取得的成就是举世瞩目的。我们用第三世界的投入，取得了第二世界乃至第一世界的成就。

所以关于创新型的这个援外项目，我们的理念或者说我们的设计是这样：在重点领域给予技术的输出、技术的援助。在技术输出的同时，输出我们生产的设备，输出我们配套的设备维修维护服务，甚至将来的目标是让我国的企业"走出去"，到国外去设立相应的医疗设备、器械以及耗材的生产基地和服务基地。这是第一个目标。

与此同时，还有服务理念的输出和服务模式的输出。也就是说，我们希望通过若干期的援助之后，中国妇幼健康服务的理念、服务的模式，特别是这种妇幼保健的体系模式，不仅要在加纳落地、生根，而且要在加纳成长，同时又影响加纳周边的国家。也就是说，要输出我们的服务理念和服务模式。这是第二个目标。

第三个目标是要输出我们的特色，就是中药的技术。加纳有一个特点，它有传统医药，而且它的传统医药在民间是能够被接受的，但是加纳的行政管理部门不知道怎么管，在医生心目中没有位置。所以我们也希望通过援助，将我国中药的技术、管理方式向加纳输出。

第四个目标是文化的输出。习近平总书记提出"四个自信"，其中就包括文化自信。所以在我们的援助中，要把我国的传统文化，包括我国新的文化理念，向加纳输出。

这是我们的创新型援外项目要达到的四个目的，或者说是四个主要的目标。正是基于这么一个设计思路，我们一步步向既定的目标前进。这就是这个创新型项目的背景情况。

国家援外的部门，包括商务部、外交部、卫健委，都对我们比较认可，也给予我们充分的支持和鼓励。现在我们只是刚刚起步，处于探索阶段，还没到总结的时候。最终我们能不能实现这几个目标，有待后面的实践来检验。

4.2　创新是核心

黄院长：我们感觉到目前创新很重要，为什么我们叫创新型的援外项目？这其中包括理念的创新、内涵的创新、方法的创新、机制的创新。无论是党的十九大报告，还是全国人大期间习近平总书记参加广东团的座谈，抑或是两院院士的会议，都特别强调创新是第一驱动力，创新是很重要的。既然是创新型的项目，就要体现创新。

创新就是理念的创新、内涵的创新、方法的创新，与传统的方法是有区别的。从领导层到管理部门，再到具体的实施机构，都应该有创新的理念、创新的思路，要能够对创新的内涵、方法给予理解和支持。对于怎样去转变相关领导、相关部门、相关人员的理念，我认为要靠智库来解决这个问题。

通过我们的工作最后取得成效，可能大家会给予很充分的肯定，但是在起步阶段，不见得所有人都能够认可。有人会问过去几十年都这样做下来了，你们为什么要用另外的做法呢？这是因为过去很多人没有考虑回报的事情。从正面来说，我们的对外援助是无私的。但是这种无私的、没有任何利益回报的援助是不长久的，是不可持续的。所以作为决策部门，作为领导，一定要明白这个道理。

至于理念的创新，关键是要明白医疗的援外是投资效益最大的，也是见效最快的。无论是速度还是效益，比任何的援外项目都要快、都要高。这不是我的研究成果，而是美国国会外事委员会用了 10 年的时间研究得出的结论。所以美国国会外事委员会给国家的建议是援助其他国家，医疗卫生要先行。

为什么说医疗卫生要先行呢？

第一，医疗卫生的援外涉及每个人的切身利益，是人生存的基本需求之一，所以它很容易深入人心。

第二，医疗的援助不需要巨额资金。一般来说，不管是什么样的政治背景，除了极落后的地方，这种医疗的援助，作为受援方一般是不拒绝的，不会有对立的情绪，也不会有更多的想法。

第三，在医疗援助的过程中，医疗先行会伴生或者衍生其他输出。比如我们的产品可以输出，我们的理念可以输出，我们的服务模式可以输出，我们的文化也可以输出。在这些伴生的或者衍生的输出里，就可以体现出非常明显的、非常快的效益。

决策者的理念需要更新。在很大程度上，有些决策者认为医疗援非不就是去看病吗？不就是支持一下医院吗？他们没有看到一些衍生的效益。他们一方面对医疗援非缺乏创新意识和理念，另一方面就是在医疗援非方面投入不多、支持力度不大。

4.3 集合民间力量，形成联动平台

黄院长：我要说的第三个问题，就是你们要做的第三件事情，也就是你们在政府、医疗机构、企业，甚至非政府组织（NGO）之间，怎样把这个桥梁搭起来，让它形成一个援外的联动平台。

企业与其做广告，不如将资金拿来做大援外这块蛋糕。我们上一个项目要300万元，假如说一个企业愿意投进来，特别是一流设备、药品的生产企业，每个企业拿出300万元甚至3000万元都不是问题，那么这个项目就可以做得很大，它的效果就会很好，影响力也会很大。

我国很多企业生产医疗设备，比如用作心电图、B超，包括便携式B超的设备是没有问题的，还有一些用于手术的器械，在国际市场上，我国医疗设备的价格比其他国家低10%～20%，却无人问津。通过这种援助项目，我们白送给他们，他们是不会拒绝的，等他们用熟了，肯定会想起是中国的某某品牌。

我们以前检测用的试剂，与妇女健康比较密切的，像一些病毒的检测试剂，广东做得非常好，价格也只有美国的1/10。像这种试剂"走出去"非常好，只要政府给予我们相关的政策，我们也可以来做

这些工作。在这个过程中，先是产品输出，接着是服务输出。有了产品的输出，就要在当地建立服务点，如果影响力提高了，甚至可以在那里组装。先组装，然后慢慢把工厂再建起来，产业链也就建起来了。

在援外政策里最重要的是什么？是人才的培养、培训。以前泰国很多人喜欢用我们的中药，但是泰国卫生部对进口中药有很多限制，那怎样去解决这个问题？这个问题实际上很容易解决，就是要让我国的中医医师在泰国合法注册，或者为泰国培养中医医师。在泰国培养1万个乃至10万个中医医师，培养毕业了如果他们拿不到执业证，不用你去说，10万人就自动向政府提出诉求了。

同样，假如说加纳的人接受了我们的服务理念，他回到加纳办不成妇幼保健院，还用我们去说吗？他自己就会提意见，他自己就会去反映他的需求，他自己就会去做工作。

人员的培训听起来好像不是很实在的事情，好像跟这种政策不搭边，但是这种人员的培训恰恰是最关键的一个环节。

4.4　感情深度交流是医疗援非的基础

黄院长：援外的内容有很多，但很重要的一个就是感情的深度交流。我们的援助不能居高临下，应该以一种平等的姿态去对待受援国、受援人员，包括受培训的人员。

第一，在我们的理念中好像认为非洲很落后。其实不是，非洲整体上是落后的，但并不见得每一个非洲人都落后，并不见得非洲所有东西都落后，非洲也有很多值得我们学习的地方。

第二，要了解对方，知道对方需要什么、在想什么。

第三，要给予理解。对对方的生活习惯、宗教信仰、民俗理念等，要给予充分的尊重和理解。

另外，感情的投入不是一朝一夕的，应该是长期的。

在非洲，包括在加纳，医生肯定是受过良好教育的，在那里医生就是博士（Doctor）。他们这些有执业资格的医生，要么在英国，要么在以色列，要么在美国，学的是医学，从小学算起，那也是接受了十几年甚至二十几年的教育。而且能够当医生，其家庭在非洲也不是一般的家庭，一般的家庭承受不起这个教育的费用。

我不知道你们去非洲考察过没有，实际上非洲曾经是殖民地，被殖民过，但是帝国主义在非洲留下的一些规则，或者说对他们的改造，实际上也是让非洲进入了文明社会，所以非洲也有很多值得我们学习的东西。

比如说守秩序。在加纳堵车很严重，但是你不会看到有抢道的事情。加纳这个国家虽然很落后，但是在加纳的街头你不会看到乱丢垃圾、乱丢纸屑、随地吐痰的情况。

我们可能会认为非洲人穷，他们是不是很贪？不是。比如堵车的时候我们买了两袋花生，把钱给了他。道通了，车便往前开，他却顶着一箩筐小食品在后面追，一定要追到你，把该找的零钱还给你。这种情况在非洲时有发生。

在我们这里进修的非洲医生，我们本来给他们安排了周末在广州看一看，想让他们放松放松，让他们学习一下中国的文化，但他们说不行，周六要跟我们一起上班，跟着医生查房，之后再考虑游玩的事情。

所以，有些事情，跟我们想象的不一样。对每个病人的情况，他们的笔记都记得很完整，记得很详细，记得很认真。

4.5　医疗援非要把中医药文化传播出去

黄院长：我这里特别强调中药技术的问题，因为在妇幼保健方面还是中药的市场，中药的需求量是很大的。比如说对妇女身体的调理，中药调理的效果要比西药理想。再看不孕不育，中药的调理也会比很多西药全面。对于儿童的常见病，很多人都愿意用中药，不太愿意用西药，因为西药的副作用太明显了。一些促进健康成长、合理营养的药物，就有很多中药的成分在里面。

在我们现有的中药管理体系中，并没有很好地发挥中药的作用，而是过分地强调中西医结合。中西医结合应该是把中医的优势和西医的优势结合起来，而不是说让中医去做心脏手术，去做阑尾切除手术，不是这样的。昨天麻醉科的主任来跟我汇报情况，谈到麻醉科的发展、创新。我跟他说麻醉科要做的事情应该是把中医的针灸、穴位注射，甚至推拿、按摩这种镇痛的手法，与西医的麻醉镇痛结合起来，这样会达到更好的效果，这才叫中西医结合。中医的很多手法加上麻醉剂的确会让效果更持久，但是麻醉剂的用量会减少。大家都知道药物是有副作用的，尤其是麻醉剂，对小孩肯定是有副作用的，只有在迫不得已时才用。如果减少用量效果会更好，那何乐而不为呢？所以在这方面需要发挥中医药的优势。

产妇在分娩之后我们有一些营养配方。根据产妇不同的体质，在分娩后的不同时期会给予不同的配方。我们给她一个小药包，她回家以后加两片鸡肉去炖，炖完之后就喝。比如说在早期能够促进恶露的排泄，之后能够促进泌乳，再往后到促进体形的恢复都非常好。很简单，就一个药包。而且你不需要花费很大精力去推广，只要在我们这里接受过服务的，以后都不用你说，她肯定还会来找我们的。

这只是举个例子，这种情况是很多的。像很多小孩得了感冒、肺炎，发高烧，需要输液，小孩一发病整家人都不得安宁。中医治疗则很简单，就是沿着脊柱捏背，自己在家里就可以做。很多小孩的治疗就是很简单地捏背、推脊，可以让他不用吃一粒药就康复了。

你讲得再高深，别人可能会认为你是在吹牛。但是如果你把真正的中医技术拿出去，医疗的援外效果是立竿见影的。中医治疗不仅费用低，还没有副作用。

我们应该在援外项目中把中药技术的内容输出写进去，援外项目一定要包含中药技术。中药技术不仅仅是一种医药技术，中国"治病如治世"，就像治理社会一样。中医的治病可以说是采用哲学方法在治病，不是采用自然科学方法在治病。我们在输出中药的过程中，实际上是在输出中药的诊断方法、治病方法，包括看护的方法、预防疾病的方法，这本身就是中国文化的输出。

为什么有人很忌讳孔子学院呢？原因很明显，就是因为孔子学院在输出中国传统的文化，输出中国的儒家思想。但是我们在非洲办中医专业，谁会想到我们是在输出文化？可能以这种方式输出文化会更加深入人心。

4.6 "走进来"，他们表示"很震撼"

胡祖荣主任（省妇幼保健院麻醉科主任，援加纳医疗队队员）：
最早我们接触这个项目的时候，应该是把学员送到我们这里来，我们这里接待了一位。我们这次去之后，才知道这位学员是他们的科主任。在我们这里学习了半年，他对此也很惊叹，认为我们这里确实技术很先进、很全面。像他们这些人是在很多欧美国家待过的，所以他已经看到过很多很好的标准。来到我们这里之前，他可能觉得中国或许会好一点，但没想到会这么好。我们去加纳之后，看到他们的一些情况，发现他们确实急需援助。现在有很多援助方式，但是我们这种方式有别于将医疗队派过去。他们来我们这里学习，学完之后我们再回访，再去进行现场指导。除了技术之外，还有管理、设备，我们提供全方位的扶助，我觉得这个效果挺好。

我们这次去了以后，他们给我们的感受是，他们非常尊重我们，对我们曾经提供给他们的帮助，以及未来将要提供的帮助都非常感激。所以他们也希望这个项目能够延续下去，包括后续他们还会派人过来，我们还有一些进一步深化的技术。

但是从我们这个专业的技术角度来讲，他们的设备比较落后，他们的人员结构几乎不成梯队。他们只有一个主任是有执照的，其他几个人都是属于助理级的。人员不足，设备欠缺，技术也非常单一，药品非常缺乏。他们来我们这儿之前，我们看了他们的操作过程，他们学了我们的技术之后，也依照我们的模式进行操作。我们发现他们的设备很简陋，在整个手术过程中他们的一些处理步骤，以及技术应用的严谨度，都有别于我们国内。所以我感觉从人员、设备到管理理念，以及一些现代医学技术的延伸方面，都亟待我们去支持。

但这种支持要可持续。因为毕竟我们现在去的这个地方是一个点，这个点受众面很大，在首都的覆盖面是挺大的，而且病人也非常多。但是我们要真真正正帮助他们，并没有那么简单。我们的无痛分娩技术、术后镇痛技术，以及全身麻醉技术等难度稍微大一点的技术，他们那儿都没有。顶尖的技术他们稀缺，普通的技术或者稍微高精尖一点的技术，他们都是非常缺乏的。

我觉得保证病人健康是最基本的，也体现了我们的技术能力。麻醉科的目的是什么？除了保证病人基本生命安全以外，还有更大的作用。我们刚才说无痛分娩，也就是舒适化医疗，在服务层面除了量的提升还有质的提升。所以我觉得有必要持续援助，这是一种非常好的形式。

三年前我们医院也派出过医疗队，现在我们去跟他们也对接上了。他们那种形式也是挺好的，对我们的要求也挺高。像我们的妇幼保健技术是针对性非常强的，而且在这方面可能也正是他们的弱势。有一个数据，新生儿死亡率，在非洲占到全世界的1/3，是非常高的，说明从更高的层面看他们更需要我们持续的支持和投入。

在援助过程中，从麻醉专业角度，或者从手术专业角度来讲，我碰到的问题更多的是理念的改变需要整个系统一起改变，而不是某一个专业的改变。比如说我把我的麻醉专业灌输给他们的麻醉专业，但是他们的麻醉专业与其他相关专业或者是当地整体有关，最起码医院的氛围要调动起来。所以我们的援助还是要全方位的，如果是单一专业，可能产生不了整体效应。

他们派人过来学习，我觉得这种方式非常好。就像当初我们的医疗队去，他们看到我们做的，但是他们不会发自内心地感知到我们所提供的帮助。当他们来了以后，才深刻感受到原来中国人是真真正正想帮助他们，这种感触不一样。因为前期已经有第五批、第六批的医疗队尝试过了。

第七批医疗队去非洲，在我们医院是第三年了，我们的医疗队去了非常辛苦，但是总感觉到有劲使不上，不知道劲往哪里使，方向、目的似乎总感觉跟他们对接不上。

而我们现在这种方式是平等的，他们来我们这里，我们很尊重他们，我们也希望他们尊重我们，这是平等的，而且他们是发自内心地愿意学我们的技术。这个麻醉师回国的时候，觉得学得还不够。所以我们去的时候他提出很多需求，比如我们还要教他什么、带什么过去等。从技术层面看，他们有很强烈的渴求。无论是从专业的角度，还是从医院的角度，抑或是从国家整体发展角度来讲，都有这个需求。

从专业角度来讲，我觉得他们需要的是更持续的、更有实用价值的对接。所以我们医院提出的妇幼保健模式，非常契合他们的需求。如果单纯从我个人的角度来讲，我觉得还要提升他们的技术，也就是我刚才说的母婴健康，降低死亡率。

4.7　中国应该有信心援助任何一个国家

胡主任：还有就是舒适化医疗的问题。他们那里根本就没有舒适化的概念。舒适化医疗，是一种质的提升。中国在这方面也越来越重视。习近平总书记所指出的，进入新时代，我国社会主要矛盾已经转化为人民日益增长的美好生活需要和不平衡不充分的发展之间的矛盾。比如说加纳现在无痛分娩在全国占比不到1%，在中国占比已经接近30%。对于中国这个人口基数庞大的国家，30%的占比是很大的一个项目，无痛分娩技术是我们一直在推广的。欧美国家这一占比可以达到80%～90%，但这些国家的人口基数小，而且麻醉医生的人数是我国的5倍。我们用1/5的麻醉医生量，还能把这么大人口基数的无痛分娩比例提高到30%，是非常了不起的。对于生孩子，自古以来中国女性都认为应该痛，但现在开始改变了，她们也接受了，生孩子可以不痛。

关于这个项目我问过他们一个问题，我说假如这里开展无痛分娩，你们有没有需求？他们说当然有。但是我还没有完全了解他们的医疗保障制度，因为在国内无痛分娩是不属于医保范围之内的，所以这个跟当地基础水平是有直接关系的。欧美国家是直接把无痛分娩这个项目涵盖在基本的医保范围之内，所以推行起来比较容易，这也是与经济发展水平相关的。但是我相信他们的国家也有一些经济条件好的，所以从技术引领、高端需求，或者提供一些更高端的服务角度看，他们是有需求的，也有把一些好的技术、高新技术带过去的需求。

我相信他们在新生儿这方面肯定也有更迫切的需求。我只是举了无痛分娩的例子，还有更多的高新技术。因为中国的医学技术从全球水平来讲，不亚于世界上任何一个国家，只是我们起步稍微晚一点。

所以我们应该有信心援助世界上任何一个国家，我们的技术不输世界上任何一个国家。

最初我们去的时候，当地有美国的专家，有德国的专家，也有法国的专家，还有中国的专家。我们在技术层面不输给这些国家，但可能他们更认可一些早期发达国家，也有可能他们跟这些国家的语系相同，他们早期有些接触，所以我们在这方面有一定的差距，我们需要付出更多，但是从柔性角度来讲他们更容易接受我们。我们在当地住宿的那家酒店的老板，我跟他聊起这个话题，他说我们医疗服务队过来他们更愿意接受，因为这是实实在在的，不是赚他们钱的。我们提供的都是免费的医疗服务，技术也是无偿的，在这种情况下就更容易拉近关系，或者说更容易展现我们真真正正想援助他们的那种形象，亦或者说这种亲和度更高。这是我个人的体会。

4.8 现阶段面临的困难

高薇薇（省妇幼保健院新生儿科主任）：我们是对新生儿科的医生进行了半年的培训，然后再派去那里的。有一些共同点胡主任已经讲了，如果从新生儿这个角度去看这个事情，我带完加纳的医生以后，马上又带了汤加的医生。在带这两个进修生的过程中，我也发现了一些问题。

第一，我们的出发点可能是好的，但实际上得到的收益可能不如期望得那么高。

一方面是整个教学体系的问题。我们的培训方法与欧美等很多国家的教学方式是不同的。我尽可能地将我学过的知识传授给他们。

另一方面是语言这一关。语言对我来说没有问题，但对整个科室来说仍然是有问题的。因为大家都会习惯性地用中文进行交流，包括医生之间的交流、医护之间的交流、医护人员和家属之间的交流。他们来了以后很难真正融入整个科室中，因为中文真的是很难的一种语言，不是学两个月就能懂的。当然我已经尽力了，我已经用了我们团队里面最好的人员去跟他们交流，但仍然有缺陷，还没有达到很好的效果。相比之下其他进修医生来，我们用同样一种语言进行交流，他会学到更多的东西。

第二，我们所用的培训材料都是中文版，比如说我想教你这部分内容，我就要花很多的力气和时间。

所以那天我说我看了很多书，看看有没有相应的内容。如果我再进行这些培训的话，我希望能够有这方面的资料，这样可能会让我节省更多的时间。但这是一个很好的相互提升的过程，不仅培训了人员，而且我们自身也得到了很好的提升。如果有这方面的资源，希望下一次或者以后有机会的话，我们会做得更好。

还有一点就是我也非常同意胡主任的说法，他们来这里进行培训，比我们派人去那里效果要好得多。比如让我去非洲工作一年，我可以去，但是相应的设备、团队等配套不具备条件，就没有发挥出我的作用来，我在那里可能什么也干不了。我光靠想象和目测是帮不了什么忙的，因为这些科室需要大量的团队工作、高效的协调、很多的仪器。所以这一次他们来这里，我反而觉得这是一种比较好的方式，他们在我们这里工作，能利用到我们这里所有的资源，这样提升得更快。所以我非常赞同，如果他们再来我们这里培训，我们会做得更好，在各方面都会有更多经验。

在新生儿这方面，我认为新生儿的发展是衡量一个国家整个卫生水平的重要指标。WHO 在评判一个国家发展情况的时候，首先考察的是孕产妇死亡率、新生儿死亡率、儿童死亡率。儿童死亡中可能有一半是新生儿。

我刚才看了一下这个资料，他们那里的新生儿死亡率是千分之二十九。广东省的新生儿死亡率大家知道是多少吗？广东省的新生儿死亡率在全国是最低的，在千分之三以下。这完全没法比，这个数据甚至能够媲美欧美国家，所以广东省对新生儿危重症的救治能力是很强的。但这并不是仅靠我们单一科室就能够完成的，我们需要很多科室的协助。并非单一的新生儿科做好了，这个比例就能降下来，关系到整个产科、手术科以及其他辅助科室。

后续如果再有这样的项目，我仍然是非常同意他们来这里，由我们来进行培训，让他们和我们一起工作，这对大家都会有帮助。

这次我们捐赠了很多仪器，我在那里也动手安装了很多仪器。我发现有一个很大的问题，就是我们捐赠的仪器不一定都能用，包括气源的问题、设备的连接等，这样就浪费了一些资源。

我们捐赠设备的初衷是好的，但是他们不一定都能够用得很好，一定要根据当地的情况来选择，并不是说"高大上"的东西都好，谁都喜欢，要看是否真正用得上。

陈丹（省妇幼保健院院办）：他们的仓库现在还堆着其他医院或者机构赠送的仪器。

高主任：有些还没有开封，太可惜了。这批资源如果能很好地利用，那就会帮助更多的人。之前捐赠给他们的是国产的仪器，由于没有英文说明书，他们没法用。他们的中心供氧系统也是中文说明，坏了之后没办法修。

我们都说不仅仅是医生、护士要来，工程师也要来，甚至水电工也要来。那些人是很关键的，就比如新生儿科有那么多设备，每天都需要维修人员，它才能够正常运转。所以我们考虑，如果还有这样的机会，能不能把这些资源真正分配到刀刃上，不要浪费一点资源，放在那里实在太可惜了。这是我个人的感觉。

对于新生儿科来讲，我们非常愿意投入这样一项工作中，我觉得这对我们自己也有很大的帮助，我们会尽最大的努力把工作做好。看非洲死那么多人，我相信我们有这样的技术，我们现在有这样的条件，我们也应该帮助他们。

对我自己来讲，我需要一些培训材料。我最近在想究竟要用一些什么样的材料，不仅仅是培训他们，还培训我们自己的医生，其实我们也有很多医生会送去国外进修。我也在思考我们该用什么样的教学模式，这种模式与国内传统的教学模式应该是不一样的。

如何针对他们的需求更好地教会他们知识，这是我经常在想的。所以在做老师的这个过程中，也非常感谢这个项目，我自己也学到了很多。但是怎样能够做得更好呢？我们是需要一些帮助的，包括培训材料以及对我们进行的系统的培训等。

可以做一套课件，适用于以后所有参加培训的人。比如现在多媒体教学发展得非常好，我们可以在这方面尝试一下。

胡主任：我觉得首先要让他们认识到中国是一个对他们一定有帮

助的国家。他们开始其实挺抵触的，觉得中国和欧美国家之间还是有差距的。所以我们得宣传，要告诉他们我们能做什么、我们做了什么，而他们能真正了解我们的途径很少。我不知道有些什么途径，或者什么载体，能够让他们很清晰地认识什么叫中国、中国的医疗是什么水平、广东的医疗或者为他们提供帮助的那些单位的医疗能力如何。我们援非这么长时间，估计他们对我们也不是很了解，当然我们对他们所谓的需求也不一定很了解。所以，要相互增进了解，我们做的事情才更有效，才更容易达到目的。

他们第一天到这里的时候，认为中国好像跟他们国家没什么区别。到了中国以后，一看有高楼，哇，原来是这样的。然后就说中国可以媲美欧美所有发达国家，可以媲美塞纳河畔、悉尼歌剧院等，甚至比它们都好，有个进修生就是这么赞美广州的。后来他们又去了北京，去了上海，就完全征服他们了。

但他们中有几个能亲自走这么远？大部分来到三元里，认为广州甚至中国就这么大，回去就说广州很大、楼很高。他们在广州越秀大厦合影，回去后就告诉他们同事"This is China"。他们不知道真正的中国是什么样的。

就像我们对非洲的了解一样，可能是不对等的错觉，所以要让他们了解真正的中国是什么样的。

4.9 确认受援国需求，尊重受援国文化

胡主任：对于项目的未来，我们要按照他们的设计，调查好他们的需求，尽可能地按标准去满足。

既然我们要去帮他们，就一定要帮到位，那种消耗性的浪费是没必要的。要相互了解，一定要先做好调研，然后再去实施。说到精准扶贫，其实我们这个项目也可以叫精准援助。援助要援助到位，而且要援助得准。我始终觉得卫生行业或者医疗行业这种援助更容易被人接受，毕竟这是全球化的。

高主任：胡主任的这个大方向很明确，具体实施起来，我个人认为要注意三点。第一，其实我个人还不太具备做一个老师的资格，我

只是一个医生。我只是在不断的工作过程中，不停地带进修医生。实际上对我个人来讲，如果说我还有什么需求，那就是我觉得我自己也应该继续去学习，才能把别人带好。

第二，我非常希望不要浪费任何资源。就像你看到的，我觉得很可惜，这都是真金白银，好多资源都浪费了。

第三，对后面这个项目的期许，从我个人的角度来讲，我感觉我们认为能帮到对方的东西，可能对方不是这样想的。我们要尊重他们的意愿。为什么这么说呢？对于新生儿的死亡，不同的人可能有不同的想法。我们觉得应该全力以赴救这个孩子，但是人家可能不是这样认为的。所以当你觉得应该去帮他们的时候，首先要基于他们的意愿，而不是把个人的意志强加在他们身上。医疗是一个涉及很多学科的领域，包括宗教信仰、人生观等。

胡主任：对他们的影响也不是一朝一夕的。

高主任：的确，这不是一朝一夕的事情。而且千万别把自己的文化强加在他人身上，这样会让人很反感。要尊重当地的文化，尊重他们的需求。

陈丹：我们跟医疗队也交流过这个问题，比如说看着那个新生儿很需要抢救，中国医生很着急，可是他们却不急。

高主任：这就是一种冲突。

陈丹：我们的医生恨不得立刻扑上去抢救了，但是他们可能会先涂一下椰子油。

胡主任：有一些仪式性的活动。

陈丹：他们那儿孩子一出生就开始涂椰子油，但是对我们中国医生来说，孩子一出生要先看看孩子。

后记：2016年12月24日下午，由加纳卫生部大司长Afisah Zakariah女士率领的加纳卫生部代表团莅临广东省妇幼保健院交流访问。会后，双方领导和嘉宾在省妇幼保健院花园共植友谊之树，祝愿中加友谊在省妇幼保健院生根、发芽，成长为参天大树，造福两国人民。

1

医疗援非"心脏行"

——2017 "最美援外医生" 林纯莹访谈录

编者按：2012～2013 年，广东省人民医院佛山分院院长、著名心脏外科专家林纯莹远赴非洲加纳共和国，开展援加纳医疗卫生工作。两年的援非任务结束归国后，林纯莹持续关注加纳卫生事业发展，在 2014 年申请建立 "中加西非心脏医疗中心"，并获得了省卫计委、国家卫计委的立项资助。该项目由广东省人民医院心血管研究所承接，项目通过帮、扶、带等形式在对口援助国家医院开展示范性合作，扶持学科建设，为期 3 年。自2014 年起，林纯莹先后为当地培养了 10 多名心血管专科医生和护士，由此填补了加纳此项医疗空白，加纳初步拥有了一支优秀的心血管专科医生队伍。这支队伍不到 20 人，但一半以上的顶尖专家是由上述 "心脏中心"项目培养出来的。2017 年 11 月，中国人民对外友好协会与国家卫生与计划生育委员会、中央军委后勤保障部卫生局、中国友好和平发展基金会共同评选出 10 名 "最美援外医生"，林纯莹是广东唯一上榜的医生。同年，林纯莹荣获 "佛山好人" 和 "南海区最具影响力人物" 称号。2018 年 6月 18 日，编委会一行对林纯莹院长进行采访，以下根据采访稿整理，以第一人称口述。

1.1 "中西非心脏合作中心" 项目背景

2012～2013 年，我作为中国医疗队队长支援加纳。在交流过程中，我发现他们的医生特别想学习一些先进的技术、本领性的东西。因为我在心血管专科，所以我就为他们制订了一个培训计划。

2014 年国家提出了援外创新，除了我们长期派出医疗队之外，还要有一些短期的突破性的项目。当时卫计委就找我谈，（于是我）参加了全国第一批的项目竞选。第一期共有 10 个省份的项目获批。当时大部分省份只是提出设备支援，唯独我们这个项目是做人才培训，所以当时得票最高，一下就通过了。

当时经费挺高。项目真正启动是在 2015 年，2015～2017 年，我们专注锻炼培养加纳的医生。每批都有两个人参加为期一年的培训；还有七八个人，参加的是短期一个月的培训。

目前长期培训已经到了第四批。我要求他们从零开始，到走的时候要掌握一门技术，他们都做到了，有的掌握了心脏起搏器的植入技术，有的掌握了慢性、急性心梗支架技术，有的掌握了心外彩超技术，有的掌握了一些体外循环技术，当然还有手术室各项规范流程。

今年（2018 年）8 月他们就要举办第一届加纳心血管年会，也邀请了我们和美国的专家，以及国际上这一领域的其他专家一起参会，他们希望参照我们广州的南方会来做，慢慢做，做起来，成为领导非洲心血管科目的年会。他们也开始提升自身的国际影响力，现在已经迈出了第一步。

以上是第一部分。

第二部分，从 2015 年开始，我们增加了一个叫"心脏行"的内容，是展示中国医疗实力的。这是需要几个人合作才能完成的手术，要通过体外循环，把心脏的血引到一个机器上转动，在心脏停搏状态下做手术，手术后再复跳，血液再回流到心脏。这个手术的技术含量非常高。

心脏手术很复杂。培养一个心脏外科医生需要 10 年，才能成为真正独立的医生。他们原来也有一两个心脏外科医生，在印度学习过，但是不敢自己做手术，我们就带着他们一起做。

做了几台手术之后就引起了欧美的关注，我们在非洲敢做心脏手术，美国人都刮目相看。

当时美国也有一个手术团队，他们以儿科为主，而我们以成人为主。他们很惊讶我们能够做得这么好，关键是条件很恶劣。他们的条件比我们好很多，因为他们带齐了所有的东西，我们是借了美国的东西来做。

这个"心脏行"活动已经进行了两次，这次准备再去，现在正在申请当中。

1.2　流行病学调研第一人

我们还做了一个加纳地区的流调，是关于健康人群的流行病学调查。大概1100例，结果会在今年（2018年）的论文上发表出来。这是国际上首个比较完整的、针对非洲的流行病学调查。这个意义非常大，也得到了各界的关注与支持，国际国内顶尖的相关领域研究者都非常感兴趣，也鼓励我们一定要做下去。这是我们这个项目最大的一个亮点。

1.3　"院中院"计划

目前我们遇到的瓶颈，就是无法落实"院中院"计划。按照原计划，我们希望在加纳医院建立一个心脏中心，参照广东省人民医院的心研所模式。

这个"院中院"，主要是希望在这里学习的加纳医生回国后有用武之地。现在他们由于设备的短缺，实操起来很困难。加纳全国只有一台机器，在首都，因此在中部的医生就没法做手术。目前人才、梯队已经培养出来了，就差把这个中心、"院中院"建起来了。

这与友好医院建设不一样。那种投入大、规模大的项目，存在很多的管理、经营问题。而"院中院"只是利用院里原有的资源，建一个两三层楼的中心，大概100张病床就可以。如此一来，我们捐赠的设备就可以放在那里，同时可以引进中国高端的耗材，我们中国的产品就可以打进非洲，这里就成为一个基地。

这个模式还有一个好处，加纳从中国学习回去的医生，可以带领非洲的医生，开展自己的培训班。因为我们培养的医生是精英，是加纳最优秀的医生。他们回国后可以成为优秀的老师，带领整个西非，一起去开展心血管的手术。这是这个项目意义最大的一点。我们这边通过远程指导，进行技术上的帮扶。

这样能大大节省人力、物力成本，培养人才的成本会大大降低，他们不一定要到中国来，我们就可以对他们进行培养，培训效果还更好。目前这支队伍已经成型了，我觉得是时候把这个心脏中心建起来了。

因为这个项目的投入不大不小，很难引起重视，但是它的意义是非常大的，而且实现得很快。

在管理方面，我倾向于由中非共同管理，董事会里加上我们的人选，要探讨一个合理的经营管理模式。

1.4　援非模式创新探索

援非的模式，我认为可以根据地区需求来派遣人员。比如说 LEK-MA 医院，就应该派妇幼保健院的医护人员去，因为它是社区医院，很多生孩子的女性会选择。心脏科医生就派去库马西或者阿克拉，不用那么死板，非要跟某个医院签订协议。我觉得可以尝试跟卫健委签订合作协议，我们的医生分插到各个有需求的医院，医护人员住宿由我们自己管理。

根据各个医院的需要选派医生，这种渗透性会更大，效果会更好。一旦中资企业遇到什么障碍，各个医院都可以动用他们的资源。这才是真正的布点，可以缓解医疗队目前的困境，否则会浪费太多人力、物力资源。

我觉得要"授人以渔"，不能"授人以鱼"，这样的话效果才会达到极致。

我们所做的不要说是去填补人家的空白，我们去填补人家的空白也没意义，一定要加纳人自己填补自己的空白，这才是意义所在。

1.5　在非洲感悟不同的文化

其实在非洲最大的体会，就是去感悟不同的文化。

可能大多数人对非洲的认识，都是肯尼亚的动物世界。那个是动物世界，而我们要看的是人类世界。他们是还保留着原始的生活习性、没有太多的欲望、没有太多的想法、活在当下的人。非洲人的想法是，我今天活着我就很开心了，明天会有什么事我不管。

他们也没有物资的储备，因为他们不需要。他们有椰子树、有杧果，海里有鱼，你想吃的话只要伸手去摘就行了，季节到了果实就自然成熟。他们也是很有意思的，不像我们，我们的医疗队队员一捡就是一大筐，回来吃不完就烂掉了。他们从来就是只捡一个，他认为剩下的应该给有需要的人吃。他们没有那么贪婪，椰子也是要吃的时候上去摘一个；而我们呢，觉得爬那么高得全摘下来。

我有一次买玉米，一块钱 10 个，我要了 3 块钱的。他数到 20 个的时候，我就说，这么便宜，再要 20 个。他数了 30 个，说，我只给你挑 30 个，要挑 50 个我太累了，你自己挑吧。后来我就不要了，他觉得不要就不要，无所谓，今天他有 3 块钱也很满足了，跟我们是完全不同的理念。

他们的数学很差，一般买东西超过三样，他是算不出来的。稍微有点文化的人会用手机的计算器去算，但没受过教育的人就不会。他们在数钱的时候，数到一半时你若跟他聊一句话，咱们中国人肯定不管你，数完再说，可他就搭理你，搭理完了，数了多少，忘了，又重新来数。上回我们的翻译就干过这个坏事，她就是 20 张币可能数到第 18 张，我对她说你的头发很漂亮，她说："真的吗？"完了，她就忘了数到哪儿了。

反正非洲人还是蛮有意思的，因为非洲曾经是英国殖民地，所以那里整个环境让人感觉很好。比如汽车一定不会抢道；转圈的时候，外圈一定要让内圈；如果红绿灯坏了，就一次一辆自动地过，不会互相"打架"。如果真的发生交通堵塞，就会有人自己拿一个红马甲，套在身上开始指挥交通，你觉得他指挥得好，给他两毛钱鼓励他，他就很高兴了。在公共场合他们不会大声喧闹，他们说话很轻声，不会吵。

他们吃饭时也是很安静的，尤其是你去银行取钱时，你不能站在那儿晃来晃去，要安安静静地坐下。那里有足够的凳子让所有人都坐着，你一站起来人家就会马上问你有什么需要帮助，没有的话请你坐下。医院看病也是这样，100多号人黑压压地一片，然而却安安静静的，他们一般不交谈，每个人就安安静静地在那儿等，医生都是姗姗来迟，一般是8点开诊，可能他们10点才到位。病人都没有意见，只要医生今天能把他的病看了，他觉得就很满足了。

越难得到的东西越珍贵就是这个道理。在非洲看病，遵循英国的做法，一定要去看GP（全科），先进行分诊，分好之后要有医生的批复，才可以去看专科医生，专科医生不是想看就可以看的，每个人都有一个本子，登记好预约了几个病人。病人的依从性非常好，而且一旦出了医疗事故，他会认为医生需要成长过程，去世的患者是在为医疗做贡献，这是上帝的旨意。有时候我觉得去美国、去欧洲，都没有像非洲那样感受到对生命的敬畏。

如果有人去世，有一个规矩，就是要陪他走一程，跟在灵车的后面。所有认识这个人的人，都会在沿途送一程，每个人都会为了送这个人，统一一种布料，一起做衣服。但是100号人穿出来的衣服，是没有一件重复的。他们自己做，手工非常好，做得也非常快，款式没有一个重复的，发型也没有一个重复的。

他们对色彩很敏感，你别看他住铁皮屋，但他的铁皮屋这边刷绿色，那边刷红色，另一边刷橙色，这么一刷整个色彩就很惊艳。你看我后面那个照片，这是他们的一个破房子，就是一块红布、一个绿墙。

非洲小孩的肚子很大，四肢很瘦，他们的体型是天生的，肚脐都是突起的。但除了难民营的小孩会挨饿，非洲的小孩不会挨饿。到处都是可以吃的，光吃杜果、椰子就饱了。

也许在我们看来，他们挺苦的，但他们非常快活，他们的幸福感比我们强多了。现在我们有很多误区，如果让你们去非洲，肯定很多人不敢去。但跟着我去的这帮人都爱上非洲了，追着问我什么时候再去，没有一个不想去的。因为这是一种文化，可以让人类回到原始的那种心态，没有贪婪，没有物质上的过度追求。现在的人总是在奋斗，其实在一些非洲人看来，吃、喝、睡这三样满足了，其他的都是多余的了。

他每天想的，就是今天我吃什么，钱不多但是够用。

反正我觉得，说来说去，非洲就是一种感悟跟体验。

1.6　彻底征服了加纳医务人员

几个加纳医生，来到我们这里学习都说感觉很好。

他们来自当地的教学医院，或者加纳大学的医学院。加纳全国的医生一年只有300人毕业。加纳的医学院是很难上的，就跟欧美一样，是最难读、最难考的，一旦考上学费是最昂贵的，所以家庭也要支撑得住。如果家里比较穷，除非很优秀，能拿奖学金，不然是读不下去的。但是他们一旦成为医生，就基本上是人上人了。

在我们这里进修的是克里布医院的几个医生，克里布医院是西非最大的医院之一。

我们最早去的就是克里布医院，它的一个特点就是医生的水平还是蛮高的，对派遣人员的要求也高，如果我们的医生英文不过关，就无法展示自己的实力，所以这个是很重要的。第二个特点就是他们对你的包容性、接受度也是有限的，除非像我们这样从骨子里把他们彻底改变之后，现在我们去到那儿就会受到特别隆重的款待，他们摆好各种吃的、喝的招待你，会替你跑前跑后、端茶倒水。

我们一定要以高端的技术为牵引，这个医院最好由中国经营，打造出一个品牌来。

之前还发生过拒绝跟我们医疗队继续签协议的事情。因为他们认为我们的技术对克里布作用不大，但是他们现在有点后悔了。我们这个项目本来是跟克里布合作的，但是由于他们的态度不是太积极，我们就转到中部的库马西了。库马西医院的态度很积极，CEO 亲自来跟我们谈，给我们最大的帮助。但是所谓最大的帮助，也就是给你地方而已，剩下的什么都不管。我们第一天去是要做心脏手术，ICU 就只有一张铁床，一个架子，我们就去仓库找呼吸机，找监护仪，找输液泵，花了两个小时终于把需要用的东西都找出来、搭起来了。然后找除颤器，找了五六台全部是坏的，最后找到一台，也只能凑合着用。就这样开台，当天做了两台手术之后引起了轰动，第二天他们就召集了媒体，然后医院全部领导出面，为我们举办了一个很正式的欢迎宴。

第二天他们还给我们准备了一个小餐厅，上面摆好咖啡、奶茶，还有各种派，他们当地人做的派特别好吃。后来我们问他们，说你们平常有没有这些？他们说当然没有了，你们一走这个桌子就撤掉了。

所以要获得尊重，就一定要有实力。

1.7　加纳医生在中国

加纳来我们这里进修的医生，反馈都特别好。问他们在德国跟在我们这里有什么区别，他们说在我们这里好的例子多得很。

他们在国外是不能碰病人的。虽然他们的执照在英联邦国家承认，但是在欧美国家，病人一看是黑人医生，就要换白人医生给他看病。在欧美国家种族歧视还是很严重的，他们在欧洲受到的待遇比在中国差远了，在中国我们的包容性很高，大家还是挺欢迎他们的，也愿意教他们，所以他们也能够跟我们打成一片。

他们在我们这里是有机会做手术的。我们就是按进修医生培训，我们为他们每个人指定一个带教老师，他们就只跟指定的带教老师做手术。

来到这里的每个人，给我们最大的感受就是他们很珍惜学习机会，没有一个人出去玩，基本上是星期一到星期天，天天都在医院，只要有机会上台手术、有机会学习，他们都非常认真刻苦。有时候国内举办的一些好的讲座或者国外专家在国内的演讲，我们也会带他们去。比如一些有关医院管理的课程，他们听了之后觉得整个理念都得到了很大的改观。

我们在人才培养方面是全方位的，他们在这里培训结束回国后，开展手术的时候我们又会去带着他们一起做，让他们真正把这个技术掌握好。他们如果还有什么不明白之处，我们都会边教边干，现在他们已经可以放手来做了。我们第一批培养的那个医生，现在已经成为当地冠脉支架植入术做得最好的医生了，一个星期要做6~10台手术。在这个国家的心脏手术领域，我们培养的人基本上是主力军，加纳全国的心血管专科医生也就是 30 人左右，至少有 20 人在我们这里培训过。

1.8　与教育形成联动平台

我还会考虑，这个"院中院"能不能跟教育一起做。比如说医学院，如果在这个中心培训、进修、学历资格等可以得到承认，那就很好开展工作了。在中国读医学院的人可以去加纳实习，也可以来这个中心实习。西非周边国家的人可以来这边培训，培训之后也可以发证。我甚至在想能不能联合孔子学院一起做，把语言问题先解决了，这样他们再参加培训学东西就快了。

配合国家外交政策，提升医疗
援非的效率和效果

——广东新南方青蒿药业股份有限公司副总经理、
广东新南方中医研究院全球清除疟疾
研究中心副主任邓长生访谈录

时间： 2018 年 6 月 15 日，星期五

地点： 广东新南方青蒿药业股份有限公司

　　以下根据访谈内容整理，以第一人称口述。

2.1　项目背景

　　我是从 2004 年开始参与青蒿抗疟项目的，当时是在柬埔寨，根据中国自五二三项目①以来的疟疾防治经验，在当地进行抗疟方案的推广。我参加的是柬埔寨第二期，约 18000 人的药物试用方案。第一期的参加者为 4000 人左右。在取得了良好的效果之后，2006 年，抗疟项目进入非洲科摩罗岛国。进入科摩罗的一个原因是，我在广州中医药大学的一个校友是科摩罗卫生总局的局长，他也上过李国桥教授的寄生虫方面的课程。我们于 2006 年 8 月开始进入科摩罗这个国家，但当年并没有立刻开展实质性的抗疟项目，原因很多。其中一个原因是来自世界卫生组织的一些"干扰"，涉及药物安全、伦理、抗药性等因素。因此，项目真正实施是从 2007 年 11 月开始的。当时在科摩罗

---

① 张剑方主编《迟到的报告——五二三项目与青蒿素研发纪实》，羊城晚报出版社，2006。

第一大岛（大科摩罗岛）实施"全民服药"项目。由于第一期项目的效果非常明显，因此我们的第二期项目于 2012 年在科摩罗第二大岛（昂儒昂岛）实施。为什么从第一期项目到第二期项目中间隔了大约 5 年的时间呢？主要是因为项目面临经费方面的制约。项目主体人员来自新南方集团，经费筹集也由新南方集团负责，广州中医药大学负责技术指导。后来，由国家卫计委和广东省政府分别给予了经费支持，才使项目得以顺利开展。基本的方法就是三个月之内进行三轮服药，效果也非常显著。① 我们在科摩罗群岛进行的抗疟项目最重要的成果还不是将发病率降低了 95%，并实现了疟疾零死亡，我们最大的贡献是帮助当地国家（科摩罗）建立了疟疾防控体系。结合当地的三级医疗体系，我们在人员选拔、发药员培训、流行病调查等方面进行了大量的工作，将整个疟疾防控体系建立起来了，这是一个长效的机制，不仅对疟疾的防控，而且对其他流行病的防控都形成了长效机制。该防控体系已成为科摩罗国家公共卫生治理的一部分，其运作经费少部分来自当地政府的投入和国际卫生组织的援助，大部分来自全球各大基金组织的资助（但大多数基金组织提供的资金主要用于派发蚊帐）。

2.2　项目现状

到目前为止，"青蒿抗疟"项目已投入人民币将近 1 亿元，其中大部分来自中国政府的资助，也有大约 2/5 来自企业②方面的投入。例如，我们的药物基本上是以成本价参与项目运作的。从投入产出来看，项目的成效还是比较明显的。特别是在"授人以渔"方面，疾病防控体系的构建也引起了国际组织的广泛关注，并对我们的项目进行了采访和调研，从第三方媒体的角度进行了报道，在国际社会引起了比较好的反响。这之后，越来越多的国家开始主动联系我们，探讨抗疟项目方面的合作。目前，已经有包括多哥、马拉维、肯尼亚、冈比

① 《"月亮之国"的驱魔人——记非洲抗疟战场上的广东团队》，新华网，2018 年 4 月 25 日。

② 此处指广东新南方集团。

亚、塞内加尔、巴布亚新几内亚等在内的非洲国家与我们达成了抗疟项目方面的合作。由于我们所提供药物（青蒿素哌喹片）的有效性和安全性在临床上都得到了验证，世界卫生组织已出台相关服药指南，青蒿素复方特效药"粤特快"＋全民服药治疗的广东方案成为《全球消除疟疾指南》的一部分。

2.3　世界卫生组织的认可

世界卫生组织是联合国对成员国进行卫生指导的机构，也是在全球范围内进行公共卫生治理、疾病防控和疫情反馈的公益组织。非洲当地国家的卫生部门在进行大的医疗政策调整的时候，通常会由于各种原因（如受当地医疗卫生能力和水平的限制、受当地国家发达程度和经费的限制等）而征询世界卫生组织的意见，因此在不同程度上会受到世界卫生组织的影响。一般而言，对世界卫生组织的援助依赖程度较高的国家，受世界卫生组织的影响也较大，虽然从主权国家的角度看，世界卫生组织的相关规定并不能最终影响单个国家的医疗政策。此外，由于非洲大部分国家的发达程度较低，对外援（特别是全球基金组织）的依赖度较高，而各公益组织在药品方面的采购只接受通过世界卫生组织预认证的药品。在这一点上，世界卫生组织对非洲各国的影响是比较大的。

目前，新南方集团的青蒿素哌喹片并没有取得世界卫生组织的预认证，但这并不妨碍相关非洲国家与新南方集团在抗疟项目方面的合作。我们的药物已经在当地国药监局进行注册，可以自由流通。特别是，我们成立了广东新南方中医研究院全球清除疟疾研究中心，今后会组织资源和人力，在区域性的疟疾和流行病防治的公益性项目方面进行更多的工作。我们现在的工作重点是非洲国家的疟疾防治，并没有在中国国内进行推广和宣传。但由于中国"走出去"和在非洲投资的企业越来越多，在非洲生活和工作的中方外派人员及华人的数量也在不断增加。因此，我们也考虑将我们的治疗方案向大型的国有企业、对疫区外派人员较多的组织进行推广，特别是与在非洲投资并在公益投入方面有需要的企业进行合作。例如，在非洲进行能源和矿产开发，以及园区建设的企业，可以考虑建设一个疟疾防治中心，在保障中方员工健康的同时，辐射所在的社区，保障当地居民的卫生安全，起到塑造良好的企业形象和承担社会责任的作用。

2.4 "粤特快"治疗方案的优势

目前在非洲比较常用的一种抗疟药物是复方蒿甲醚（coarten），由瑞士罗氏制药生产。我们的药物（青蒿素哌喹片）与之相比，优势是比较明显的。一方面，从服药的剂量上看，我们的药物总共服用 4 片，服药时间为两天。复方蒿甲醚的服药时间为 3 天，每天 2 次，每次 4 片，一共需要服用 24 片药物。另一方面，在药物的安全性和有效性方面，通过临床验证，复方蒿甲醚的有效率不到 85%，副作用率为 4%；而青蒿素哌喹片的有效率可以达到 98.1%，副作用率在 2% 以内。特别是从非洲人的服药习惯来看，如果要连续 3 天服用 24 片药物，很容易造成漏服或者服药不足的情况，这样也会引起耐药性的问题。

2.5 对医疗援非的建议

第一，医疗援非要实现真正的价值，要配合国家的外交政策"走出去"，发挥国家整体外交的作用。例如，我们在对外援建医院的过程中，可以与对方国家商讨，是否可以开放某些急需科室的中国医生行医许可，以及中国药品和治疗方案的准入问题，这样让我们的医生在援助过程中能够真正发挥自身的专业作用，展示我们真正的医疗水平。否则在缺乏配套的情况下，容易沦为当地医疗的"外来工"，甚至在低端医疗层面与当地医生形成"竞争"，在夹缝中生存。

第二，要因国家而异制订援助方案。例如，在经济条件较好、国家主权较完整的国家，可以考虑由中国民营企业或私立机构与当地国家政府及卫生部进行合作，在全国范围内进行推广；在经济能力相对落后、国家主权受到国际组织影响较大的国家，考虑与国际上相关的非政府组织进行合作，在小的试点上进行带动和寻求突破。

第三，以项目为抓手展开医疗援助，国内、国外机制相结合。中方团队主要进行技术指导，当地要有团队进行对接，负责项目的落地，建立医疗援助的长效机制。

3

如何更好地促进中国－南非医疗
合作与交流

——中山大学中山医学院教授 Ngiambudulu Mbandu Francisco
采访录

编者按： Francisco 教授是一位来自南非的学者，毕业于南非开普敦大学，获免疫学博士学位。他于 2016 年受邀来到中山大学中山医学院进行博士后研究，并且成为极少数获得居留证的外籍专家。2018 年是 Francisco 来到中山大学中山医学院工作的第三个年头，在他眼中，中国是怎样的呢？对于中非合作，他有什么独到见解？2018 年 5 月 23 日，编委会一行在中山大学中山医学院 Francisco 博士的办公室对他进行了采访，以下内容根据采访稿整理，以第一人称口述。

3.1　与中山大学结缘

在开普敦大学的一次学术会议上，我认识了来自中山大学中山医学院的李一平（音译）教授。当时我处于博士后阶段，我们彼此非常欣赏对方。

后来，我准备申请去哈佛大学工作。我又想起了李一平教授，于是给他发了邮件。李一平教授非常热心地把我推荐给黄曦教授（中山大学中山医学院教授，中山医学院免疫学研究所负责人）。当时哈佛的回复有点晚，在我踌躇之时，黄曦教授联系了我，表示对我很感兴趣。

邮件中，黄曦教授向我详细介绍了研究院的愿景、中国的发展、广州的美食、中国有多少外国人等，一封邮件就包含了这么多信息，让我觉得中国人既开放又实诚，以至于我几乎是马上决定接受中山大学的邀请。即使后来收到了哈佛迟来的橄榄枝，我也不打算改变主意。

事实上，非洲人对中国还是存在一定误解的，觉得中国并不是个适合做研究的地方。非洲的学者还是更喜欢欧美的大学，像美国的哈佛、斯坦福。在大家眼里，中国还在沿着西方的脚步探索，并没有自己的研究方向。所以当你跟朋友们谈到去中国，会有很多人质疑，但也给不出什么建议。

我问了许多问题。医疗保险怎么样？怎么获得保险？不喜欢这里的社会生活怎么办？我说我是个有家的人，我有妻儿。他们说别担心，你可以带他们过来，这里有许多外国人的孩子在上学。所以这些都不是问题。于是我决定来这里。

3.2　努力取得比在哈佛工作的同事 更高的成就

在中国做科研，Francisco 每天都充满惊喜。

来到中国以后发现，这里的科研条件非常不错，比我很多朋友的还好。即使我去了美国，我估计都达不到现在的成就。如果问我，是什么让我表现得更好，我想是勤奋工作的中国人民。是的，我必须承认非洲人有时候是很懒的。我是个努力的幸运儿，三年就完成了博士学位。在非洲、美国或其他国家人们通常要用四五年才能完成。

但是在这里，你能看到大多数人，比如我们的学生，他们非常非常勤奋。有这样的学生在身边，相比那些只会说抱歉的人，更能推动你前进。还有一个很重要的因素，我可以说是安全感。广州比我知道的城市都更有安全感。至少在这里，你可以走路的时候打电话，但是在非洲这样就很危险。在这里我加班到晚上 11 点甚至半夜，一个人走回家都不害怕。

我在这里负责带学生，做研究，没有教学任务。我很享受这样的工作。同时，我的妻儿在中国过得非常开心，我也就更开心了。

3.3 眼中的中国学者

Francisco 认为，中国的研究设施达到了国际水平。但是，他眼中的中国学者是羞涩而被动的。

中国学者，（我的经验是）在自然科学方面，他们的问题就是太害羞了，不够积极主动。例如，我在这边去联络一个教授，会耗时很久。在国外，人们今天见面，很快就能成为朋友。我们开始讨论自己的生活、分享当天的一切，但是在中国就不能这么做。我不能今天约了见面马上就谈事情，更不用说想要合作、做决定。在这里我们必须互相了解成为朋友，然后才能合作，这样耗费太多时间了。

2017 年 12 月，我们部门组织了一场座谈会，邀请了来自非洲和澳大利亚的朋友。澳大利亚的朋友带来了当地的研究成果和自己的论文，以及自己在那里的项目。非洲朋友也是这么做的。我们的会议只持续了三天，但是我跟那位澳大利亚朋友建立了不错的关系，因为我们讨论了很多。但是跟中国人就没怎么交流。来自中国上海、北京、湖南和广西的学者，尽管我们交换了名片并且聊了几句，但是关系没有那么好。可以这样说，当中国人还在准备怎么开始的时候，澳大利亚人已经完成了。这个问题会阻碍中国学者与国际学术接轨。

我不认为这是语言的问题。他们英语说得挺好的。我们可以理解双方的意思，哪怕他英语不好。但这是在中国，英语不那么好很正常。我们也不指望谁都能像我们或者英美国家的人英语说得那么好。其他国家的人比如法国人，虽然也不是英语国家，但是他们交流很积极。在这里（中国）呢，我们首先碰面，成为朋友，然后再谈关键的事情。我们得先用一个茶歇的时间寒暄，然后才进入主题。

3.4 南非的公共医疗状况

南非是非洲地区最发达的国家之一。在南非，他们的公共医疗状况是怎样的呢？

我离开开普敦已经很久了。南非有非洲最好的医疗系统，这是毋庸置疑的。但是做得还是不好。我们在主要的疾病像肺结核、艾滋病方面存在很大的问题。比如说开普敦，有很多肺结核患者，但基本没有瘟疫，如果有，那也是因为与莫桑比克接壤。这是我们会有一点瘟疫的唯一可能。跟中部非洲不一样。我们的问题是艾滋病。

现在南非和其他几个非洲国家也有非传染病的困扰。像心血管疾病。人们面临很多挑战，人们不知道自己能做什么。没有什么好吃的，却得了糖尿病。我们也有大量癌症案例。我认为除非人们改变文化习惯，现在他们太追随西方的生活方式了，这也是惩罚。垃圾食品的高油脂可能是首要原因。

3.5   关于西药和传统医药

非洲的传统医药具有悠久的历史。西方殖民统治时期，西方的医药系统全面进入非洲。对于传统医药和西药，非洲人民的态度是怎样的呢？

我们很喜欢传统医药，遗憾的是它还没有规制化。在中国，医院里可以看到人们排队买传统药品。医院虽然是现代的，但还是有传统医药。在非洲，我们也喜欢传统医药，但遗憾的是，我们被西药、现代医药影响了。

我觉得问题出在我们科学家身上。我们在这方面的努力还不够。人们什么时候、如何获取传统医药是个问题。你去找你祖父，他可以给你一些药来治疟疾。问题是你祖父不知道剂量是多少，应该给你几毫升、给多少杯，不能量化。

当出现问题时，人们就跑去找西医。作为一个当地医生，我们还必须长时间学习西医，才能取得资格证。我们没有传统医药制剂，即使在我们的传统文化里，有一些植物是能治疗疾病的，但我们没有量化的标准。这个非常糟糕。

3.6 中国的传统医药在南非的应用前景

中国的传统医药，在一定程度上和非洲传统医药是相通的。那么，传统的中医药，在南非的应用前景如何呢？

在南非，西医药的制度已经很成熟了。但是还有一些人对传统医药很感兴趣。我的一个朋友来中国就是想看看中国政府是怎么做的，他打算研究传统医药。所以我确定这方面的合作是可以有的，是我们需要的。在非洲，很多植物是可以治病的。但是量化的标准很重要，相信我，非洲人也需要传统医药。

但是，迄今为止，非洲有许多来自中国的骗子医生。影响非常糟糕，破坏了我们想要引进中医药的努力。我认为不要总想着让中药打进非洲市场，还要帮助非洲发展自己的医药制造，特别是非洲传统医药。要从教育、研究、学习着手。非洲应该向中国学习传统医药如何促进现代医药发展。我相信中国有这样的气度，去帮助非洲。相比之下，西方国家只想垄断市场，不会发自内心地想要帮助我们。对于传统医药，我是有信心的，我相信未来很多病都能被传统医药治好。同样，南非人民也相信这一点。

事实上非洲人都喜欢传统医药。在我小时候，大多数人跟我妈妈一样，用一些植物的叶子就能治疗疾病。如果我受伤了，就放在我的伤口上，两天就好了。如果发烧了，放点什么喝了就好了。但是我们长大后学习医药知识，有了计量的概念，然后就觉得自己的药不行了，怀疑自己的药品。说实话，我对此很不开心。

我个人还是非常传统的。在我读硕士的时候，我研究中国茶叶的药用价值。我所研究的也就是在可变压力下茶叶的反应。事实上在古代中国，茶叶也是一种药。

我们对待中国传统医药的态度是个问题。我们知道有中医这个东西，不过我们对它的了解渠道与西医有很大不同。人们更喜欢西医。我们没有途径去接触真正的传统中医药。有不少中国商人，会带一些什么草药过来，但效果不行。至于中国的官方人员，有的在接受电视采访时讲的都是些国家层面、宏观展望什么的，却不谈实际问题。

我认为你们可以选择在非洲的某所大学建立一个学院。不是院系，而是专门的部门，来表达自己的立场和态度。你们可以加入非洲当地的调研，进行学术合作，共建草药研究中心。但要记住，不仅仅是中草药，还有传统医药，包括非洲的传统医药，要站在我们的体系上去推进。这个倡议南非的总统今年也提过，要建立一个传统医药研发中心。

但是，像开普敦大学，是个西方化的大学。在开普敦，我们都是研究西药的。在这样的环境下，想要别人相信你们还是有点挑战的。我建议不要太直接地进入非洲，否则人们会排斥。我们自身是一直想发展非洲传统医药事业的。但我们缺钱，缺乏相关研究，缺乏相关的工业。这是中国的强项。但愿我们能建立双赢的合作关系。

3.7　医疗援助组织在南非的情况

中国对南非的医疗援助由来已久。但是，Francisco 从未听说过中国医疗队。

我从没注意到有来自中国的医疗队。在非洲我们偶尔会听说中国给了多少贷款、多少基金，但人们还是不确定中国具体提供了什么帮助。一个原因是没有相关的宣传，另一个原因是我们对中国多少有点戒心。毕竟我们曾经被殖民过。如果中国跟欧美国家一样，也来把自己的东西强加于我们，那我们也不需要。

倒是我们会雇用来自古巴的医生。有一些民间的 NGO（非政府组织），他们做得很好。他们派遣自己的医生、团队，在研究传染病方面会有不少成就。然后他们会向政府提出政策建议。他们的工作很有价值，我们一起在西非、刚果（金）做了抗击流行病的项目，如抗击埃博拉病毒的项目。

他们在当地也参与研究。我们一个研究疫苗的团队，就跟这些组织合作过。

3.8 关于南非的传统文化

有传言说，南非人民觉得自己是欧洲人。在 Francisco 看来，南非的传统文化正在面对很大的挑战。

我们丧失了自己的身份。我们已经不再是非洲人了，只是保留了非洲人的外表。所有的东西都是西方的了。我们失去了一切，包括传统医药。我们试图摆脱西方文化，但是太难了。现在许多人都受西方影响，他们只关心发展。非洲人民会因为发展失去自己的身份认同。但是，我认为如果没有身份认同就不会有发展。

本书编委会部分人员与被访者 Francisco 博士合影[1]

这是几代人的自信。这方面做得最好的就是中国了。中国也曾丧失过民族身份认同，但是他们意识到了西方人在做什么，而我们没意识到。

你们可以按照西方人希望的方式发展起来，可以按他们设想的那样打开国门，但是，你们保持了中国特色。因此，我非常喜欢"中国

---

[1] 该访谈得到陈功、吴晓瑛等人的大力支持，特此鸣谢！

特色社会主义"这一伟大的创举。我发现中国人是勤于思考的。如果南非的团体联盟也能说，我们想要资本主义，但我们要有非洲的特点，那就太好了。

我们希望民主是有自己特色的。如果非盟能推动这一点，我会过去祝贺他们，他们现在已经做出了一些成绩。不过，非盟是靠欧盟资助的，所以实现起来会很困难。我们没有机会制定自己的政策。他们会说那不行，你这样做我们不给钱。我们必须建立一个百分之百由非洲出资的系统和结构。如果能实现，我们就可以自己做主了，我们想要符合自身的民主。

4
马里卫生专家 Moussa Sacko 教授访谈

说起非洲这片广阔的大地，我们首先想到的或许是一望无垠的大沙漠、BBC 重金拍摄的《动物间谍》，甚至是《战狼 2》。我们还可能想到非洲的原始和落后、贫穷与流行病肆虐。埃博拉、艾滋病、黄热病、血吸虫病，这些听起来离我们极其遥远的疾病，却是非洲千万家庭绕不过去的一道道坎……

非洲卫生条件非常有限，缺医少药的情况很常见。这片土地呼唤有志之士的智慧和力量，把全身心都奉献给这片土地，义无反顾，无怨无悔。Moussa Sacko 教授，就是其中一个。

Moussa Sacko 教授于伦敦公共卫生和热带医学学院获得理学硕士学位，后于哥本哈根大学健康研究和发展中心获得了博士学位，并在之后的研究和工作中，与感染性疾病搏斗了 20 多年。目前，他是马里国家公共卫生研究所诊断和生物医学研究部门主管，还是被忽视热带病研究项目的协调研究员，研究方向主要包括血吸虫病、土壤传播蠕虫病、丝虫病、疟疾等。他也负责政法法规的宣传和翻译，还在自己的实验室里对在校学生血吸虫病的抗原进行诊断，同时对其治疗方案进行评估，并提出有效治疗方案。

2018 年 4 月 27～28 日，应中山大学中山医学院的邀请，Moussa Sacko 教授来穗进行学术访问。其间，广东外语外贸大学非洲研究院研究员吴易明、曾驭然与其进行了有关马里及非洲医疗状况的交流，整理如下。

C 为我方，A 为非方。

C：Moussa Sacko 教授您好，我们来自广东国际战略研究院。最近我们在筹划出版一个系列的书，关于中国特别是广东与非洲的合作，尤其是医疗方面的合作。这也是我们来到这里的原因。（转向旁边）这位博士是课题的领导者，所以会有很多问题想要问您。

A：非常感谢。很高兴见到你。

（一阵寒暄）

C：Moussa Sacko 教授您好，我们来自广东外语外贸大学非洲研究院，研究院成立于 2016 年末。我们专注于两个领域：一个是与非洲的医药合作；另一个是与非洲的农业合作。我们相信，这两个领域对非洲的发展很关键。所以我们选择了这两个领域。以下是我们今天讨论的重点内容：一是如何在马里继续建设医疗管理事业；二是中国与非洲目前在这个领域的相关合作如何；三是如何整合传统与现代医药技术以便更好地在非洲传播。如您所见，中国在传统医药领域与现代医疗结合方面有着很不错的发展。我们也想知道中国目前在马里进行医疗援助的方式与效果如何，这也是我们此次来的原因。我们想写一部关于广东与非洲进行医疗合作的书。像今天这样，我们之间有人员的相互交流，您来到我们这里也是一种合作。

A：非常感谢。很高兴来到这里。中国与非洲的医疗合作是个传统领域。广东的机构、医院到过马里、加纳和其他西非国家。医药领域的合作也是中国与南非长期战略合作的坚实基础。当地人认为传统中医药很有效，医疗合作是双方广泛合作的桥梁。我曾在开普敦待了 4 年，访问了开普敦大学。在马里，一些不是医疗官员的人也可以谈医疗的事务，因为在当地活动的中国人还是不少的。

我是当地的官员，在这方面见到的比较多，可以谈谈中国在马里的医疗合作情况。马里是最早与中国合作的国家之一，从 20 世纪 60 年代就开始了，得到了中国的很多支持。根据统计，马里是中国最早实施医疗援助的国家之一。1966 年，就有了这样的数据，之后几年每隔一两年就有医疗队来。

C：中国怎么能在自身困难的 1966 年向你们提供援助呢？

A：由于政治原因，援助第三世界国家。可能也不是 1966 年，差不多那个时候。我大概向你们介绍一下马里公共卫生方面的情况。马里的政府系统有专门负责公共卫生的部门，其称呼可能是有差别的，但其基本功能就是负责公众健康与公共卫生的部门，现在叫健康与公共卫生部门。原来的公共卫生与国民健康两个功能是分开管理的，现在已经集中由这个健康与公共卫生部门统一管理。我们可以定义一下与公众健康相关的领域，在民间如医疗顾问、公共体育系统、健康科普、公共医疗机构。西非有大约14个国家。我们有相互联系的系统，也有民族健康发展规划。我们会对外招揽专家，会生产质量好的药品，建立专门的公共健康机构，集中统一规划防治病毒，等等。除了政府组织和公共事业单位，我们还有私有的诊所和医院，私有企业还会发展制药业。目前大多数的医疗进展还是来源于制药业。这些是基本体系。防治病毒都由政府拨款，就是健康与公共卫生部门拨的。当然仅靠本国拨款是不够的，还需要别国的帮助。在国际医疗合作方面，药品的生产也可以进行合作。中国很多药品的制作工艺很成熟。

中国与马里有好多医疗合作。不仅是首都，我印象中有16个还是26个地点与中国有合作，包括共同建设医院等。马里的医院是属于马里政府的，中国是单纯援建。马里人接受了中国医生的治疗会很开心。其中，传统疗法与现代治疗方法的不同也是他们愿意接受中国医生治疗的原因之一。马里这边有一个地方的中国骨科医生非常有名。我对中国一直充满好奇。然后我就想，为什么不去中国看看呢？

C：您刚才提到对中国充满好奇，是不是由于您在马里的医院视察的时候有中国医生陪同？

A：是的。偶然去的，正好有中国人在那儿。

C：从1966年起，中国开始派遣医疗队到马里。在过去的50多年是一直有中国的医生被派遣过去吗？

A：我不太确定，要回去查查。我在这个工作岗位的时间还很短。健康部有这方面的记录，但是我现在不能把50多年的情况都讲出来。中国医疗队来的时候，苏丹和政府官员会在电视上露面说些感谢的话。健康部应该有记录。我说不清楚近两年或者多少年有多少中国医疗队来过。

C：您知道哪些中国的省份派遣过医疗队吗？

A：浙江的医疗队是最多的。广东主要是去加纳和赤道几内亚。

C：您去过浙江？是因为有双边合作？

A：是的。两年前去过。我也去上海开过会，访问了那里向马里派遣过医疗队的医院，现在他们与马里合建了一家医院，是国家间援助。现在是个医疗援助基地，进行医药研发。中国与马里的专家在那儿工作。马里的专家可以从中国得到新技术。在马里，双方常务会面后，第一个会议就是关于中国与马里在灭蚊方面的合作。

C：您能说说有关这次会议的内容吗？

A：当然。许多马里人，甚至很多大学生都不知道中国对马里进行了医疗援助。我们有一所学校，派遣学生去中国学习。我不确定是中国哪个城市的项目。有一支广州的队伍与我们合作，主要是在传统医药方面。

C：这所学校怎么样？

A：学校有专门的机构与美国进行合作研究。我们有医疗保健部门，在国民健康方面，有负责对外交流的部门，以及传统医药部门。

C：在对外医疗合作方面，有些什么项目呢？

A：有一个项目是跟中国一起做的，关于如何使用传统方法改善健康状况。因为在马里，70%的人口会在民间寻求传统医疗保障。

C：所以他们生病了，首先不会去医院？

A：对，小问题会先去市场买传统草药（非中草药），就是一些当地植物。身体有大问题才去医院。

C：你们会专门研究怎样使用这些植物吗？

A：我们会研究如何种植和利用这些植物，因为这些植物还不错，人们觉得有用。但是在一定程度上，种植是个技术活。一些植物可能是会飞的（像蒲公英的种子）、尘埃状的（如孢子类的），其有效成分只能存活几小时或者几天。传统医药部门很注重植物种植。但我们缺乏专门从事种植技术的人才，在这方面会寻求合作。

C：在马里，有没有生产药品或者研究使用传统草药的专门人才？

A：这是我们机构负责的主要工作。我们会到伯明顿进行医学研究，我所在的大学里的教授也会主管这些事务，60%的努力用于改善传统草药学（MTA项目），我可以给你看看记录，改善制药业的。

C：这些都是真实的记录？

A：非常真实，很有价值。关于如何种植与生产药品的。我们有各种各样的植物，现在我们必须人工种植它们，因为自然生长需要的时间太长了。

C：跟我们的传统医药很像。

A：我们也做植物萃取工作。我负责这个学校已经20年了，我们是国内抗病毒方面工作的主力，负责通过草药生产阿司匹林，改善现代与传统医药。有一个有趣的统计现象是，人们对我们捐助了第一次，就更愿意捐助第二次。

C：很有趣哦！

A：除了这家医疗机构，其他具有相关知识水平和经验的组织也会参与抗病毒工作。

C：在马里，老年人会给年轻人传授传统医疗知识吗？

A：好问题。有些会，有些不会。因为这些知识可能来自父母或者他们自己，常见的或不常见的，并没有统一的标准。

C：你们学校会对外开展合作项目吗？

A：目前我们传统部门也积极与其他国家合作，并且这个合作可以多元化，如可以与其他国家的种植业等部门进行合作。它可以是非盟内部合作、跨部门合作、与想法一致的人一起合作、搞活动科普健康信息等。除了医疗合作，其他方式如支持基建工程等，作为回报，他们会为我们提供用于种植作物的土地，或类似这样的其他回报。

C：您之前提到，您所在的学校有与广州的医疗队伍合作？

A：是的，我所在的这个学校与广州的学校有合作，培训博士生。

C：这个学校是在广州的学校培养传统医药博士生，还是只在当地培训？

A：都有。

C：好奇地问一下，马里人的平均寿命是多少？

A：50～60岁，也可能是45岁。

C：我们可以在健康部门那里得到确切消息吗？

A：可以。关于人均寿命，我所在的学校应该有这个信息。

C：你们的官方语言是法语。我真希望我会说法语。我们非常关注传统医药这个领域，因为中国在结合传统与现代方面做得很好。我还有一个问题，中国在马里有可能建立一所医院吗？

A：不是私有的吧？是与政府合建的？

C：不是私有的，与马里地方的医院合建。

A：这个没问题，现在我们与中国合建的医院还不少。

C：但是中国为什么不能在马里建立私人的医院呢？

A：我不敢确定。

C：像是诊所那样的，根据法律不可以？

A：不确定，要先看看情况。

C：我们会事先考察项目的可行性，如果一些中国人在西非，他们会希望在马里投资，建立一所现代或传统与现代相结合的医院。

A：我想应该是有可能的。我们曾经和一些私人组织合作建院。

C：比如，有没有其他外国人在马里投资建设医院？中国人可不可能也建一所医院？

A：事实上，有一个政府支持背景的项目，是一个叫 Golden Life 的诊所。一些土耳其人参与其中。

C：我们去加纳时见过一些土耳其医院。为什么是土耳其人？

A：我不知道原因，可能是因为它的产品在我们国家相对成熟。我们有来自土耳其、巴基斯坦、印度、中国的产品。我们现在有很多商人去了中国。中国是个消费大国，尤其是医疗消费大国。我们会与中国人一起经营合作。还有一个原因是，土耳其跟我们都是伊斯兰国家。我相信中国与马里的合作总有一天会达到跟土耳其一样的水平。

C：请问马里人对中国的医疗援助是怎么个态度？不仅是政府，还有民间的合作。

A：这个问题我没法做出全面的回答，只能告诉你目前一些项目的运作情况。比如租借中国的医疗器械，就要中国人来操作。中国会支援医生过来。这会对马里人产生影响。在马里由中国援建的医院基本由中国人运营。我们的医疗政策方向的确立与中国有合作。中国医生可以对健康部门提建议、消除健康事业发展的障碍、普及先进技术等。

C：马里对中国传统医药有什么想法？

A：大多数当地人是喜欢使用植物做治疗的，中国也用草药。草药可以用来灭蚊。中国的中医药对我们还是挺有用的。

C：您那边有没有开展对青蒿素的萃取工作？有没有种植呢？

A：不确定有没有种植。我知道有中国的制药企业在做这个项目。

C：中国公司在马里做青蒿素萃取？

A：不是，我是说在防治疟疾方面，对许多国家来说这是首选，包括我们国家。而我知道这种药来自中国。

C：您是比较了解这种药的，但是您不确定在民间大家是否了解这种药来自中国？

A：是的。

C：马里打算与生产这种药的国家合作吗？

A：暂时还没有这个打算。我只能说，马里收到了很多来自中国的援助，共同发展草药种植业。马里是很早发展制药业的非洲国家，当时有很多援助来自中国。UMPP/ED 这个项目，就是医药基础设施入驻马里，做制药的。进行了好多年，整个项目已经结束了，是由民间公司负责的。后来中国人收到英国人的援助请求，去了尤金尼斯，专注于一种新疗法，建立阿司匹林生产中心。两年前，在电视上看到中国和我们有制药业合作，但不知道现在是个什么情况，是专注于基础设施还是药品安全质量？

C：所以青蒿素在马里是普遍用于治疗疟疾的药物？

A：是的，不仅仅是马里。这是一种简单易行的疗法。

C：所以普通人得了疟疾会使用青蒿素？

A：是的，但我们会使用另一个名字称呼它。

C：在包装上会显示这种药品来自中国吗？

A：我不太确定。一些来自马里的工厂会生产青蒿素，但大部分是外国的。

C：除了中国还有其他国际机构在马里进行医疗援助，他们会做什么？

A：很多 NGO 对马里进行医疗援助。这些机构大多有自己的医疗公司，不仅仅从事单纯的医疗援助事业。这些 NGO 来自很多地方，马里自身也有很多。

C：都有什么样的 NGO 呢？是由政府还是国际组织主导的？

A：一些由当地人主导，一些受到德国、比利时的支持。一些外国 NGO 更希望同时得到当地政府的管理和资金支持，实现本地化。因为他们有一些职能会与政府重叠，比如对外国专家的管理。

C：那里有中国的 NGO 吗？

A：可能还不怎么多。

C：没有政府管理支持？

A：是的，他们是 NGO。我不能说有或者没有。中国的公司如华为、海信、中铁、中钢之类的会有。

C：是企业附属的 NGO 吗？

A：是的。小型委员会之类的。

C：跟政府支持的机构相比，您觉得 NGO 做的工作如何？

A：说不上来，NGO 太多了。一些好，一些不好。

C：您对中国未来在马里的医疗援助有什么建议吗？

A：官方很愿意和中国合作。人们对中国的印象也是挺好的。升级合作机制，强化合作能力，多注意宣传，这方面的表现我觉得还是挺重要的。人们对中国和中国人有一种道德上的情感。我们不知道在其中有没有包含中国的专家。人们喜欢专家，想与专家交流经验。专家可以通过交流经验产生影响。用新研究、新产品抵御病毒对我们很重要。我们这里很多人会去开普敦学习，我认为他们可以把目的地定得更广泛些，如中国。中国可以与我们交流研究思路，训练当地人，让他们找到工作，进而报效祖国。我们这儿来自中国的专家还是太少。

C：最后一个问题，如果我们去进行上述研究类的援助活动，您认为语言会不会是个障碍？因为很多中国人不会说法语。

A：不会。目前很多中国人在马里。当地的通行语言并不是法语，而是马里语，学校里用法语会更多。法语只是用来工作的。沟通用当地语言。当地语言在那边更受欢迎。当地人也喜欢与中国人交流。当地的一些中国人会学习当地语言。

所以我们要是在当地进行研究、交流的话，可以让当地的中国人协助交流。不过要是跟医院合作或者做研究，还是需要一些法语。人们来之前最好还是学一点。

C：语言不至于构成障碍，当然会说更好，这样我们就能交流得更顺畅了（笑）。感谢您花时间接受我们的采访！

A：没关系，我很乐意。

（注：该访谈得到中山大学中山医学院党委书记吴忠道教授的支持和指导，特此鸣谢！）

图书在版编目（CIP）数据

中非合作·广东在行动：全三册. 医疗援非篇／傅
朗，刘继森主编；曾驭然，杨晓燕，董俊武分册主编
. -- 北京：社会科学文献出版社，2020.7
　ISBN 978 - 7 - 5201 - 6199 - 2

Ⅰ.①中…　Ⅱ.①傅…②刘…③曾…④杨…⑤董
…　Ⅲ.①国际合作 - 研究 - 中国、非洲②医疗队 - 对外援
助 - 中外关系 - 广东、非洲　Ⅳ.①D822.24

中国版本图书馆 CIP 数据核字（2020）第 026293 号

中非合作·广东在行动（全三册）

医疗援非篇

主　　编／傅　朗　刘继森
分册主编／曾驭然　杨晓燕　董俊武

出 版 人／谢寿光
责任编辑／恽　薇　王楠楠

出　　版／社会科学文献出版社·经济与管理分社（010）59367226
　　　　　地址：北京市北三环中路甲 29 号院华龙大厦　邮编：100029
　　　　　网址：www.ssap.com.cn
发　　行／市场营销中心（010）59367081　59367083
印　　装／三河市尚艺印装有限公司

规　　格／开　本：787mm × 1092mm　1/16
　　　　　本册印张：14.5　本册字数：231 千字
版　　次／2020 年 7 月第 1 版　2020 年 7 月第 1 次印刷
书　　号／ISBN 978 - 7 - 5201 - 6199 - 2
定　　价／258.00 元（全三册）